高等职业教育轨道交通"十三五"规划教材

铁路物流管理专业校企合作系列教材

铁路特殊条件货运组织

主　编　王　慧

副主编　穆怀全　张紫阳　赵　峰

北京交通大学出版社

·北京·

内 容 简 介

铁路货物运输的基本任务是安全、迅速、经济、便利地运送货物,铁路特殊货物运输的技术难度高、业务性质复杂、安全责任重大。随着铁路新设备、新技术的大量应用,铁路企业需要从事铁路货物运输组织和物流服务等工作的高素质技术人才。

本教材采取"项目导向、任务驱动"的编写模式,主要内容包括超长货物运输组织,轮式、履带式货物运输组织,超限、超重货物运输组织,铁路冷链运输组织,铁路危险货物运输组织5个项目。

本教材既可作为高等职业院校铁路物流管理专业的教材,又可作为铁道交通运营管理、物流管理等相关专业的参考资料。

图书在版编目(CIP)数据

铁路特殊条件货运组织 / 王慧主编. —北京:北京交通大学出版社,2019.3
ISBN 978-7-5121-3862-9

Ⅰ. ① 铁… Ⅱ. ① 王… Ⅲ. ① 铁路运输–货物运输–组织工作–高等职业教育–教材 Ⅳ. ① U294.1

中国版本图书馆 CIP 数据核字(2019)第 041145 号

铁路特殊条件货运组织
TIELU TESHU TIAOJIAN HUOYUN ZUZHI

责任编辑:解 坤
出版发行:北京交通大学出版社　　　　　　电话:010–51686414　　http://www.bjtup.com.cn
地　　址:北京市海淀区高梁桥斜街 44 号　　邮编:100044
印 刷 者:北京鑫海金澳胶印有限公司
经　　销:全国新华书店
开　　本:185 mm×260 mm　　印张:17.25　　字数:431 千字
版　　次:2019 年 3 月第 1 版　　2019 年 3 月第 1 次印刷
书　　号:ISBN 978-7-5121-3862-9/U·349
印　　数:1~2 000 册　　定价:49.00 元

本书如有质量问题,请向北京交通大学出版社质监组反映。对您的意见和批评,我们表示欢迎和感谢。
投诉电话:010–51686043,51686008;传真:010–62225406;E-mail:press@bjtu.edu.cn。

前　言

铁路与公路、水运、航空、管道等运输方式构成国家现代化交通运输网，共同承担运输任务。

铁路特殊货物运输的技术难度高、业务性质复杂、安全责任重大。随着铁路新设备、新技术的大量采用，需要更多懂技术、会操作的高素质技术人才充实铁路运输行业。

本教材在编写过程中汲取了相关教材的精华，根据现场工作，本着反映新知识、新技术、新工艺和新方法的要求，力求内容精练、通俗易懂。

本教材采取"项目导向、任务驱动"的编写模式，主要内容包括超长货物运输组织，轮式、履带式货物运输组织，超限、超重货物运输组织，铁路冷链运输组织，铁路危险货物运输组织5个项目。

本教材既可作为高等职业院校铁路物流管理专业的教材，又可作为铁道交通运营管理、物流管理等相关专业的参考资料。

本教材由天津铁道职业技术学院王慧任主编；天津铁道职业技术学院穆怀全、张紫阳，中国铁路北京局集团有限公司天津货运中心静海营业部赵峰任副主编。具体分工如下：王慧编写项目3；穆怀全编写项目1、项目2；张紫阳编写项目5；赵峰编写项目4。

由于编者水平有限，书中不妥之处，敬请批评指正。

编　者

2018 年 8 月

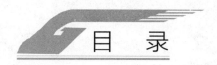

目 录

项目 1
超长货物运输组织

项目描述

    铁路运输工作的主要任务是保证货物、货车的完整和行车安全，充分利用货车载重力和容积，安全、迅速、合理、经济地运输货物。正确地使用车辆，合理地设计货物装载的技术条件是保证列车运行安全和货物安全的前提。通过本项目的学习，使学生能掌握货物的装载技术条件，正确组织超长货物的发送、途中和到达作业。

任务 *1.1* 货物装载基本技术条件

 教学目标

1. 能力目标

能正确确定货物重心在车辆纵向的合理位置,合理确定货物重心在车辆横向的合理位置,正确计算重车重心高及确定运行条件。

2. 知识目标

掌握货物装载的基本技术条件,掌握货物重心水平位置的确定及货物重心高度的计算方法。

 工作任务

用标重 60 t 的 N_{17AK}(自重选用 20.2 t)一辆装三件货物,其中:

(1) $Q_1 = 28$ t,$a_1 = 900$ mm,$b_1 = -170$ mm,$h_1 = 1\ 500$ mm;

(2) $Q_2 = 15$ t,$a_2 = -4\ 000$ mm,$b_2 = 100$ mm,$h_2 = 1\ 500$ mm;

(3) $Q_3 = 8$ t,$a_3 = 4\ 000$ mm,$b_3 = 150$ mm,$h_3 = 1\ 000$ mm。

Q_1,Q_2,Q_3 分别为货物的重量;a_1,a_2,a_3 分别为每件货物重心距车辆横中心线的距离;b_1,b_2,b_3 分别为每件货物重心距车辆纵中心线的距离;h_1,h_2,h_3 分别为每件货物重心自轨面起算的高度。

请检查货物总重心在车辆上的水平位置是否符合装载技术条件并计算重车重心高。

相关知识

1.1.1 装载阔大货物车辆

装载阔大货物的车辆除必须满足普通货物装载的一般要求外,还应满足货物重量重、体积大、长度长的要求。

对此,车辆应具有足够的强度,尤其是承受集中载荷的能力;还要便于对货物进行装载加固,对于超限货物还应有利于降低超限等级,以保证运输安全和车辆的正常使用寿命。

目前,我国铁路装载阔大货物主要使用普通平车和长大货物车,部分货物也可使用敞车装载。

1. 平车及技术参数

平车属于底架承载结构,底架的主要部件有中梁、侧梁、枕梁、横梁及纵向辅助梁。部分平车根据装运货物的需要设有可以全部翻下的活动墙板。为了提高平车承受集中载荷的能力, 部分平车底架采用了鱼腹形梁。为便于货物加固, 侧梁外侧装设绳栓和柱插, 平车主要参数及加固部件名称如图 1-1-1 所示。平车主要技术参数见附录 A。

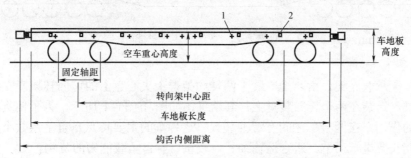

图 1-1-1　平车主要参数及加固部件名称

1—绳栓 (丁字铁); 2—柱插 (支柱槽)

使用有端、侧板的平车装载长度或宽度超出车地板的货物, 或因货物拉牵加固需要, 可将端、侧板放下, 同时用镀锌铁线将其与车体捆绑牢固或用锁铁卡紧, 其中"镀锌铁线"是指 8 号镀锌铁线 2 股。

涂打"⊗"的平车在运行时, 端板应处于立起关闭状态。特殊情况下, 在安装车钩缓冲停止器后允许将端板放倒运行; 或将两平车相邻端的一辆平车的端板采取可靠吊起措施后, 将另一辆平车的端板放倒运行。

2. 长大货物车及技术参数

长大货物车是铁路运输中的一类特种货车, 主要用于运送平车无法装载的阔大货物。

按照车体结构不同, 我国现有的长大货物车可分为凹底平车、长大平车、落下孔车、双联平车、钳夹车五种。

1) 凹底平车

凹底平车的结构特点是转向架或转向架群分布于车辆的两端, 中部为装载货物的凹底架, 其示意图如图 1-1-2 所示。它具有结构简单、使用方便、运行安全可靠等优点, 是长大货物车中适运货物范围最广的车型。由于凹底平车采用凹底部分的地板面承载, 在设计时要降低地板面高度, 否则货物装车后高度可能超出限界。由于此种车辆承载面占据一定的高度及不可能太长, 不适合运输太高和太长的货物。

图 1-1-2　凹底平车示意图

2) 长大平车

长大平车从底架结构形式上看与通用平车基本上相同, 其差别主要是前者的底架长度和地板面距轨面高度都比较大。

3) 落下孔车

落下孔车是底架中部开有一定长度和宽度的落孔, 装货时货物落入孔内。货物的重量由两根截面高度较大的侧梁承担, 其示意图如图 1-1-3 所示。其自重系数较小、能充分利用铁路限界的高度, 适合运输截面尺寸很高、宽度较窄的货物。

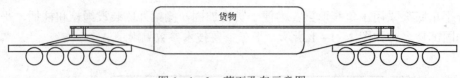

图 1-1-3　落下孔车示意图

4）双联平车

双联平车无承载底架，由两个安装于两转向架群中央心盘上的可回转鞍座支承货物。货物一般比较长，跨装在两个转向装置上，其示意图如图 1-1-4 所示。为了使货物免受过大纵向冲击力的作用，在两节车之间有缓冲装置。这种车的主要特点是自重系数小、货物支承点可根据货物长度进行调节，适合运输细长、较重、有自承载能力的货物。

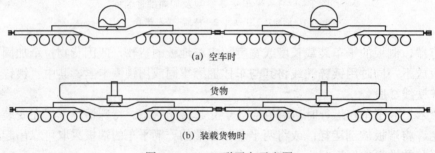

(a) 空车时

(b) 装载货物时

图 1-1-4　双联平车示意图

5）钳夹车

钳夹车具有独特的超限运输能力，由两个对称的半节车构成，其示意图如图 1-1-5 所示。运输货物时，货物被悬挂在两个钳形梁之间，使货物与钳形梁成为一个整体，货物成为整个车辆的一部分；空车运行时，两个对称的半节车由辅助装置将它们连在一起，称为短连挂。

钳夹车能有效地利用铁路限界空间，不仅能运输有自承载能力的货物，而且通过附加的装备也可运输那些没有自承载能力的货物。它可装有多导向、侧移机构，以解决车辆在宽度方向的极度超限；大多数钳夹车设有液压起升、下降机构，且钳夹车结构无承货的地板面，使装载货物最大限度地利用限界高度。除了不适合运输特别长的货物外，钳夹车是运输能力最强的铁路运输工具。

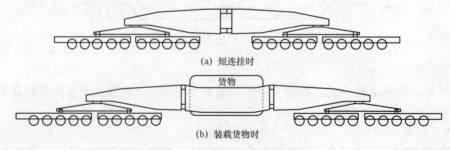

(a) 短连挂时

(b) 装载货物时

图 1-1-5　钳夹车示意图

长大货物车的型号、主要技术参数和特点见附录 B。

1.1.2 货物装载的基本技术条件

1. 货物装载加固的基本要求

1）货物装载的要求

使货物均衡、稳定、合理地分布在货车上，不超载，不偏载，不偏重，不集重。

2）货物加固的要求

能够经受正常调车作业以及列车运行中所产生各种力的作用，在运输全过程中，不发生移动、滚动、倾覆、倒塌或坠落等情况。

2. 对车辆和货物重量的要求

装车前应正确选择车辆，遵守货车使用限制表及有关规定。各类货车装载的货物不得超出货车的设计用途范围，特殊情况由货运中心上报路局货运处。

货车的技术参数由铁路有关部门公布，以车体上的标记技术参数为准。货车制造、检修单位应确保货车车体上涂打的标记技术参数的准确性。

凡未经铁路总公司有关部门公布的，技术参数不全的敞车、平车、棚车及长大货物车，一律不得使用。

货车装载的货物重量（包括货物包装、防护物、装载加固材料及装置）不得超过其容许载重量。

3. 货物重心水平位置的要求

装车后货物总重心的投影应位于货车纵、横中心线的交叉点上。必须偏离时，横向偏离量不得超过100 mm；纵向偏离时，每个车辆转向架所承受的货物重量不得超过货车容许载重量的二分之一，且两转向架承受重量之差不得大于10 t。

作为货检站整理、换装的依据时，货车超偏载分为严重、一般两级，具体分级标准见表1–1–1。

表1–1–1 货车超偏载分级标准

项目	分级	
	严重	一般
超载	大于货车容许载重量10 t	大于货车容许载重量5 t
偏载	货物总重心投影距车辆纵中心线距离大于150 mm	货物总重心投影距车辆纵中心线距离大于100 mm
偏重	货车两转向架承受重量之差大于15 t	货车两转向架承受重量之差大于10 t

以上的分级标准不作为装车站是否处理超偏载问题的依据。

货检站应加强超偏载检测装置检测结果的核实确认和处理。对严重超偏载货车，应立即甩车，整理后方能挂运。对一般超偏载货车，货检站在确认不危及行车安全时可不甩车整理，应记录车种、车号、发到站、货物品名等，并将上述信息及时通知发到站，电报通知下一编组站，同时在24小时内将信息上报铁路局货运主管部门。货检站严重超偏载货车整理作业流程如下。

① 车站货检人员应根据检测结果，核对现车无误后，及时向车站行车调度部门报告。

② 车站行车调度部门接到货检人员报告后，值班人员及时安排甩车，并送入指定地点。

③ 车站对甩下的货车重新过衡或进行偏载、偏重复核。确认超偏载后，按规定整理和拍发电报。对超载报警车，应留存复衡单；对偏载报警车拍照不少于 2 张，一张为带车号的整体照片，其他为能反映核实偏载情况的整体或局部照片；对偏重报警车拍照不少于 3 张，一张为带车号的整体照片，其他为能反映车辆两端装载情况或整体的照片。

④ 车站对甩下的超载货车进行卸载处理，并确认货物重量不超过货车容许载重量且不偏载、不偏重后，方可编入列车继续运行。对甩下的偏载、偏重货车进行处理，并确认不偏载、不偏重后方可放行。

4. 重车重心高的要求

货车和所装货物的总重心称为重车重心。重车重心自轨面起算的高度称为重车重心高。重车重心高一般不得超过 2 000 mm，超过时应按表 1-1-2 中规定的限速运行。限速运行时，由装车站以文电向铁路局请示，铁路局货运管理部门以电报批示，跨局运输则应同时抄给有关铁路局货运、运输、调度、机务、工务等有关部门。发站应在货物运单、票据封套、编组顺序表及货车表示牌上注明"限速××公里"字样。

限速运行（不包括仅通过桥梁、隧道、出入站线限速运行）的货物，按运价率加 150% 计费。

表 1-1-2 重车重心高超过 2 000 mm 时运行限速表

重车重心高度 H/mm	运行限速/（km/h）	其中：通过侧向道岔限速/（km/h）
$2\ 000 < H \leqslant 2\ 400$	50	15
$2\ 400 < H \leqslant 2\ 800$	40	15
$2\ 800 < H \leqslant 3\ 000$	30	15

5. 货物突出车辆端梁的长度要求

货物突出平车车端装载，突出端的半宽不大于车辆半宽时，允许突出端梁 300 mm；突出端的半宽大于车辆半宽时，允许突出端梁 200 mm。超过此限时，应使用游车。当装载货物突出车端不加挂游车时，货物突出端不得与带风挡客车连挂。

货物的装载高度、宽度和计算宽度，除超限货物外，不得超过特定区段装载限制（见表 1-1-3）和机车车辆限界基本轮廓（如图 1-1-6 所示）。

表 1-1-3 特定区段装载限制

序号	线名	区段	限制事项		附记
			装载限界	车辆自重加实际载重最大吨数	
1	京包线	南口—西拨子间	装载货物高度和宽度按表 1-1-4 规定		
2		运往朝鲜的货物	按机车车辆限界装载，但最高不得超过 4 750 mm		
3	京广线	坪木线		100	坪石站出岔
4	丰沙线	沙城—三家店间上行线	装载货物中心高度由钢轨面起不得超过 4 600 mm		

表 1-1-4　装载货物高度和宽度限制

由钢轨面起算的高度/mm	由车辆纵中心线起算每侧的宽度/mm	全部宽度/mm
4 300	1 050	2 100
4 200	1 150	2 300
4 100	1 250	2 500
4 000	1 350	2 700
3 900	1 450	2 900
1 250 以上至 3 600	1 600	3 200

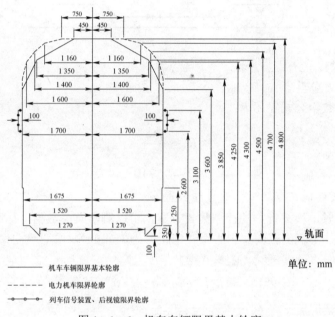

图 1-1-6　机车车辆限界基本轮廓

1.1.3　货物重心水平位置的确定

由于车辆、线路、货物装载技术条件所限，货物重心水平位置应限制在一定的范围以内，以防货物偏载、偏重以及在运行中发生货物移动、滚动、倾覆而造成车辆的损坏或列车的颠覆。

1. 货物重心在车辆纵向的合理位置

将货物装车时，一般情况下应使货物重心或总重心（一车多件货物）在车地板上的投影落在车地板横中心线上。这样装载车辆两转向架负担的货物重量相等，同一轮对的两个车轮压相同，重车的运行稳定性最好。但是在实际工作中，遇到一些特殊情况，往往要求货物重心或总重心偏离车辆横中心线。例如，超长均重货物，为了节省一辆游车，采用一端突出车端的装载方案时；非均重货物，如果将重心落到车辆中央，一端突出端梁，需要加挂一辆游车，而另一端车地板长度尚有空余，为了节省游车，采用不突出车端的装载方案时；一车装载两件或多件货物时；各件货物的重量和外形尺寸互不相同时，很难使货物的总重心恰好落在车辆中央。

当货物重心或总重心偏离车辆横中心线时，偏离横中心线的距离应保证车辆每个转向架承受的货物重量不超过货车容许载重量的 1/2，且两转向架负重之差不大于 10 t。

设货车容许载重量为 $P_{容}$(t)，车辆两个转向架承受货物重量分别为 R_A、R_B(t)，且 $R_A>R_B$，货物重心纵向水平位移示意图如图 1-1-7 所示。

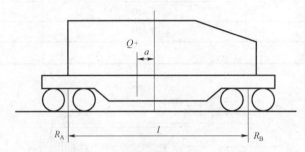

图 1-1-7　货物重心纵向水平位移示意图

上述条件可用数学公式表述为：

$$R_A \leqslant \frac{P_{容}}{2} \tag{1-1-1}$$

$$R_A - R_B \leqslant 10 \tag{1-1-2}$$

1）装载一件货物时在车辆纵向的合理位置

装载一件货物时，根据货物的计划装载方案，可以测量有关数据。如图 1-1-7 所示，设货物重量为 Q(t)，车辆的转向架中心距（销距）为 l（mm），重心纵向偏移量为 a（mm）。以 B 为支点，由力矩平衡原理 $\sum M_B = 0$ 得：

$$R_A l - Q(a + 0.5l) = 0$$

$$R_A = Q\left(0.5 + \frac{a}{l}\right) \tag{1-1-3}$$

同理得：

$$R_B = Q\left(0.5 - \frac{a}{l}\right) \tag{1-1-4}$$

将式（1-1-3）代入式（1-1-1）得：

$$Q\left(0.5 + \frac{a}{l}\right) \leqslant \frac{P_{容}}{2}$$

则

$$a \leqslant \left(\frac{P_{容}}{2Q} - 0.5\right)l \tag{1-1-5}$$

将式（1-1-3）、式（1-1-4）代入式（1-1-2）得：$Q\left(0.5 + \dfrac{a}{l}\right) - Q\left(0.5 - \dfrac{a}{l}\right) \leqslant 10$，则

$$a \leqslant \frac{5}{Q}l \qquad (1-1-6)$$

为了同时符合货物重心纵向偏移的两个条件，应采取式（1-1-5）、式（1-1-6）中的较小的 a 值。经比较两式可知：当 $P_容 - Q < 10$ 时，由式（1-1-5）计算出的 a 值较小；当 $P_容 - Q > 10$ 时，由式（1-1-6）计算出的 a 值较小；当 $P_容 - Q = 10$ 时，两式计算出的 a 值相等。

设货物重心纵向最大容许偏移量为 $a_容$，$a_容$ 的计算方法如下：

（1）当 $P_容 - Q < 10$ 时：

$$a_容 = \left(\frac{P_容}{2Q} - 0.5 \right)l \ （\text{mm}） \qquad (1-1-7)$$

（2）当 $P_容 - Q \geqslant 10$ 时：

$$a_容 = \frac{5}{Q}l \ （\text{mm}） \qquad (1-1-8)$$

式中：$P_容$——车辆的容许载重量，t；

　　　l——车辆转向架中心距，mm；

　　　Q——车辆所装货物重量，t。

在实际工作中，根据计划装载方案，将重心纵向偏移量 $a_实$ 与 $a_容$ 进行比较，如果 $a_实 < a_容$，则货物重心在车辆上的纵向位置符合货物装载的基本技术条件。

【例 1-1-1】一件货物重 45 t，长 12 m，货宽 2.5 m，货物重心距货物一端为 7 m，选用 N$_{17K}$ 型平车（标重 60 t，车地板长 13 m，销距 l 为 9 m）一辆装载，请确定经济合理的装载方案。

【解】

方案 1：货物重心落到车辆中央，货物一端突出车辆长度为

$$a_实 = 7\,000 - \frac{13\,000}{2} = 500 \ \text{mm}$$

货宽小于车宽，因此需使用游车 1 辆，并应使用高度符合要求的横垫木。

方案 2：距货物重心较远一端与 N$_{17K}$ 型平车车端对齐，则货物重心偏离车辆横中心线的长度为 $a_实 = 500$ mm

因为 $P_容 - Q = 60 - 45 = 15(t) > 10$ t

则货物重心偏离车辆横中心线的最大容许距离为 $a_容 = \frac{5}{Q}l = \frac{5}{45} \times 9\,000 = 1\,000 \ （\text{mm}）$

因为 $a_实 < a_容$，所以该装载方案符合重心纵向位移的技术条件。

方案选择：方案 2 既不需要游车和横垫木，又符合装载要求，应选择方案 2。

2）装载多件货物时在车辆纵向的合理位置

装载多件货物（如图 1-1-8 所示）可根据拟定的装载方法先求出多件货物的总重心距车辆横中心线的距离，然后按装载一件货物的方法判断装载是否符合技术条件。多件货物重心纵向水平位移示意图如图 1-1-8 所示。不符合时，调整货物装载方案，重复上述过程，

直到符合为止。因此，装载多件货物需要解决两个问题：

① 确定多件货物的总重心距车辆横中心线的距离；

② 确定货物总重心纵向最大容许偏移量。

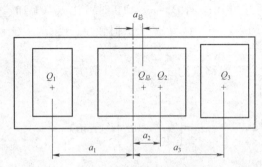

图 1-1-8 多件货物重心纵向水平位移示意图

以货车横中心线为轴，根据力矩平衡原理可得：

$$a_{总} = \frac{\pm a_1 Q_1 \pm a_2 Q_2 \pm \cdots \pm a_n Q_n}{Q_1 + Q_2 + \cdots + Q_n} \tag{1-1-9}$$

式中： Q_1，Q_2，$\cdots$，Q_n——每件货物的重量，t；

$\qquad a_1$，a_2，$\cdots$，a_n——每件货物重心距车辆横中心线的距离，以货车横中心线为准，一侧取正号，则另一侧取负号，mm；

$\qquad a_{总}$——多件货物的总重心距车辆横中心线的距离，mm。

多件货物总重心纵向最大容许偏移量仍按一车一件的方法使用式（1-1-7）和式（1-1-8）计算，此时，$Q=Q_1+Q_2+\cdots+Q_n$。

【例1-1-2】三件货物的重量分别为 15 t、28 t 和 8 t，长度分别为 5 150 mm、2 200 mm、3 000 mm，使用 N_{17K} 型平车（标重 60 t，车地板长 13 m，销距 l 为 9 m）一辆装载，装车后三件货物重心在车辆上的位置如图 1-1-9 所示，计算货物总重心的位置并判断该装载方法在车辆纵向位置是否符合规定。

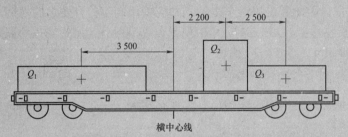

图 1-1-9 装车后三件货物重心在车辆上的位置

【解】（1）货物总重心偏离车辆横中心线的实际距离

$$a_{总} = \frac{\pm a_1 Q_1 \pm a_2 Q_2 \pm \cdots \pm a_n Q_n}{Q_1 + Q_2 + \cdots + Q_n} = \frac{15 \times 3\,500 - 28 \times 2\,200 - 8 \times (2\,200 + 2\,500)}{15 + 28 + 8} \approx -916 \text{（mm）}$$

（2）计算货物重心容许位移量 $a_{容}$

$P_容 - Q = 60 - (15 + 28 + 8) = 9(\text{t}) < 10 \text{ t}，$

则：$a_容 = \left(\dfrac{P_标}{2Q} - 0.5\right) l = \left(\dfrac{60}{2 \times 51} - 0.5\right) \times 9\,000 \approx 794$（mm）

因为 $|a_总| > a_容$，说明此装载方案不符合规定。

2. 货物重心在车辆横向的合理位置

货物的重心或总重心的投影应位于车辆的纵中心线上，这时同一转向架两侧轮压相同，两侧弹簧负荷均匀，有利于车辆的平稳运行。

货物重心偏离纵中心线，将使车辆一侧弹簧负荷较大。如果偏移量过大，有可能造成车辆或线路的损毁。同时，一些形状不规则的货物其重心所在的纵向垂直平面两侧的宽度不等，当将其重心落在车辆纵中心线上时，可能超限，甚至受限界的限制无法运输。为了避免超限或降低超限程度，可以采用货物重心偏离纵中心线的装载方案。

实践证明，货物重心偏离车辆纵中心线距离不超过 100 mm 时，不会影响重车运行安全。

当一辆货车只装载一件货物时，货物重心的横向位置比较容易确定，下面讨论一车装载多件货物的情况。

1）多件货物总重心横向位置

设 Q_1，Q_2，…，Q_n 是每件货物的重量，以货车纵中心线为轴，b_1，b_2，…，b_n 为每件货物重心偏离车辆纵中心线的距离，$b_总$ 为货物总重心偏离车辆纵中心线的距离。根据力矩平衡原理有：

$$b_总 = \frac{\pm b_1 Q_1 \pm b_2 Q_2 \pm \cdots \pm b_n Q_n}{Q_1 + Q_2 + \cdots + Q_n} \qquad (1-1-10)$$

式中的正、负号以车辆纵中心线为准，一侧取正号，另一侧取负号。

2）配重货物重量（$Q_配$）和配重货物重心偏移量（$b_配$）的确定

实际工作中遇到货物总重心偏离车辆纵中心线的距离超过 100 mm 时，必须采取配重措施，即在车辆纵中心线的另一侧配装其他货物，使配装后货物的总重心落在车辆纵中心线上或使偏移量不超过 100 mm。货物重心横向水平位移示意图如图 1-1-10 所示。

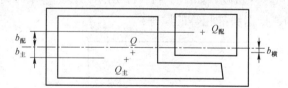

图 1-1-10　货物重心横向水平位移示意图

设配重前的货物重量为 Q，配重前货物重心偏离车辆纵中心线的距离为 b，配重货物的重量为 $Q_配$，配重货物重心偏离车辆纵中心线的距离为 $b_配$，配重后货物总重心偏离车辆纵中心线的距离为 $b_横$，则式（1-1-10）转换为：

$$b_横 = \frac{Qb - Q_配 b_配}{Q + Q_配} \quad (\text{mm})$$

根据技术条件，$|b_横| \leqslant 100$ mm；同时满足 $Q_配 \leqslant P_标 - Q$，$b_配 \leqslant \dfrac{B_车}{2}$（$B_车$ 为车地板宽度）。

如果配重后货物总重心落在车辆纵中心线上,配重货物的重量或重心位置可按下式计算:

$$Q_{配} = \frac{Qb}{b_{配}} \text{(t)} \tag{1-1-11}$$

$$b_{配} = \frac{Qb}{Q_{配}} \text{(mm)} \tag{1-1-12}$$

【例 1-1-3】一件货物重 45 t,用 N_{17K} 型平车装载后货物重心偏离车辆纵中心线 200 mm,配重货物一件重 12 t。请问当配重货物重心偏离车辆纵中心线多少毫米时,才能使货物总重心横向偏离在规定的范围内?

【解】货物总重心横向偏离不得超过 100 mm。

(1)货物总重心位于车辆纵中心线时,即 $b_{横} = 0$ mm,则:

$$b_{配} = \frac{Qb}{Q_{配}} = \frac{45 \times 200}{12} = 750 \text{(mm)}$$

(2)货物总重心距车辆纵中心 100 mm,即 $b_{横} = 100$ mm,则:

$$b_{配} = \frac{Qb - 100(Q + Q_{配})}{Q_{配}} = \frac{45 \times 200 - 100 \times (45 + 12)}{12} = 275 \text{(mm)}$$

配重货物重心距车辆纵中心线 275~750 mm,且与原装货物的重心分别在纵中心线两侧,才能保证货物总重心的横向偏离在规定范围内。

1.1.4 重车重心高的确定

重车重心高是铁路货物运输的一项基本技术指标,它是影响重车运行稳定性和运行安全的主要因素之一。重车重心高越高,运行稳定性越差。为了保证重车运行安全,我国铁路规定,重车重心高一般不得超过 2 000 mm,若超过此限,有条件时应配装重心较低的货物,降低重车重心高;否则,应按规定限速运行。

1. 重车重心高的计算

(1)一辆货车只装载一件货物,如图 1-1-11 所示,设重车重心高为 H,重车总重为 $Q_{总}$(车辆与货物重量之和),根据势能相等的原理:

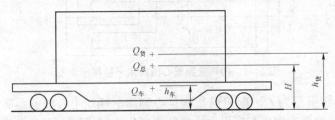

图 1-1-11 单件货物重车重心高计算示意图

$$H = \frac{Q_{车}h_{车} + Q_{货}h_{货}}{Q_{车} + Q_{货}} \text{(mm)} \tag{1-1-13}$$

式中:H——重车重心高,mm;

$Q_{车}$——车辆自重,t;

$h_车$——车辆重心自轨面起算的高度，mm；

$Q_货$——货物重量，t；

$h_货$——装车后货物重心自轨面起算的高度，mm，$h_货$=车地板高+垫木高+货物重心高。

（2）一车装载多件货物，如图 1-1-12 所示，重车重心高 H 可按式（1-1-14）计算：

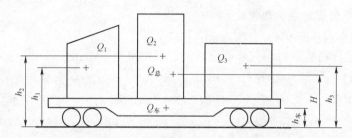

图 1-1-12　多件货物重车重心高计算示意图

$$H=\frac{Q_车 h_车 + Q_1 h_1 + Q_2 h_2 + \cdots + Q_n h_n}{Q_车 + Q_1 + Q_2 + \cdots + Q_n}（mm）\qquad(1-1-14)$$

式中：$Q_车$——货车自重，t；

Q_1，Q_2，…，Q_n——每件货物重量，t；

h_1，h_2，…，h_n——装车后每件货物重心自轨面起算的高度，mm。

（3）货物跨装运输时，重车重心高 H 可按式（1-1-15）计算：

$$H=\frac{Q_{车1} h_{车1} + Q_{车2} h_{车2} + Q_货 h_货}{Q_{车1} + Q_{车2} + Q_货}（mm）\qquad(1-1-15)$$

式中：$Q_{车1}$，$Q_{车2}$——两负重车自重，t；

$h_{车1}$，$h_{车2}$——两负重车空车重心自轨面起算的高度，mm；

$Q_货$——货物重量，t；

$h_货$——装车后货物重心自轨面起算的高度，mm。

【例 1-1-4】某站承运机械设备一件，重 50 t、长 14 m、宽 3.2 m、高 2.85 m，货物重心位于货物的几何中心，使用 N_{17AK} 型平车一辆负重，下垫两根 150 mm 的横垫木。计算重车重心高，并确定运行条件。

【解】N_{17AK} 型平车技术参数：$Q_车$=20.2 t，$h_车$=723 mm，$h_{车地板}$=1 211 mm。

$$H=\frac{Q_车 h_车 + Q_货 h_货}{Q_车 + Q_货}=\frac{20.2 \times 723 + 50 \times (1\,425 + 150 + 1\,211)}{20.2 + 50}=2\,191（mm）>2\,000（mm）$$

货长大于车长无法配重，只能限速运行。2 000 mm<H≤2 400 mm，区间限速 50 km/h、通过侧向道岔速度 15 km/h。请示上级批准装车。

2. 重车重心高超过 2 000 mm 应采取的措施

1）采用配重措施降低重车重心高

重车重心高超过 2 000 mm 时可以通过配装重心较低的货物降低重车重心高。

配重的条件：一是车辆的载重能力尚有富余；二是车地板上有可供配重的装载位置，且符合装载技术条件的要求。

采取配重降低重车重心高度时，设配重货物重量为 $Q_配$，配重货物装车后重心自轨面起的高度为 $h_配$，未配重前重车重心高为 H，配重货物的起码重量 $Q_配$ 可按下式计算：

$$Q_配 = \frac{Q_总(H - 2\,000)}{2\,000 - h_配} \quad (\text{t}) \tag{1-1-16}$$

式中：$Q_总$——货车自重与主货重量之和，t；

　　　H——未配重前重车重心高度，mm；

　　　$h_配$——配重货物装车后，其重心自轨面起算的高度，mm。

【例1-1-5】一件货物重30 t，使用 N_{17AK} 型平车一辆装载，装车后重车重心高2.03 m。为使重车重心高降至2 m以内，选用一件重心高0.7 m的配重货物。试求配重货物的重量范围。

【解】N_{17AK} 型平车技术参数：$Q_车 = 20.2$ t，$h_车 = 723$ mm，$h_{车地板} = 1\,211$ mm。

$$Q_配 = \frac{Q_总(H - 2\,000)}{2\,000 - h_配} = \frac{(20.2 + 30) \times (2030 - 2\,000)}{2\,000 - (1\,211 + 700)} = 16.5\,(\text{t})$$

配重货物的重量范围应为 16.5 t < $Q_配$ ≤ 30 t。

2）限速运行

当重车重心高超过2 000 mm，而无法将其降至2 000 mm以下时，应按表1-1-2规定限速运行。

【例1-1-6】三件货物使用一辆 N_{17AK} 型60 t平车装运，其中：

（1）$Q_1 = 28$ t，$a_1 = 900$ mm，$b_1 = -170$ mm，$h_1 = 1\,500$ mm；

（2）$Q_2 = 15$ t，$a_2 = -4\,000$ mm，$b_2 = 100$ mm，$h_2 = 1\,500$ mm；

（3）$Q_3 = 8$ t，$a_3 = 4\,000$ mm，$b_3 = 150$ mm，$h_3 = 1\,000$ mm。

请检查货物总重心在车辆上的水平位置是否符合装载技术条件并计算重车重心高。

【解】N_{17AK} 型平车技术参数：$Q_车 = 20.2$ t，$h_车 = 723$ mm，$h_{车地板} = 1\,211$ mm，$l = 9\,000$ mm。

$$a_总 = \frac{\pm a_1 Q_1 \pm a_2 Q_2 \pm \cdots \pm a_n Q_n}{Q_1 + Q_2 + \cdots + Q_n} = \frac{(900 \times 28) - (4\,000 \times 15) + (4\,000 \times 8)}{28 + 15 + 8} = -55\,(\text{mm})$$

$$b_总 = \frac{\pm b_1 Q_1 \pm b_2 Q_2 \pm \cdots \pm b_n Q_n}{Q_1 + Q_2 + \cdots + Q_n} = \frac{(-170 \times 28) + (100 \times 15) + (150 \times 8)}{28 + 15 + 8} = 40.4\,(\text{mm})$$

货物总重心投影在车辆上的位置为（-55 mm，40.4 mm）。

纵向：$a_总 = 55$ mm

$P_容 - Q = 60 - 51 = 9$（t）（小于10 t）

$$a_容 = \left(\frac{P_容}{2Q} - 0.5\right)l = \left(\frac{60}{2 \times 51} - 0.5\right) \times 9\,000 \approx 795\,(\text{mm})$$

因为 $a_总 < a_容$，所以纵向符合装载技术条件。

横向：$b_总 = 40.4$ mm

因为 $b_容 = 100$ mm，$b_总 < b_容$，所以横向符合装载技术条件。

重车重心高为

$$H = \frac{Q_{车}h_{车} + Q_{货1}h_{货1} + Q_{货2}h_{货2} + Q_{货n}h_{货n}}{Q_{车} + Q_{货1} + Q_{货2} + Q_{货n}}$$

$$= \frac{20.2 \times 723 + 28 \times (1\,211 + 1\,500) + 15 \times (1\,211 + 1\,500) + 8 \times (1\,211 + 1\,000)}{20.2 + 28 + 15 + 8}$$

$$= 2\,090（mm）$$

任务训练

1. 某站装运一件均重货物，重 36 t，规格为 16 300 mm×2 800 mm×1 200 mm，使用一辆 N_{17K} 型 60 t 平车装运，请确定装载方法。

2. 均重货物一件，重 12 t，外形尺寸 8 000 mm×2 200 mm×1 500 mm；另一件均重货物重 18 t，外形尺寸 4 000 mm×2 400 mm×1 850 mm，现拟采用 N_{17T} 型 60 t 平车装运，试确定经济合理的装载方案。

3. A 站发 B 站非均重货物一件（长 12 m、重 38 t、货物重心距一端 7 m），使用 N_{17K} 型 60 t 平车装运，运行至 C 站时检查发现货物装载加固的捆绑加固线部分断裂，货物一端垂直面与车端相齐，测量该端距货物重心 7 000 mm，货物重心距车辆纵中心线 60 mm。请问 C 站能否不用整理直接加固后继运？

4. 三件货物使用一辆 N_{17K} 型 60 t 平车装运，装载有关数据如下：

$Q_1 = 20$ t，$a_1 = 850$ mm，$b_1 = -120$ mm，$h_1 = 1\,400$ mm；

$Q_2 = 15$ t，$a_2 = -4\,000$ mm，$b_2 = 100$ mm，$h_2 = 1\,800$ mm；

$Q_3 = 10$ t，$a_3 = 4\,000$ mm，$b_3 = 160$ mm，$h_3 = 1\,100$ mm。

要求：（1）确定货物总重心投影在车辆上的位置；

（2）检查货物总重心投影位置是否符合装载技术条件；

（3）计算重车重心高。

5. 用 N_{17AT} 型平车，装运一件 40 t 的货物（重心高 1 430 mm），货物直接装在车地板上。

要求：（1）确定重车重心高度是否符合要求；

（2）若重车重心高超过规定，用一件预计装车后由轨面起重心高度 1 913 mm 的货物配重，确定该配重货物重量的取值范围。

任务 *1.2* 超长货物运输

教学目标

1. 能力目标

能正确选择超长货物的装载方法，合理确定超长货物装载的技术条件，正确计算超长货物的运输费用。

2. 知识目标

掌握超长货物定义，掌握超长货物垫木高度的计算方法及跨装货物装载的技术条件。

🚚 工作任务

现有方形均重货物 2 件，其中一件货物（甲）长 17.2 m，宽 3 m，高 2.5 m，重 25 t；另一件货物（乙）长 7.1 m，宽 2.7 m，高 2.8 m，重 55 t。要求使用 2 辆 N_{17K} 型平车装运（车地板长 13 000 mm，两钩舌内侧距离 13 938 mm，销距 9 000 mm，自重 20.2 t，载重 60 t，车辆本身重心高 723 mm，车地板高 1 211 mm），要求：

（1）制定装载方案；

（2）通过计算，说明配装理由。

🌀 相关知识

超长货物属于特殊条件运输的货物。超长货物长度大，需要使用一辆以上货车装运。

1.2.1　超长货物的定义

1. 超长货物

超长货物是指一车负重，突出车端，需要使用游车或跨装运输的货物。

2. 超长货物判定

当货物半宽小于或等于车地板半宽时货物突出车辆端部超过 300 mm，或当货物半宽大于车地板半宽时货物突出车辆端部超过 200 mm，该货物即为超长货物。

3. 几种常见的超长货物情况

① 一车负重需要使用游车的货物；

② 需跨装运输的货物；

③ 货物全长小于或等于车地板长，但因重心纵向位移需要使用游车的货物。

1.2.2　超长货物的装载方法

1. 一车负重超长货物的装载方法

① 一端突出使用游车，如图 1–2–1（a）所示；

② 二端突出使用游车，如图 1–2–1（b）所示；

③ 一端突出共用游车，如图 1–2–1（c）所示。

2. 跨装超长货物的装载方法

① 二车跨装，如图 1–2–1（d）所示；

② 二车负重，中间使用游车，如图 1–2–1（e）所示；

③ 二车负重，中间、两端均使用游车。

超长货物由于其长度超出车辆端梁，所以应根据装载的技术条件来确定一车负重或跨装的装载方案。

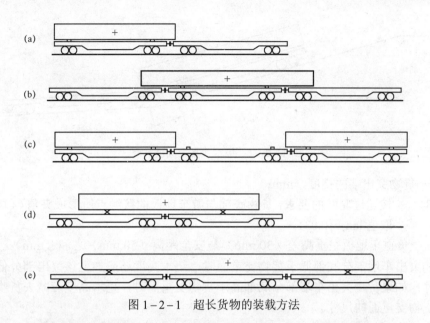

图 1-2-1　超长货物的装载方法

1.2.3　一辆平车装载超长货物的技术条件

（1）均重货物使用 60 t、61 t 平车装载，两端均衡突出时，其装载量不得超过表 1-2-1 所列数值。

表 1-2-1　60 t、61 t 平车两端均衡突出装载量

突出车端长度 L/mm	$L < 1\,500$	$1\,500 \leqslant L$ $< 2\,000$	$2\,000 \leqslant L$ $< 2\,500$	$2\,500 \leqslant L$ $< 3\,000$	$3\,000 \leqslant L$ $< 3\,500$	$3\,500 \leqslant L$ $< 4\,000$	$4\,000 \leqslant L$ $< 4\,500$	$4\,500 \leqslant L$ $\leqslant 5\,000$
容许载重量/t	58	57	56	56	55	54	53	52

（2）货物一端突出端梁装载时，重心最大容许纵向偏移量应根据计算确定，即
当 $P_容 - Q < 10$ 时

$$a_容 = \left(\frac{P_容}{2Q} - 0.5 \right) l \ （mm）$$

当 $P_容 - Q \geqslant 10$ 时

$$a_容 = \frac{5}{Q} l \ （mm）$$

（3）所用垫木或支架高度应计算确定。

为使装有超长货物的连挂车组通过线路纵向变坡点时，货物突出部分的底部与游车地板不相接触，以保证行车和货物安全，垫木或支架高度应通过计算得出最低高度，如图 1-2-2 所示。

$$H_垫 = 0.031a + h_{车差} + f + 80 \ （mm） \tag{1-2-1}$$

式中：a——货物突出端至负重车最近轮轴轴心所在垂直平面的距离，mm；

　　　$h_{车差}$——游车地板高度与负重车地板高度差，游车地板比负重车地板高时，取正值，反之取负值，mm；

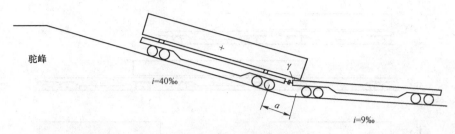

图 1-2-2　垫木或支架高度计算

f——货物突出端的挠度，mm；

　　0.031——按通过驼峰的要求，货物底部与游车地板的接触点所形成夹角（γ）的正切值，取值 $\tan\gamma=0.031$；

　　80——负重车地板空重高差（30 mm）与安全距离（50 mm）之和（mm）。

若货物突出车端部分底部低于货物支重面时，垫木高度还应加上该突出部分低于货物支重面的尺寸；如果货物突出车端部分底部高于货物支重面时，垫木高度应减去货物突出车端部分高于货物支重面的尺寸。

【例 1-2-1】用 N_{17K} 型 60 t 平车装均重大货一件，货重 40 t，长 15 000 mm，使用 N_{17T} 型 60 t 平车做游车。试计算垫木最低高度。

【解】N_{17K} 型：$l_货 = 15\,000$ mm，$l_车 = 13\,000$ mm，$l = 9\,000$ mm，$l_轴 = 1\,750$ mm，N_{17K} 型车地板高 1 211 mm，N_{17T} 车地板高 1 209 mm。

（1）计算 a

$a = (l_车 - l - l_轴)/2 + (l_货 - l_车) = (13\,000 - 9\,000 - 1\,750)/2 + (15\,000 - 13\,000) = 3\,125$（mm）

（2）计算 $H_垫$

$H_垫 = 0.031a + h_{车差} + f + 80 = 0.031 \times 3\,125 - (1\,211 - 1\,209) + 0 + 80 = 176$（mm）

（4）共用游车时，两货物突出端间距不小于 500 mm。共用游车货物间距如图 1-2-3 所示。

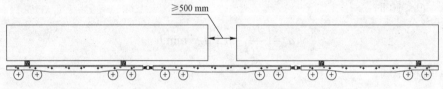

图 1-2-3　共用游车货物间距

（5）游车上装载的货物，与货物突出端间距不小于 350 mm，货物突出部分的两侧不得装载货物。游车加装货物间距如图 1-2-4 所示。

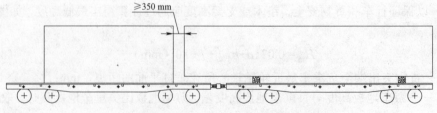

图 1-2-4　游车加装货物间距

【例 1-2-2】现有方形均重货物 2 件，其中一件货物（甲）长 17.2 m，宽 3 m，高 2.5 m，重 25 t；另一件货物（乙）长 7.1 m，宽 2.7 m，高 2.8 m，重 55 t。要求使用 N_{17K} 型平车 2 辆装运（车地板长 13 000 mm，两钩舌内侧距离 13 938 mm，销距 9 000 mm，自重 20.2 t，载重 60 t，车辆本身重心高 723 mm，车地板高 1 211 mm），要求：

（1）制定装载方案。

（2）通过计算，说明配装理由。

【解】（1）货物甲：两端突出装载，使用游车一辆（一端突出 300 mm 不用游车，另一端突出 3 900 mm 用游车一辆）。

货物乙：装载在货物甲使用的游车上，与货物突出端间距为 350 mm，货物重心纵向偏移 400 mm。

（2）首先确定货物甲装载时重心偏移是否符合规定：

$$P_{容} - Q = 60 - 25 = 35（t）（大于 10 t）$$

$$a_{容} = \frac{5}{Q}l = \frac{5 \times 9\,000}{25} = 1\,800（mm）$$

实际重心纵向偏移 $a = (3\,900 - 300)/2 = 1\,800 = a_{容}$，所以装载符合规定。

货物乙：与货物突出端间距为 350 mm，货物重心纵向偏移 400 mm。应计算两转向架承受重量是否符合规定：

$$P_{容} - Q = 60 - 55 = 5（t）（小于 10 t）$$

$$a_{容} = \left(\frac{P_{容}}{2Q} - 0.5\right)l = \left(\frac{60}{2 \times 55} - 0.5\right) \times 9\,000 \approx 409（mm）$$

实际偏移量 $a = 400\ \text{mm} < a_{容}$。

两转向架承载重量：

$$R_A = Q\left(0.5 + \frac{a}{l}\right) = 55 \times \left(0.5 + \frac{400}{9\,000}\right) = 29.94（t）$$

$$R_B = Q - R_A = 55 - 29.94 = 25.06（t）$$

$$R_A - R_B = 4.88（t）$$

每个转向架承载重量未超过 $\frac{1}{2}P_{容}$，且两转向架承载重量之差小于 10 t，符合规定。

1.2.4　跨装货物装载的技术条件

1. 货物转向架

1）货物转向架技术要求

货物转向架的质量、性能和技术状态应符合铁道行业标准《铁路货物装载加固材料和装置　第 1 部分：货物转向架》（TB/T 3079.1—2016）的要求。

货物转向架每副两个，一个具有死心盘，中心销孔为一圆孔；另一个具有活心盘，中心销孔为一长孔。每个转向架由上架体和下架体组成。

（1）货物转向架的强度和刚度必须与其所承受的负荷相适应。

（2）货物转向架上架体必须备有能对货物实施加固的部件，下架体必须备有能与车体加固的部件。

（3）货物转向架组成后，上架体必须转动灵活，活心盘上架体还应纵向滑动灵活。

（4）活心盘中心销孔的长度是指长孔的两半圆圆心距。活心盘中心销孔一般情况下应开设在下架体上，其长度根据跨装车组是否使用车钩缓冲停止器和有无中间游车确定，具体要求如下：

① 跨装车组使用车钩缓冲停止器，不加挂中间游车时，不得小于 180 mm。

② 跨装车组使用车钩缓冲停止器，加挂中间游车时，不得小于 300 mm。

③ 跨装车组不使用车钩缓冲停止器，也不加挂中间游车时，不得小于 300 mm。

（5）货物转向架沿车地板横向长度一般不大于 3 000 mm；当超过 3 000 mm 时，应保证不超限。

（6）货物转向架下架体支重面长度应符合有关要求。

（7）货物转向架的高度应根据负重车的车型、跨装车组有无中间游车、货物超过转向架中心销孔外方的长度，以及货物底面是否有突出部分等因素计算确定。

（8）当货物转向架使用旁承时，应保证其具有良好的滑动性能；在负载情况下，两侧旁承游间之和不应大于 10 mm，且任何一侧不得压死。

2）常用货物转向架结构

货物转向架分为普通型和专用型两类，普通型是指通用的货物转向架，专用型是为某种超长货物专门制备的货物转向架（如桥梁转向架、钢轨转向架等）。

（1）普通型货物转向架。

普通型货物转向架的结构和尺寸规格、最小高度见表 1-2-2、表 1-2-3，其结构如图 1-2-5 所示。

表 1-2-2　普通型货物转向架的结构和尺寸规格　　　　　　　　单位：mm

构件	长度	宽度	高度	上架体中心销孔	死心盘中心销孔	活心盘中心销孔
上架体	2 850～3 000	不大于 550	货物转向架组成后的高度不低于表 1-2-3 的规定	ϕ_1/ϕ_2	—	—
死心盘下架体	2 850～3 000	符合负重车车地板负重面长度容许载重量的规定		—	ϕ_3/ϕ_4	—
活心盘下架体	2 850～3 000			—	—	R_1/R_2
垫木	2 750～2 900			—	—	—

表 1-2-3　普通型货物转向架的最小高度

装载方法	负重车型	货物超过转向架中心销孔外方的长度/m	货物转向架的最小高度/mm	附注
两车负重无中间游车	60 t 平车	≤8.45	249	（1）本表所列货物转向架的高度，未包括货物的挠度和游车地板与负重车车地板的高度差；
		8.46～8.50	250	
		8.51～9.00	260	
		9.01～9.50	270	
		9.51～10.00	280	

装载方法	负重车型	货物超过转向架中心销孔外方的长度/m	货物转向架的最小高度/mm	附注
两车负重有中间游车	60 t 平车	≤11.55	380	（2）如果货物底部有向下的突出部分时，货物转向架的高度应再加上该突出部分的尺寸
		11.56～12.00	392	
		12.01～12.50	405	

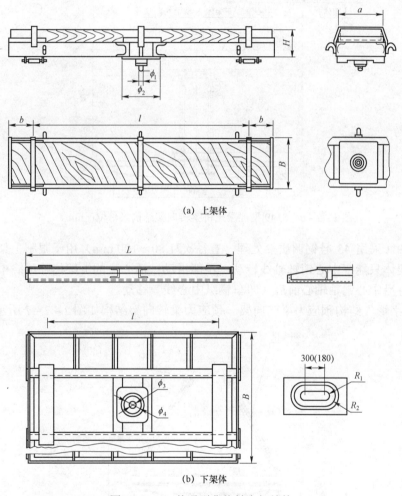

图 1-2-5 普通型货物转向架结构

（2）桥梁转向架。

① 8149 型混凝土桥梁转向架。8149 型混凝土桥梁转向架结构如图 1-2-6 所示。

8149 型混凝土桥梁转向架主要由上架体、下架体、中心销轴、横梁、旁承、防倾斜撑等零部件组成。上架体直接放置于下架体之上，接触面间通过涂抹黄油润滑，以减少通过曲线、道岔等时上、下架体间的转动摩擦阻力。

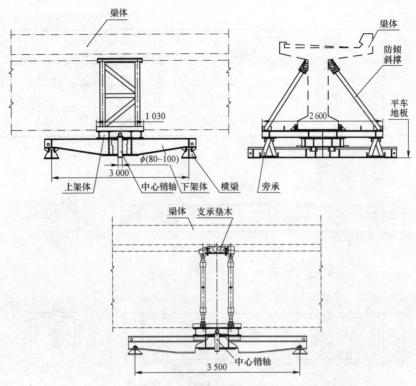

图 1-2-6　8149 型混凝土桥梁转向架结构（单位：mm）

中心销轴（采用 45 号钢调质热处理，直径 ϕ 为 80～100 mm）用于限制上架体的位移；死心盘的上架体只能绕中心销轴轴线转动，不能滑动；活心盘的上架体除可绕中心销轴轴线转动外，还可沿中心销轴轴心前后（即车辆纵中心线）移动。

②"十字形"结构预应力梁转向架。预应力梁转向架结构如图 1-2-7 所示。

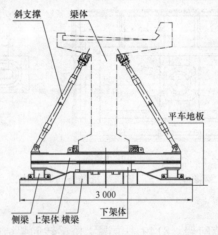

图 1-2-7　预应力梁转向架结构（单位：mm）

预应力梁转向架主要由横梁、侧梁、上架体、下架体、中心销轴和斜支撑等主要部件组成。下架体采用"十字形"结构，具有 4 个支承点，运梁时，梁体的重量通过横梁传递到车体上。"十字形"下架体同时起到旁承的作用，旁承的间隙由设计制造尺寸保证。

两侧梁和两横梁通过螺栓和螺母连接成一框体结构，下架体的纵向两端分别与两横梁相卡接，横向两端分别搭架于两侧梁上；上架体直接放置于下架体之上，在下架体的中部和侧翼贴板上涂抹润滑脂，以减少通过曲线、道岔等时上、下架体间的转动摩擦力；斜支撑与上架体通过销轴连为一体，其长度可调；为增加混凝土梁运输过程中的滑动摩擦阻力，在上架体上盖板上铆接有厚度为15 mm的夹布橡胶板。

活心盘中心销孔开设在上架体上，长度为300 mm。中心销轴用于限制上架体的位移；死心盘的上架体只能绕中心销轴轴线转动，不能滑动；活心盘上的上架体除可绕中心销轴轴线转动外，还可沿中心销轴轴心前后移动。

制作支承垫木的材料须采用质地上乘的一级硬木，支承垫木与斜支撑端头联结的螺孔位置不得随意改变。

预应力梁转向架主要性能指标如下。

（a）承载能力：145 t（一副）。

（b）外形尺寸：（长×宽）3 800 mm×3 000 mm。

（c）转向架承载面高度（装车时混凝土梁底面距车地板高度）：583 mm（包括橡胶板）。

（d）转向架重心高度（转向架重心距横梁底部的距离）：235 mm。

（e）自重：8.44 t（一副）。

（f）活心盘中心销孔长度：300 mm。

（g）中心销轴直径：100 mm。

（h）转向架跨距（横梁间距）：3 500 mm。

桥梁转向架原车回送时，将斜支撑长度调整为最短，然后将两侧的斜支撑先后向内旋转放置，并采用8号镀锌铁线6股分别通过上、下部斜支撑的调整孔与下、上部斜支撑捆固；将上架体旋转90°，平行于车体纵向方向，采用8号镀锌铁线将上架体与下架体捆固，前后各捆绑1道，每道8股。

（3）钢轨转向架。

① 25 m钢轨六支点转向架。25 m钢轨六支点转向架由普通碳素结构钢制作，每组25 m钢轨专用转向架含转向架一副、活动式滑枕或滑台4个。在满足转向架基本技术要求和钢轨运输安全的前提下，其结构和尺寸规格可以有所差异。经铁路局批准后，在符合装载加固安全要求的前提下，可以用于装运道岔、轨排等货物。

以第四代25 m钢轨专用转向架为例，其结构和尺寸规格见表1-2-4，活动式滑枕的结构和尺寸规格见表1-2-5，25 m钢轨六支点转向架结构如图1-2-8所示，25 m钢轨六支点转向架滑台如图1-2-9所示。

表1-2-4　25 m钢轨专用转向架的结构和尺寸规格

单位：mm

构　件	长度	宽度	高度	上架体中心销	死心盘中心孔	活心盘中心孔
上架体	2 860	240	60	$\phi108/\phi148$	—	—
死心盘下架体	3 120	1 090	120	—	$\phi113/\phi170$	—
活心盘下架体	3 120	1 090	120	—	—	R56.5/R85/350
垫　木	2 600	220	65	—	—	—

表 1-2-5　活动式滑枕的结构和尺寸规格　　　　　　　单位：mm

构件	长度	宽度	高度	导滑板长	导滑板宽	导滑板槽长	挡铁高
上滑体	2 680	100	48	160	75	—	130
下滑体	3 120	400	140	—	—	515	—
垫　木	2 640	65	65	—	—	—	—

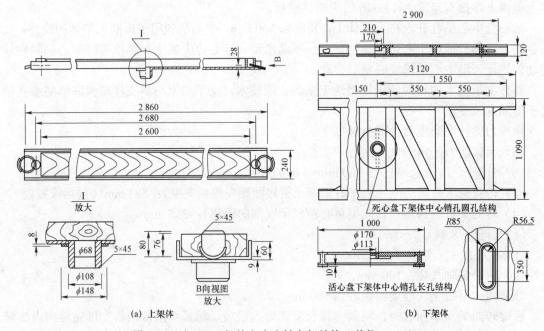

图 1-2-8　25 m 钢轨六支点转向架结构（单位：mm）

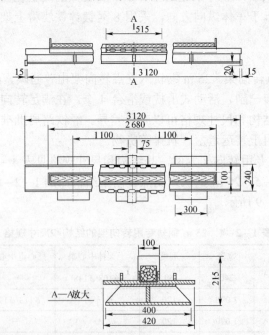

图 1-2-9　25 m 钢轨六支点转向架滑台（单位：mm）

② 25 m 钢轨两支承式转向架。25 m 钢轨两支承式转向架为分解组合式结构，每个转向架含结构形式相同的上、下架体各 1 件和滑台 2 件，使用时将各独立部件组装而成。各部件主要由型钢制作，并配备有专用扳手。

上架体备有由紧固螺栓、调整环、钢丝绳和下压垫木组成的加固索具；下架体每侧焊有 4 个手环，两端焊有插板；滑台端部下沿设有防滑齿，内侧面焊有插座。其各部件的结构及尺寸规格见表 1–2–6，其结构如图 1–2–10 所示。

表 1–2–6 25 m 钢轨两支承式转向架各部件的结构及尺寸规格

构件	长度/mm	宽度/mm	高度/mm	上架体中心销直径/mm	下架体心盘孔长度/mm	索具调整范围/mm	扳手拉力/N
上架体	2 500	600	60	ϕ120	—	—	—
下架体	4 750	1 000	136	—	270	—	—
滑 台	2 700	250	260	—	—	—	—
加固索具	—	—	—	—	—	800	—
专用扳手	600	—	—	—	—	600~1 000	250

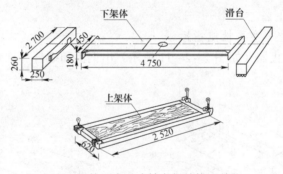

图 1–2–10 25 m 钢轨两支承式转向架结构（单位：mm）

3）货物转向架的编号及使用

（1）货物转向架的编号。

货物转向架用三段代码方式编号，由所属局名简称、类型及单架承载能力代码段、车组中间能否加挂游车代码段和顺序代码段组成，并在其中用短横杠相连。除单架承载能力代码段作为类型代码的下标外，其余代码均用相同字形、字号表示。

例如：北京铁路局管内某托运单位，两车一组不加挂中间游车、单架承载能力 30 t 以下的普通货物转向架，其编号为京 P_{30}–2–0123；三车一组中间加挂游车、单架承载能力 30 t 以上、60 t 以下的专用货物转向架，其编号为：京 Z_{60}–3–0223。

"京"为局名简称，P、Z 为普通和专用型货物转向架第一字的汉语拼音首字；下标 30、60 为单架承载能力；2、3 分别表示负重车间不能/能加挂中间游车；0123、0223 为顺序编码。

（2）货物转向架的使用。

转向架根据其活心盘孔的长度和是否加挂中间游车分为两种：两车一组跨装货物、不加挂中间游车为一种；三车一组跨装货物、加挂中间游车为一种。

两车一组跨装货物时，活心盘中心销定位于活心盘孔的中央；三车一组跨装货物、中间加挂游车时，活心盘中心销置于活心盘孔内的位置，距中间游车一端（内侧）180 mm，距另一端（外侧）120 mm。活心盘孔在上架体上时则相反。

货物转向架编号应标打在转向架的明显部位。托运人在托运货物时，应在货物运单托运人记事栏内注明转向架编号。

每次维修后，应将转向架的变形、扭曲、锈蚀以及开焊部位等状况真实、完整地填记在转向架管理台账上。

（3）货物转向架的管理。

货物转向架不得擅自租借使用，确因临时需要，必须经装车铁路局批准。租借时，装车铁路局应掌握货物转向架使用说明书、货物转向架产权单位同意租借的书面证明、货物转向架产权单位所在铁路局提供的转向架编号有效文电、年检合格报告、近五年内的技术检测合格报告、转向架已使用次数或年限、租用时间等。必要时，装车铁路局在使用前可组织专业技术检测。

货物转向架发生过事故、主要部件有严重裂纹补焊后短期内又开焊、锈蚀严重影响结构强度、扭曲变形严重、经过技术检测不符合 TB/T 3079.1—2016 要求、达到设计报废年限或使用次数等必须报废。

2. 车钩缓冲停止器

1）车钩缓冲停止器主要性能指标

（1）车钩缓冲停止器（如图 1-2-11 所示）由钢板和螺杆等部件组成，其钢板的厚度不得小于 20 mm。

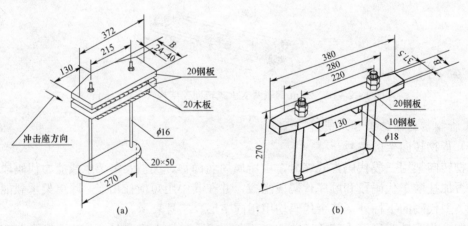

图 1-2-11　车钩缓冲停止器（单位：mm）

（2）连接螺杆的直径不得小于 16 mm。

（3）置于冲击座和钩头背之间的钢板，在冲击座一侧应制作成梯形或圆弧形（圆弧半径不大于 100 mm），宽度 B（最宽处）应小于冲击座至钩头背间距离的 3～5 mm。

2）车钩缓冲停止器使用方法

在车钩自然状态下，将车钩缓冲停止器安装在货车冲击座和车钩钩头背之间。

3）车钩缓冲停止器使用注意事项

卸车后或回送前，应拆卸车钩缓冲停止器。

3. 跨装货物装载应遵守的规定

（1）跨装货物只准两车负重。负重车车地板高度应相等，如高度不等时，需要垫平。

对未达到容许载重量的货车，可以加装货物，但不得加装在跨装货物的两侧（如图 1-2-12 所示），与跨装货物端部间距不小于 400 mm（如图 1-2-13 所示）。

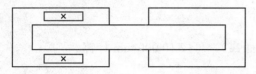
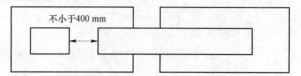

图 1-2-12 加装货物不得位于跨装货物两侧   图 1-2-13 加装货物与跨装货物间距不小于 400 mm

（2）在两辆负重车的中间只准加挂一辆游车。

（3）跨装货物应使用货物转向架。

（4）货物转向架上架体与跨装货物，下架体与车辆分别固定在一起。对货物及货物转向架的加固不得影响车辆通过曲线，并将提钩杆用镀锌铁线捆紧。

（5）中间加挂游车的跨装车组通过 9 号及以下道岔时不得推送调车。遇设备条件不容许或尽头线时，可以不超过 5 km/h 的速度匀速推进。

（6）跨装车组应使用车钩缓冲停止器，安装应在车钩自然状态下进行。

（7）跨装车组禁止溜放。

4. 货物转向架高度 $H_{转}$ 的确定

$$H_{转} = a \times \tan\gamma + h_{车差} + f + 80 \ （mm）\tag{1-2-2}$$

1）两车负重，两端或一端加挂游车时

$$a = y_{端} + l_3$$

$$\tan\gamma = 0.031$$

式中：$y_{端}$——货物突出负重车端梁较长一端的长度，mm；

l_3——负重车车端至其最近轮轴轴心所成垂直平面间的距离，mm。

2）两车负重，中间无游车时

当 $y_{销} \leqslant 1.29\, l_2$ 时，

$$a = l_2$$

$$\tan\gamma = \frac{0.04(l_1 + l_3)}{l_支}$$

当 $y_{销} \geqslant 1.29\, l_2$ 时，

$$a = y_{销}$$

$$\tan\gamma = \frac{0.031(l_1 + l_3)}{l_支}$$

式中：$y_{销}$——货物超出货物转向架中心销外方的长度，mm；

l_1——货物转向架中心销至另一辆负重车相邻车端的距离，mm；

l_2——货物转向架中心销至其所在车辆内方车端的距离，mm；

$l_支$——跨装支距，mm。

3）两车负重，中间有游车时

$$a \times \tan\gamma = l_1 \left[0.04 - \frac{0.04(l_1 + l_3) - 0.015(l_\text{支} - l_\text{台} - l_1 - l_3)}{l_\text{支}} \right] + 0.04 l_3$$

$$a \times \tan\gamma = \frac{0.031(l_\text{支} - l_2 + l_3)y_\text{销}}{l_\text{支}}$$

取两者较大者计算。

式中：$l_\text{台}$——驼峰平台长度（两竖曲线切点之间的距离），可按 10 000 mm 计算。

1.2.5　预应力梁装载加固

1. 预应力梁的装载方法

长度为 32.6 m（重量不大于 115 t）和 24.6 m 的预应力梁，可使用 N_{15} 型桥梁专用车装运。使用木地板平车装运时，只准使用 N_{17}、N_{17AK}、N_{17AT}、N_{17G}、N_{17GK}、N_{17GT}、N_{17K}、N_{17T}、NX 型共用车，可不受"平车局部地板面承受均布载荷或对称集中载荷时容许载重量表"的限制。

（1）长度为 32.6 m 的预应力梁，跨装支距为 27～28 m，使用两辆平车负重跨装（中间加挂游车一辆）运送时，负重车及游车限用 13 m 长木地板平车。

（2）长度为 24.6 m 的预应力梁，跨装支距 18 m，使用两辆平车跨装运送时，限用 NX_{17B}、NX_{17BH}、NX_{17BK}、NX_{17BT}、NX_{70}、NX_{70H} 型共用车。

（3）使用 N_{15} 型桥梁专用车组跨装运送 32.6 m 的预应力梁时，允许中间加挂两辆游车。

2. 预应力梁的加固方法

（1）货物转向架下架体每端用 8 号镀锌铁线或盘条拉牵成八字形，捆绑在车侧丁字铁或支柱槽上。

货物转向架上架体与桥梁底部之间，需加防滑垫木。死心盘一端货物转向架上部的防滑垫木上应加铺一层橡胶垫，桥梁底部两侧与货物转向架上架体挡铁之间，用木楔楔紧卡牢。

（2）在货物转向架上架体预应力梁的两侧，分别使用斜支撑进行加固。斜支撑顶部与预应力梁体必须密贴顶牢，并用 8 号镀锌铁线或盘条将斜支撑与转向架上架体捆牢。

（3）横向位移不超过 20 mm，长度为 32.6 m 的梁的纵向窜动不超过 250 mm，长度为 24.6 m 的梁的纵向窜动不超过 150 mm 时，可以继续运行。

（4）斜支撑产生纵向倾斜时，必须进行整理。

【例 1-2-3】DL_1 型货车装运预制梁装载加固方案（装载示意图如图 1-2-14 所示）。

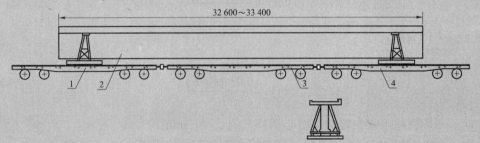

图 1-2-14　DL_1 型货车装运预制梁装载示意图

1—具有移动转向盘（活心盘）的运梁专用车（简称 A 车）；2—全长 32.6～33.4 m 的桥梁；

3—游车（简称 B 车）；4—具有固定转向盘（死心盘）的运梁专用车（简称 C 车）

【解】方案编号：030208

（1）货物规格：预制梁，长 32 600～33 400 mm，高 2 540～2 950 mm（未包括梁体上部突出的竖钢筋的高度），底宽 880～890 mm，重 112～146.4 t，重心高度 1 377～1 557 mm，跨装支距 27～28 m。

（2）准用货车：负重车：具有转向盘和专用车钩缓冲停止器的 DL_1 型大吨位预制梁运输专用车；游车：DNX_{17K}。

（3）加固装置：车钩缓冲停止器。

（4）加固材料：8 号镀锌铁线，圆钢钉，木楔，800 mm×800 mm×（5～10）mm 的夹布橡胶垫。

（5）装载方法：

① 两车负重，中间加挂一辆游车。梁体重心位于车辆纵中心线上。

② 移动转向盘（活心盘）车上的转向盘中心销处于底部长圆孔的中间位置。

③ 装载桥梁时，A 车与 B 车和 B 车与 C 车之间应使用专用车钩缓冲停止器，即将专用车钩缓冲停止器置于工作位，同时相应的车钩提杆应用 8 号镀锌铁线捆绑牢固，而且 A 车与 C 车最外端的专用车钩缓冲停止器置于非工作位；DNX_{17K} 游车两端应另使用车钩缓冲停止器。

④ 在桥梁支撑装置支上桥梁后，转向盘磨耗板与转向盘底座上旁承磨耗板的间隙，两侧间隙之和不得大于 10 mm，且两侧间隙不得同时为零。

（6）加固方法：

① 在转向盘木垫上和桥梁下衬垫夹布橡胶垫，橡胶垫用圆钢钉钉固。

② 在桥梁梁体底部两侧与转向盘桥梁挡之间，使用长 800 mm 的木楔卡紧。

③ 在桥梁两侧用桥梁支撑装置加固，撑垫与桥梁端部的距离为 2 260～2 660 mm。调整撑杆长度，使撑垫密贴梁体，用 6 股 8 号镀锌铁线将撑杆与桥梁挡加强板成交叉形捆绑，并将两撑杆在转孔处用 4 股 8 号镀锌铁线连接牢固。

（7）其他要求：

① 在运输途中，桥梁相对转向盘纵向窜动量不超过 160 mm、横向位移量不超过 15 mm 时，可继续运行。

② 重车禁止通过驼峰。

③ 发运单位应严格控制预制梁上部突出的竖钢筋的高度。

④ 装车后，核定超限等级和重车重心高，并按有关规定办理。

1.2.6　长钢轨运输

钢轨运输，特别是长钢轨运输，是铁路运输的一大难题。目前，我国铁路钢轨采用普通平车运输和专用车运输。

1. 长钢轨（含道岔轨）普通平车运输专用装载加固装置

1）专用装载加固装置基本技术要求

长钢轨（含道岔轨）普通平车运输专用装载加固装置（简称专用装载加固装置）主要包括专用座架和紧固装置，其质量、性能和技术状态应满足设计和使用要求。

（1）座架强度应与其承载的钢轨重量相适应。

（2）座架结构应能保证长钢轨隔离分层和沿车辆纵向中心线对称装载，且座架和紧固装置应具有有效阻止长钢轨横向、纵向窜动的功能。

（3）座架应具有与货车加固的部件，紧固装置螺母应具有防松功能。

（4）紧固装置规格应满足对应轨型截面要求。

（5）座架应具有在运输过程中限制隔梁移动的功能，保证不超限。

（6）座架各活动部件安装或转动应灵活顺畅，不应有卡滞现象。

（7）使用过程中，紧固螺栓不应有滑丝、脱扣、咬扣等螺纹损毁现象，螺栓不应有永久变形；紧固装置与轨头的接触面不应有永久挤压变形。

（8）座架在货车上的布置位置应满足货车承载要求。

2）专用装载加固装置常用结构

（1）500 m 长钢轨专用装载加固装置。

500m 长钢轨专用装载加固装置包含座架、紧固装置和安全防护门。

根据结构、功能和安装位置的不同，座架分为普通座架、锁定座架、端座架和次端座架。

① 座架。

普通座架主要由方侧柱、圆侧柱、底梁、隔梁、隔梁栓、斜撑、插板、螺栓、螺母和方垫板等组成，其结构如图 1-2-15 所示。底梁和隔梁设置有中部支座、滚轮组、中轮组、侧轮组。隔梁固定在圆侧柱上，可围绕圆侧柱转动开启和闭合，隔梁关闭后另一端由方侧柱支承板支承。隔梁栓用来锁定隔梁，防止隔梁与方侧柱脱离。插板用于定位和固定座架，插板插入支柱槽后，用螺栓、螺母和方垫板紧固。滚轮用来直接支承钢轨，中轮和侧轮具有横向限位和减小钢轨与座架摩擦的作用。

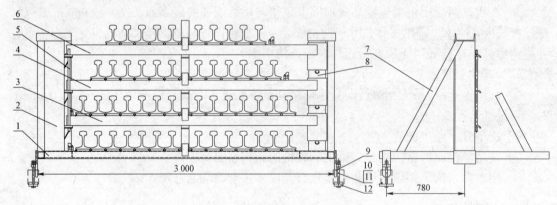

图 1-2-15　普通座架结构示意图

1—底梁；2—方侧柱；3，4，6—隔梁；5—隔梁栓；7—斜撑；8—圆侧柱；9—插板；10—螺栓；11—螺母；12—方垫板

锁定座架与普通座架相比，区别在于：座架两侧焊有拉牵钩；锁定座架锁定隔梁，不设中轮组和侧轮组；锁定层隔梁的钢轨支承面为钢板。

端座架、次端座架的结构和外形尺寸与普通座架基本相同，放置在车组两端的货车上；次端座架插板靠近侧柱，距侧柱中心线为 250 mm，而普通座架和锁定座架均为 780 mm。

② 紧固装置。

紧固装置和锁定座架配合使用，用于锁定钢轨，限制钢轨纵向移动，防止钢轨侧翻。紧固装置是采用大垫块、中垫块、小垫块和夹板通过螺栓和螺母连接而成的结构，用六根螺栓将同一层钢轨捆绑为一个单元，通过夹板的卡槽将钢轨固定于锁定隔梁上，其结构如图 1-2-16 所示。紧固装置分大、中、小三种型号，其中大号紧固装置 4 套，用于第一、二层钢轨的锁定；中号紧固装置 2 套，用于第三层钢轨的锁定；小号紧固装置 2 套，用于第四层钢轨的锁定。各型号紧固装置除螺栓长度和中垫块数量不同外，其他部件的尺寸和数量均相同。其中，大号紧固装置螺栓长度 2 390 mm，中垫块数量 12 件；中号紧固装置螺栓长度 2 090 mm，中垫块数量 10 件；小号紧固装置螺栓长度 1 790 mm，中垫块数量 8 件。

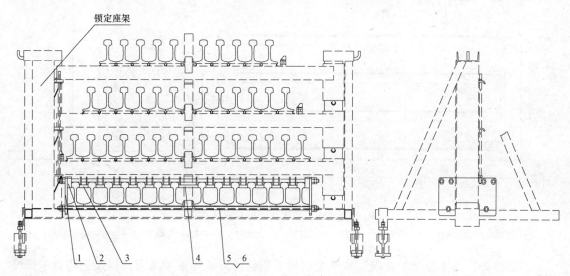

图 1-2-16　紧固装置结构示意图

1—夹板；2—小垫块；3—中垫块；4—大垫块；5—紧固螺栓；6—紧固螺母

③ 安全防护门。

安全防护门由槽钢和钢板焊接组成，其结构如图 1-2-17 所示。门框的两侧焊有固定插板，用螺栓螺母与车辆支柱槽连接，阻挡钢轨纵向移动时不超出车端，保证车组行车安全。

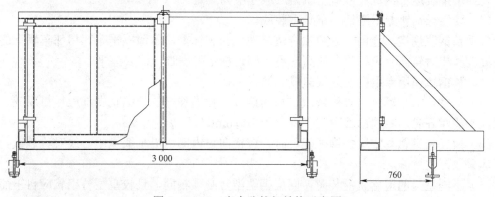

图 1-2-17　安全防护门结构示意图

（2）100 m 长钢轨转梁式专用装载加固装置

转梁式座架将隔梁与座架形成一体，不可拆卸，可以绕圆侧柱在 90°范围内转动，根据装载钢轨根数的不同分为矩形方案用和梯形方案用座架。矩形方案用座架可装载 56 根，梯形方案用座架可装载 50 根。

100 m 长钢轨转梁式专用装载加固装置包含普通座架、锁定座架、端部座架、端车座架、次端车座架、混装座架和紧固装置。

普通座架主要由底梁、隔梁、圆侧柱、矩形侧柱、斜撑和隔梁栓等组成，同时还配有与车体连接的方垫板、连接螺栓和螺母，其结构如图 1-2-18 所示。锁定座架与普通座架的区别主要是在座架两侧焊有拉牵环，同时锁定层隔梁两侧无端部挡块。

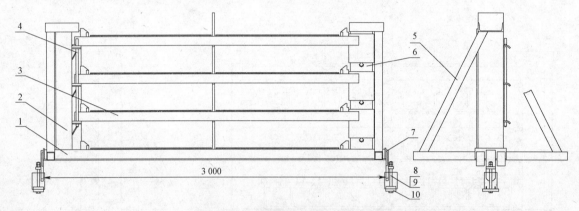

图 1-2-18　普通座架结构示意图

1—底梁；2—矩形侧柱；3—隔梁；4—隔梁栓；5—斜撑；6—圆侧柱；7—插板；8—螺栓；9—螺母；10—方垫板

端部座架、端车座架和次端车座架是根据长钢轨梯形或矩形装运方式以及选用货车长度的不同，并满足货车和座架承载要求而选用的，座架与车体连接的插板位置与普通座架不同，插板与侧柱中心线的距离分别为 800 mm、500 mm 和 700 mm。

100 m 长钢轨转梁式专用装载加固装置结构与 500 m 长钢轨专用装载加固装置结构相同，紧固装置均为大号，螺栓长度为 2 310 mm。

3）普通平车装运长钢轨（含道岔轨）装载加固要求

普通平车装运长钢轨（含道岔轨）应遵守下列规定。

（1）使用长钢轨专用座架多车负重装载。

根据长钢轨规格，选用一定数量合适车地板长和标重的木地板平车。相邻车辆上的座架底面高度（相对轨面）应相等，如高度不等超过规定限度时，需要垫平。

（2）长钢轨使用专用座架分层装载。

（3）长钢轨沿车辆纵向对称装载，正向摆放，相同长度的长钢轨端部应尽量对齐，因技术原因不能对齐时，则端部长短差不得大于 200 mm。

（4）短尺长钢轨与定尺长钢轨混装时，应横向靠内侧、沿车辆纵中心线对称装载。必要时，应采取配重措施。

（5）不同型号的道岔轨混装时，同层钢轨型号必须相同，且较重型号钢轨应自下而上从底层装起。

（6）长钢轨采用横向整层紧固方式进行固定，每一层钢轨装载完毕后，在该层锁定座架处使用对应型号紧固装置将本层钢轨紧固并与座架固定为一体。

（7）各型号专用座架和紧固装置不得混合使用。

（8）专用座架每层隔梁装后应锁定。

（9）每个锁定座架应捆绑加固在车侧丁字铁或支柱槽上。

（10）长钢轨车组车辆间不得使用车钩缓冲停止器，同时要对提钩杆和折角塞门进行捆绑固定。重车车组中涂打⊗的平车，允许放下端侧板进行装运。

（11）专用车组固定循环运输长钢轨、专用座架原车回送时，座架在平车上保持原位置及加固方式不变，紧固装置和隔梁应采取有效措施固定。

（12）重车车组禁止通过驼峰和溜放。

【例 1-2-4】500 m 长钢轨普通平车装载加固方案（装载示意图如图 1-2-19 所示）。

【解】方案编号：070415

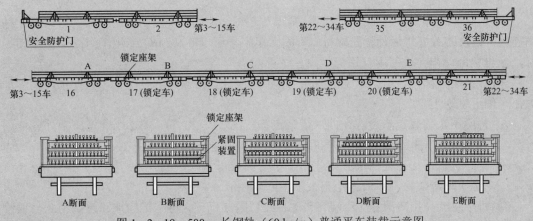

图 1-2-19 500 m 长钢轨（60 kg/m）普通平车装载示意图

（1）货物规格：60 kg/m 钢轨，长度 500 m。

（2）准用货车：车组由 36 辆木地板平车（含平集共用车）组成，其中中部 34 辆为 13 m 长平车，两端 2 辆为 15.4 m 长平车。

（3）装载加固装置：座架 72 个，其中锁定座架 8 个；紧固装置 8 套，每套包括紧固螺栓、紧固螺母、防松螺母、垫块、夹板；安全防护门 2 个。

（4）加固材料：ϕ6.5 mm 盘条，圆钢钉，8 号镀锌铁线。

（5）装载方法：

① 36 车一组跨装。第 1~16 车和 21~36 车每车放置 2 个座架，第 17~20 车每车放置 2 个锁定座架。

车组中部 34 辆平车座架摆放位置如下：两个座架分别位于车辆两端数第 2、3 支柱槽之间，加固螺栓孔与第 2 个支柱槽对齐，两侧插板插入支柱槽内。

车组两端平车座架摆放位置如下：内侧座架（加固螺栓孔中心距座架中心的定位尺寸为 250 mm）位于车辆内端数第 2、3 支柱槽之间，且靠近第 3 支柱槽，加固螺栓孔与第 3 个支柱槽对齐，两侧插板插入支柱槽内。外侧座架位于车辆外端数第 3、4 支柱槽之间，加固螺栓孔与外端数第 3 个支柱槽对齐，两侧插板插入支柱槽内。

② 沿车辆纵向对称装载，共 4 层，第 1~4 层分别装 14、14、12、10 根，皆为正摆，

共计装载 50 根。

允许在第 4 层装载 490 m 和 495 m 两种长度的短尺钢轨,但根数不超过 6 根。装载 490 m 长钢轨时,纵向对称,两端与 500 m 长钢轨端部距离相同;装载 495 m 长钢轨时,一端与 500 m 长钢轨端部对齐。短尺钢轨靠内侧并尽可能横向对称装载。

相同长度的钢轨端部应尽量对齐,因技术原因不能完全对齐时,则端部长短差不得大于 200 mm。

③ 装载钢轨前,所有座架隔梁全部处于开启状态,第 1～3 层每层钢轨装载和锁紧完毕后,闭合上层所有隔梁,再装载上层钢轨。

④ 车组两端平车外端各安装 1 个安全防护门,两侧插板插入平车每侧靠近端部的第一个支柱槽内。

(6) 加固方法:

① 所有座架和安全防护门用螺栓、螺母和垫板(座架、安全防护门自带)与车侧支柱槽连接,钢轨装载完毕后,紧固螺母,紧固力矩不小于 100 N·m。专用车组固定循环使用时,应将螺母焊牢,或采用双螺母紧固、螺母间点焊。

② 锁定座架两侧,用 ϕ6.5 mm 盘条 4 股(2 股二周绞紧)各拉牵一个八字形,捆绑加固在车侧丁字铁上。

③ 每层钢轨装载完毕后,在同一辆锁定车(第 17～20 车)的 2 个锁定座架处各使用 1 套紧固装置将本层钢轨紧固并与座架固定为一体。4 辆锁定车分别锁定 4 层钢轨。

④ 紧固装置每根螺栓两端分别使用 1 个紧固螺母紧固,紧固力矩不小于 320 N·m;使用 1 个防松螺母防松,紧固力矩不小于 100 N·m。

⑤ 每个座架使用隔梁栓(座架自带)将三层隔梁锁定,将隔梁栓加锁或使用 8 号镀锌铁线绑固。

(7) 其他要求:

① 各车辆间不得使用车钩缓冲停止器,同时装车单位要对提钩杆和折角塞门进行捆绑固定。

② 相邻车辆上的座架底面高度(相对轨面)差大于 10 mm 时,采用木板垫高座架方法,使高度差小于 10 mm。木板应铺满座架底面,木板各边缘超出座架底面各边缘的距离不小于 50 mm,但不得超过平车地板侧边沿,木板厚度根据高度差确定。使用圆钢钉将木板和车地板钉固。

③ 装车完毕后,在钢轨两端部各层钢轨与车地板间、各层紧固装置处钢轨与紧固装置间标画纵向位移检查线。

④ 重车车组禁止通过驼峰和溜放。

⑤ 重车车组中涂打⊗的平车,允许放下端侧板进行装运。

⑥ 平集共用车装车前应将锁头反扣。

(8) 装载加固装置原车回送的要求:

① 卸轨后,座架、安全防护门在平车上保持原位置及加固方式不变。

② 将 8 套紧固装置分别置于 8 个锁定座架的底梁上,每根紧固螺栓两端的夹板内外各使用 1 个螺母锁固夹板和紧固螺栓,夹板外侧螺母的紧固力矩不小于 100 N·m。

③ 使用隔梁栓将三层隔梁锁定并将隔梁栓加锁或用 8 号镀锌铁线绑固。

2. 长钢轨专用车运输

1）长钢轨车组

T_{11}系列长钢轨车组（简称长轨车组）是为我国铺设铁路线路的专用车组，分为T_{11A}、T_{11B}、T_{11BT}及T_{11BK}型，主要区别在转向架部分和作业部分（如图 1-2-20 所示），通过升级改造，现在已全部为T_{11BK}型长钢轨车组。该车组主要承担焊接长钢轨的装、运、卸及旧轨回收等。

按装载轨型可分为 50 kg/m，60 kg/m 和 75 kg/m 长钢轨车组；按装轨长度可分为 200 m、250 m、500 m 长钢轨车组；按装车层数可分为二层、四层长钢轨车组；按动力性能可分为人力输送、机械输送、液压输送和微机控制自动输送长钢轨车组。

图 1-2-20 T_{11}系列长钢轨车组

（1）T_{11BK}型车组概况。

① 车组主要技术参数。

轨距 1 435 mm，铁路货车使用的环境温度 -40～+50 ℃，转向架型号转 K2 型，商业运行速度为空车 120 km/h（重车 90 km/h），通过最小曲线半径为空车 145 m（重车 300 m）。

装轨方式：采用横向吊装。卸轨方式：采用纵向两侧卸轨。收轨方式：采用列车倒退从列车尾部用收轨小车将旧钢轨铲收上车的方式。

② 列车编组排列顺序。

T_{11BK}型 500 m 长钢轨专用车组由发电车、安全车、运轨车、锁定车、作业车、作业尾车等 13 种车型共 43 辆车组成，用于长度为 500 m 的 60 kg/m 和 75 kg/m 长钢轨的装卸运输及 50 kg/m 和 60 kg/m 长钢轨的回收作业。该车组每次可运输 40 根 75 kg/m 重的 500 m 长钢轨，或装载 56 根 60 kg/m 重的 500 m 长钢轨，每次作业可铺设长达 10～14 km 的铁路无缝线路，如图 1-2-21 所示。

图 1-2-21 T_{11BK}型 4 层 500 m 长钢轨专用车

500 m 车组编组顺序依次为：发电车→安全车（一）→运轨车（8 辆）→防翻车（一）（1 辆）→防翻车（二）（1 辆）→运轨车（6 辆）→锁定车（一）、（二）、（三）、（四）→运轨车（6 辆）→防翻车（一）（1 辆）→防翻车（二）（1 辆）→运轨车（7 辆）→安全车（二）→作业首车→作业中车（一）→作业中车（二）→作业中车（三）→作业尾车。

（2）车组各车型作用及结构。

① 发电车。

发电车供全列车用电，是列车用电控制中心（如图 1-2-22 所示）。全车由钢木结构组成，共有 5 个单间。车体上部参照 25B 型客车设计。车上设有发电机间、控制室、卧室、洗面间、厕所及通风器、消声器、排风扇，车下设有油箱、空调机主机、蓄电池箱及充电设备。

图 1-2-22　发电车

② 安全车（一）。

安全车（一）属钢轨运输安全防护车（如图 1-2-23 所示）。车上设有 1 组侧柱、4 组滚道梁，用于承载钢轨。货车 2 位端加装工具棚，工具棚内装有工具存放架并安装一台 5 t 拉轨卷扬机用于收轨作业时拉轨。

在滚道梁和工具棚之间装有安全挡，防止运输中钢轨的冲击。安全挡由两门柱和安全门组成，安全门下部地板上设有安全门挡铁。

图 1-2-23　安全车（一）

③ 运轨车。

运轨车用于长钢轨的装载（如图 1-2-24 所示）。每辆车底架上部设有三组 4 层滚道梁。

其上部三层滚道梁可旋转 90°，最上层滚道装有横向拉紧装置。每辆车中部滚道梁上装有 4
层间隔铁，用于限制长钢轨横向移动。31 辆运轨车中有 4 辆运轨车装有钢轨防翻装置，以防
止长钢轨在运输中翻倒。每辆车安装有电源插座，便于用户使用电动工具等。

图 1-2-24 运轨车

④ 锁定车（一）、（二）、（三）、（四）。

锁定车（一）上设有 3 组侧柱及 12 组滚道梁用于承载钢轨（如图 1-2-25 所示），每组
侧柱间安装 4 组滚道梁，中间侧柱间第一层滚道梁两侧安装 2 组锁定梁。3 组侧柱及 12 组
滚道梁结构基本同运轨车上一致。锁定梁固定在地板上，其作用是将第一层钢轨锁定在锁
定梁上。

图 1-2-25 锁定车

锁定车（二）、（三）、（四）上设有 4 组侧柱及 11 组滚道梁用于承载钢轨，2 组锁定梁用
于锁紧钢轨。一位端和二位端侧柱间安装 4 组滚道梁；中间两组侧柱，其一组侧柱间安装 3
组滚道梁、1 组锁定梁，另一组侧柱间安装 1 组锁定梁。4 组侧柱及 11 组滚道梁结构基本同
运轨车上一致。

锁定梁结构同锁定车（一）的锁定梁，其作用是将第二层、第三层、第四层钢轨锁定在
锁定梁上。

锁定车（三）和锁定车（四）另在中间两侧柱上装有静电屏蔽防护装置，用于保障在电
气化线路上作业时作业人员的人身安全。

⑤ 安全车（二）。

安全车（二）属钢轨运输安全防护车。车上设有 2 组侧柱、8 组滚道梁（结构同运轨车
上一致），用于承载钢轨。设有 1 个安全挡，结构基本同安全车（一）上一致，用于防止运输
过程中钢轨的冲击。

⑥ 作业首车。

作业首车用于在作业中调整钢轨运行的高低和左右位置（如图 1-2-26 所示）。车上设两组调高拨轨装置。调高拨轨装置主要由焊接构架（包括侧柱、平台、横梁和托架等）调高部分、拨轨部分组成。

调高部分通过构架、减速器、导柱、螺旋丝杠带动升降架起到调整钢轨高度作用，以适应卸轨和收轨作业的需要。拨轨部分经过减速器、传动轴、齿轮、横向丝杠带动拨轨滚轴做横向移动，用以调整卸轨、收轨中钢轨的横向位置。

图 1-2-26　作业首车

⑦ 作业中车（一）。

作业中车（一）由 2 台电机、2 台减速器、调高丝杠、拨轨丝杠、传动轴、导向轴、拨轨器、拨轨滚轮等组成（如图 1-2-27 所示），为列车作业的控制中心。底架为全钢结构，其上部装有前承台、拨轨器、输送机、缓冲承台、后承台、操作台、拉轨卷扬机、液压系统、微机控制自动卸轨系统、卸轨导槽、收轨滚轮等收、卸轨作业装置，以上装置为左右对称分布。另外铁路货车中部设有 1 组卡具回送装置用于回送拉轨卡具，卡具回送装置主要由 0.5 kW 电机、减速器、卷筒、钢丝绳、卡具吊钩等组成。整车设有封闭式车棚。

图 1-2-27　作业中车（一）

⑧ 作业中车（二）。

作业中车（二）是用于卸轨作业时调整钢轨挠度的过渡铁路货车。车上设有 2 组卸轨导槽，用于卸轨作业时引导钢轨。卸轨导槽由 10 mm 厚钢板和槽钢组焊而成；每组卸轨导槽装有五组输轨滚轮，滚轮由滚轮轴、滚轮外套、轴承组成。车上中部设有收轨导向滚轮。

⑨ 作业中车（三）。

作业中车（三）是用于卸轨作业时调整钢轨挠度的过渡铁路货车。车上设有 2 组卸轨导槽，其结构与作业中车（二）上的基本一致，其中五组输轨滚轮可以调整高度用于调整钢轨挠度。车上设有车棚，车上中部设有收轨导向滚轮。

⑩ 作业尾车。

作业尾车用于卸轨、收轨操作及行车人员宿营。全车由钢木结构组成，车体上部参照 25B 型客车车体设计，车体二位端设有卷帘门。车内设一个车长室，有两个卧铺；一个工作间，设有 1 组收轨装置，用于收轨作业时将线路轨枕上的旧钢轨收到车上，并安装有配电柜、充电设备等。

车长室内安装 1 台空调。车上装有照明、电扇、电暖气等。车下两侧设有卸轨孔道、调高拨轨器、液压拨轨装置及蓄电池箱等。

2）长轨列车运行组织

长轨列车是同时具备运、收、卸长钢轨作业能力的专用设备，适用于 50 m 及以上长钢轨运输。

（1）装轨作业。

① 长轨列车进入装轨线，要准确对位，做好防溜措施，防止长轨车移动。

② 装轨前，长轨列车负责人应检查确认长轨车及车上各种设备处于良好状态，查点并补齐各种夹具、卡具、工具备品，并放置在固定地点。

③ 装车应按照由第一层向第四层的顺序逐层进行，每层装轨前，应先将该层所有滚道梁关闭，翻下间隔铁，然后逐根吊装钢轨。

④ 每层装轨后，拨动长钢轨对好横向位置，翻起间隔铁，间隔铁与轨端距离不大于 15 m，间隔铁与间隔铁、间隔铁与锁定梁之间距离不大于 50 m，并锁定压铁将长轨纵向锁定。

⑤ 装轨作业完成后，关好安全车上的活动门，并插好销挡。长轨列车空载层滚道梁均应处于关闭状态。

⑥ 长轨列车每层限装 60 kg/m、50 kg/m 钢轨 14 根（7 对），共装载 56 根；装载 75 kg/m 钢轨时，装载量不得超过 42 根，装载方式：第一层装 6 对，其余三层各装 5 对。不足满载时应均布装载，严禁偏载。

⑦ 在锁定车锁定长轨时，锁定螺栓要准确对位，防止运行中螺栓松动和锁定失效。每根长轨必须在同一车体上锁定两处，60 kg/m 钢轨锁定扭力矩应大于 280 N·m，75 kg/m 钢轨锁定扭力矩应大于 350 N·m，并采取防松措施。

⑧ 保证长轨轨端与滚道梁的安全伸缩距离，防止运行过程中由于长轨伸缩撞断滚道梁，当轨端位于安全车上时，500 m 长轨轨端至末端滚道梁距离应不小于 2.3 m，其他长度的长轨悬伸长度按比例调整。采取适当的防止撞击横梁措施后，长钢轨另一端至末端滚道梁距离可小于 2.3 m。当装车的长钢轨长度不同时，对悬伸长度小于规定的长轨应采取捆绑等措施，同时不得将短长轨装在最外侧。

⑨ 如遇短轨需要夹板连接运输的，夹板和接头螺栓不得有伤损，两根轨端各拧紧不少于 2 根普通接头螺栓。

⑩ 装车长轨条应尽量排列整齐，并在每层钢轨顶面横向划一条标记线，以便检查长轨运输过程中的窜动情况。

装车时，随车作业人员与装车负责人共同逐层检查，确认长轨的装载及锁定符合要求，并作出相应记录。

（2）运轨作业。

① 发车前，由长轨列车负责人安排随车作业人员检查列车各项设备及钢轨装载情况，使之处于正常状态，确认各车钩提杆与提杆座用铁丝捆绑牢固、车钩安装防跳木，并不再与车站办理交接检查。

② 长轨列车运行途中，应严格执行有关规定。运行速度除有特殊要求外，一般按货物列车运行速度和区间运行时分掌握，要求平稳起动、运行和停车。列车运行限速等有关要求应在开车前以书面命令形式向机车乘务员传达。

③ 长轨列车不得溜放，禁止通过驼峰。

④ 重车情况下，在经过 300～500 m 曲线半径时，限速 45 km/h，在经过 300 m 以下曲线半径或侧向通过 9 号及以下道岔时，限速 25 km/h。在不危及本列安全的情况下，禁止使用紧急制动，一旦使用了紧急制动，在前方车站随车人员要对长轨车状态和长轨装载状态进行全面检查。

⑤ 机车与长轨列车连挂速度，在重车情况下不得超过 3 km/h。

⑥ 重车运行时，随车作业人员应注意观察运行情况、轨端摆动量和钢轨窜动情况，发现影响行车安全时，立即通知机车乘务员停车（或采取停车措施）。

⑦ 运行时，长轨上部、长轨与安全挡之间严禁人员停留。

⑧ 长轨列车在中途站停车时，随车作业人员应对长轨装载情况、间隔铁、锁定卡具、标记线及长轨车连接状态进行检查，发现问题及时处理。

⑨ 作业尾车液压拨轨装置必须处于收回状态，列车所有部件均不得超出机车车辆限界。

⑩ 在电气化区段运行、停车检查或作业时，严禁把工具、物品置于距接触网 2 m 范围之内，不得攀登列车顶部。

当通过超偏载检测装置及 TPDS 检查发现长轨列车超偏载情况时，检测站应及时通知随车人员检查处理。

（3）卸轨作业。

① 卸轨作业前，长轨列车随车作业人员应检查发电机、输送机、通风照明等设备工作状态是否正常。

② 卸车前，应提前将卸轨地段的线路砟肩推平，使枕木头石砟不高于枕木头平面，清除障碍物并对行车设施进行保护。

③ 长轨列车进入区间作业时，由施工单位派人员登乘机车，指挥机车乘务员运行。作业时的起动或停车，以施工单位的指挥为准，作业要平稳操作、速度均匀。

④ 长轨列车进出作业区间如需要推进运行时，随车车长应派专人在列车前端进行引导，并随时和机车乘务员保持联系，推进速度不得高于 30 km/h。

⑤ 长轨列车卸轨最高速度不超过 15 km/h。

⑥ 开始卸轨作业时方可放下间隔铁。

⑦ 应在列车停稳后进行长轨解锁作业，途中分卸时，应均衡卸轨；分卸后，应保证不偏载并及时恢复间隔铁。

⑧ 两线间距小于 5 m 时，邻线通过列车，两线间严禁站人。

⑨ 拉轨作业时严禁任何人在长轨端与输轨台之间行走。需要地面拉轨时，拉轨卡具固定处距离作业尾车尾端后不小于 2 m。

⑩ 夜间或隧道内卸轨必须有足够的照明。

长大坡道、小半径曲线地段卸轨时，应制定相应措施，防止解锁后长轨纵向移动。

（4）收轨作业。

① 为了确保收轨作业安全，应在作业尾车、安全车、作业首车、锁定车安装紧急制动阀。

② 收轨前，检查确认滚道梁侧位锁定可靠，确认各紧急制动阀良好，风表压力达到500 kPa。

③ 收轨推进运行速度不大于 5 km/h，且匀速推进。

④ 正常情况下长轨列车组收轨二层。在特殊情况下可收轨三层，但第三层收轨速度不大于 3 km/h。

⑤ 收轨小车空载顶进限速 10 km/h，跳跃施工超过 5 km 进行收轨，应将收轨小车拖上尾车。

⑥ 每组旧轨对位应符合要求，并严格做到先锁定、后动车。

⑦ 每层收轨后及时翻起间隔铁，收轨结束关闭安全挡，收回工具、轨卡、梭头。

⑧ 收轨结束，在前方站停靠后，将空载滚道梁置于关闭状态。

1.2.7　超长货物运输组织

1. 超长货物装车作业

（1）超长货物装车后，车辆转向架任何一侧旁承游间不得为零（弹性旁承及旁承承载结构的货车除外）。遇球形心盘货车一侧旁承游间为零时，可用千斤顶将压死一侧顶起，落顶后出现游间，表明货物装载符合要求。

（2）超长货物装车后，应标画颜色醒目的易于判定货物是否移动的检查线。货物检查线应用白色或红色油漆标画，检查线长度为 100～150 mm，宽度为 10～20 mm（如图 1-2-28所示）。

图 1-2-28　货物检查线

（3）限速运行时，发站应在货物运单、票据封套、编组顺序表及货车表示牌上注明"限速××公里"字样。

超长货物，发站还应在货物运单、票据封套、编组顺序表及货车表示牌上注明"超长货物"字样；以连挂车组装运时，应注明"连挂车组不得分摘"字样。

超长货物每端突出车端的长度一般不得超过负重车车地板长度的30%，超过时，报路局货运处核复。

2. 超长货物运费计算

超长货物运送时，在一些情况下，除使用负重的主车负担货物重量外，还需使用游车满足货物对长度的需要。因为需要多使用车辆，所以要核收多使用的游车运费，游车运费按下列规定计算：游车不装货物时，游车运费按主车货物运价率和游车标重计费；利用游车装运货物，按所装货物运价率与主车货物运价率高的核收游车运费；两批货物共同使用游车时，游车运费各按主车货物的运价率及游车标重的1/2计费；运输超限货物或需要限速运行的货物使用游车时，游车运费不加成；自轮运转的轨道机械，以企业自备货车或租用铁路货车作游车时，按整车1号运价率核收游车运费；自轮运转的轨道机械，以铁路货车作游车时，按整车6号运价率和游车标重核收游车运费；D型长大货物车运输货物需用隔离车时，隔离车不另核收运费。隔离车加装货物时，按所加装货物适用的运价率核收运费。

任务训练

1. 桥梁一件重96 t，货物本身重心高为1 400 mm，使用两辆N_{17K}型平车跨装运送，货物转向架高600 mm，试计算重车重心高并确定运行条件。

2. 均重货物一件，重48 t，长15 000 mm，宽2 900 mm。使用N_{17AK}一端突出装载，一端与车辆平齐。问该货物装载是否符合技术要求？

3. 均重货物一件，重52 t，长15 000 mm，宽2 900 mm。使用N_{17AK}一端突出装载，一端与车辆平齐。问该货物装载是否符合技术要求？如不符合应如何装载？试确定装载方案，根据确定的方案计算垫木最小高度。

4. 重40 t，长15 m，直径3 200 mm的均重圆柱形货物一件，自带鞍座高200 mm，拟用N_{17K}型普通平车装运，试确定经济合理的装载方案。

5. 由A站发往B站轨道架桥机一组，主车2辆，共18轴，游车2辆。游车为标记载重60 t自备平车，超级超限，区间限速40 km/h，随车押运人1名。托运人自装，计算发站运杂费（装卸费、加固材料费除外）。A站至B站正营里程1 361 km；电气化里程580 km。

6. 某发站运一挖掘机，使用标重60 t平车。货物重量35 t，因该货超长，使用60 t平车作游车，游车上未装货，试计算发站的运杂费（挖掘机6号运价，计费里程430 km，基金里程430 km，电气化里程430 km）。

复习思考题

1. 货物装载加固的基本要求是什么？
2. 超长货物的定义是什么？
3. 超长货物的装载方法有哪些？
4. 跨装货物装载应遵守哪些规定？
5. 一辆平车装载超长货物的技术条件是什么？

项目 2
轮式、履带式货物运输组织

项目描述

　　随着国民经济的发展，经由铁路运输的大型机械、重型设备越来越多，货物装载问题愈显突出。正确地使用车辆、合理地设计货物装载的技术条件是保证列车运行安全和货物安全的前提，尤其是货物装载加固方案的确定对于保证货物装载质量有着十分重要的意义。通过本项目的学习，使学生能掌握货物装载加固方案的制定方法，制定合理的加固方案，正确组织轮式、履带式等机械类货物的发送、途中和到达作业。

任务 2.1 货物装载加固方案的制定

教学目标

1. 能力目标

能避免货物集重装载，能正确计算货物在运行中所受的力，准确判定货物的稳定性，合理选择加固材料及确定装载加固方案。

2. 知识目标

掌握运行中货物受到各种力的计算方法，掌握货物稳定性的确定方法，熟悉加固材料的种类及用途，掌握装载加固方案的制定方法。

工作任务

箱装均重货物一件重 20 t，长 4.5 m、宽 2.4 m、高 3.0 m，均衡装载在 N_{17K} 型平车上，货物重心投影位于车辆纵横中心线交点上。

（1）计算作用在货物上的力。

（2）计算货物的稳定性。

（3）选择加固方案及加固材料。

（4）计算需加固的力。

（5）确定加固材料的数量。

相关知识

货物装载加固均应符合一定的技术要求，它是保证运行安全和货物安全的重要措施。货物列车运行是在动态状况下的，如装载加固不良则会导致货物移动、滚动、倾覆或者坠落、倒塌，甚至发生列车颠覆事故。

为了保证加固强度，应通过必要的加固计算，根据计算结果确定合理的加固方案并选择适当的加固材料。加固计算的一般程序是：计算运行中作用于货物上的力值；检验货物的稳定性；计算加固材料应承受的力的大小；确定合理的加固方法和加固材料。

2.1.1 货物重量在车地板上的分布

1. 集重货物的定义

集重货物是指货物重量大于所装车辆负重面长度的最大容许载重量的货物。

集重货物的特点是货物重量大，支重面小，货车负重面长度承载重量大。

是否属于集重货物应考虑货物的长度、重量和使用的车辆三个因素。不同的车辆根据其车底架所用材质及结构确定了一定负重面长度的最大容许载重量。根据所装货物的重量、支重面长度，不超过负重面长度的最大容许载重量时，就不集重；超过时，则集重。

支重面长度（$l_\text{支}$）是指支撑货物重量的货物底面长度。负重面长度（K）是指承担货物重量的货车地板长度。当货物直接装在货车地板上时，支重面长度等于负重面长度（如图 2-1-1 所示）；当货物使用横垫木时，负重面长度等于两横垫木中心线距离的 2 倍（如图 2-1-2 所示）；当货物使用纵垫木时，负重面长度等于纵垫木长度。

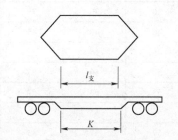

图 2-1-1　支重面长度与负重面长度

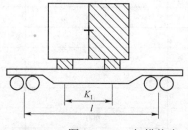

图 2-1-2　加横垫木

2. 货物装载条件

1）平车负重面最小长度的确定

（1）货车负重面最小长度 K 的计算。

设 M 为平车最大弯曲力矩，Q 为货物重量，K 为平车负重面长度，l 为两转向架中心销间距，

$$K = 2\left(l - \frac{4M}{9.8Q}\right)$$

（2）货车最大容许载重量的计算。

在一定负重面上货物的最大装载量为：

$$Q_\text{max} = \frac{8M}{9.8(2l - K)}$$

（3）两横垫木中心线间最小距离 K_1 的计算。

将货物放置于铺在平车地板上的两横垫木上，使货物重量通过横垫木均匀地传到平车底架上，两横垫木间的最小距离为：

$$K_1 = l - \frac{4M}{9.8Q}$$

比较可见 $K = 2K_1$ 或 $K_1 = \dfrac{K}{2}$，即货物直接装在车地板上车辆负重面的最小长度，是货物加横垫木时两横垫木中心线间最小距离的 2 倍。

2）货物装载条件

根据以上推导，可得出平车、凹底平车、长大平车局部承受货物重量时，应遵守下列规定：车辆横中心线两侧等距离范围内承受均布载荷或对称集中载荷时，容许载重量，见表 2-1-1、表 2-1-2、表 2-1-3。

表 2-1-1　平车局部地板面承受均布载荷或对称集中载荷时容许载重量表

地板负重面长度/mm	两横垫木中心线间最小距离/mm	N_{17AK}、N_{17AT}、N_{17GK}、N_{17GT}、N_{17K}、N_{17T}	NX_{17AK}、NX_{17AT}、NX_{17K}、NX_{17T}	NX_{17BK}、NX_{17BT}、NX_{17BH}	NX_{70}、NX_{70H}	NX_{70A}
1 000	500	25	25	25	30	40
2 000	1 000	30	30	30	35	50
3 000	1 500	40	40	40	45	62
4 000	2 000	45	45	45	50	66
5 000	2 500	50	50	50	55	70
6 000	3 000	53	53	53	57	
7 000	3 500	55	55	55	60	
8 000	4 000	57	57	57	63	
9 000	4 500	60	60	61	65	
10 000	5 000				70	

注：当负重面长度介于上表两数之间时，可采用线性插入法确定容许载重量。

表 2-1-2　凹底平车局部地板面承受均布载荷或对称集中载荷时容许载重量表

地板负重面长度/mm	两横垫木中心线间最小距离/mm	D_2	D_{10}	D_{2G}	D_{2A}	D_{9A}	D_{15}	D_{25A}	D_{12K}	D_{18A}	D_{10A}	D_{15A}	D_{32}	D_{28}	QD_3	D_{15B}	D_{32A}	DA_{21}	DA_{25}
1 000	500	160													22				
1 500	750		71	172	172		129		95	165	72	130				130			
2 000	1 000														23				
3 000	1 500		72	178	178	76	131	215	100	166	76	132		250	24	132		180	220
3 500	1 750														25				
4 500	2 250		74	183	183	80	134	216	105	168		135		260				185	225
5 000	2 500														27				
5 500	2 750																		
6 000	3 000		77	189	189	84	137	224	109	171	83	138		270	28	140		190	230
7 000	3 500							229					300		30		300		
7 500	3 750		81	197	197	87	142		113	175	88	142		275		145		200	240
8 000	4 000							236					300				310		
9 000	4 500		87	210	210	90	150	243	120	180	90	150	315			150	315	210	250

续表

地板负重面长度/mm	两横垫木中心线间最小距离/mm	D₂	D₁₀	D₂G	D₂A	D₉A	D₁₅	D₂₅A	D₁₂K	D₁₈A	D₁₀A	D₁₅A	D₃₂	D₂₈	QD₃	D₁₅B	D₃₂A	DA₂₁	DA₂₅
9 300	4 650																		
9 800	4 900							250											
10 000	5 000	90									90		320				320		

注：当负重面长度介于上表两数之间时，可采用线性插入法确定容许载重量。

表 2-1-3　长大平车局部承受均布载荷或对称集中载荷时容许载重量表

地板负重面长度/mm	两横垫木中心线间最小距离/mm	D₂₂A	D₂₆A/D₂₆AK	D₇₀	D₂₂B
2 000	1 000	62		32	55
3 000	1 500				
4 000	2 000	64		36	58
4 500	2 250				
5 000	2 500				
6 000	3 000	68		40	62
7 500	3 750				
8 000	4 000	74	260	44	66
9 000	4 500				
10 000	5 000	77		46	71
12 000	6 000	81		48	76
14 000	7 000	86		50	82
15 000	7 500			60	
16 000	8 000	98		70	88
16 500	8 250		260		
17 800	8 900				100
18 000	9 000	120			
20 000	10 000				108
20 400	10 200				
22 000	11 000				116
24 000	12 000				120
25 000	12 000				120

注：当负重面长度介于上表两数之间时，可采用线性插入法确定容许载重量。

3）插入法计算

车地板负重面长度（或两横垫木中心线距离）容许载重量表的距离是按每 1 000 mm 递增，在实际装载中往往出现不足 1 000 mm 的情况，这时可采用插入法计算，公式如下：

$$Q = Q_1 + \frac{Q_2 - Q_1}{L_2 - L_1} \times (L - L_1)$$

式中：Q——车地板负重面长度（或两横垫木中心线距离）的容许载重量，t；

Q_1、Q_2——两相邻负重面长度的容许载重量，t；

L——需要计算的货物实际负重面长度，mm；

L_1、L_2——两相邻负重面长度，mm。

4）加纵垫木

货物支重面长度小于所需两横垫木之间的最小距离时，可按需要先铺设两根横垫木，然后在横垫木上加纵垫木，将货物均衡地装在纵垫木上（如图 2-1-3 所示）。

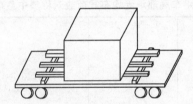

图 2-1-3　使用纵横垫木装载货物

当货物被确定为集重货物时，发站必须采取具体措施，根据货车最大容许载重量表，选用适合的货车。只有当货物的重量小于或等于货车负重面长度的最大容许载重量时，才能运送，也就是说在铁路运输过程中实际并不存在集重货物。

【例 2-1-1】 使用 N_{17AK} 装载货物一件，货物重量 26 t，支重面长 2 000 mm。判断该货物是否集重货物？

【解】 查表 2-1-1，货物支重面长 2 000 mm，直接装载在车地板上，车辆负重面长度为 2 000 mm 时，可承载货物 30 t，此货物重量 26 t，未超过所装平车地板负重面长度的最大容许载重量，所以该货物不集重。

【例 2-1-2】 使用 N_{17AK} 装载货物一件，货物重量 32 t，支重面长 2 000 mm。判断该货物是否集重货物？

【解】 查表 2-1-1，货物支重面长 2 000 mm，直接装载在车地板上，车辆负重面长度为 2 000 mm 时，可承载货物 30 t，此货物重量 32 t，超过所装平车地板负重面长度的最大容许载重量，所以该货物为集重货物。

3. 平车装载货物免于集重的方法

当车型一定、货物重量一定时，货物支重面长度大于等于平车地板负重面长度时，货物可直接装在车地板上。

1）加横垫木

当货物支重面长度大于车辆负重面长度的最小长度大于规定的两横垫木之间的最小距离时（$K > l_支 > K_1$），需要使用横垫木。两横垫木中心线间最小距离符合表 2-1-1、表 2-1-2、

表 2-1-3。

【例 2-1-3】一件货物重 50 t，货物支重面长度为 3 400 mm，使用 N_{17AK} 应如何装载？

【解】查表 2-1-1，货物重 50 t，车辆负重面长度应为 5 000 mm，货物支重面长度为 3 400 mm，直接装在车地板上不符合装载要求。若在货物底部加两根横垫木，其中心线距离为 3 000 mm，符合两横垫木中心线间最小距离应为 2 500 mm 的要求。

2）加纵横垫木

当车型一定、货物重量一定，货物支重面长度小于规定的两横垫木中心线之间的最小距离时（$l_{支} \leqslant K_1$），需要使用纵、横垫木。

【例 2-1-4】一件货物重 50 t，货物支重面长度为 2 400 mm，使用 N_{17AK} 应如何装载？

【解】查表 2-1-1，货物重 50 t，车辆负重面长度应为 5 000 mm，直接装在车地板上不符合装载要求。在货物底部加横垫木，两横垫木中心线间最小距离应为 2 500 mm，而货物支重面长度仅为 2 400 mm，还需在货物与横垫木间加纵垫木才能符合装载要求。

对于集重货物如装载不当，就有可能酿成事故，造成车毁货损。因此，根据货物的外形、重量和特点，结合使用车辆的类型，正确选择集重货物的装载方案，是保证行安全、货物完整的重要条件。

2.1.2　运行中作用在货物上的力

列车运行时，车上所装载的货物将受到各种外力的作用，如纵向惯性力、横向惯性力、垂直惯性力、风力、摩擦力及重力，各种外力的作用点及作用方向如图 2-1-4 所示。

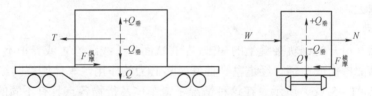

图 2-1-4　各种外力的作用点及作用方向

T—纵向惯性力；W—风力；N—横向惯性力；$Q_{垂}$—垂直惯性力；Q—重力；$F_{摩}^{纵}$—纵向摩擦力；$F_{摩}^{横}$—横向摩擦力

这些外力，有的对货物起稳定作用，有的则对货物的稳定起破坏作用。所以，在对货物进行加固前，有必要首先认真分析这几种力及其产生的原因。

运行中的货物之所以受到上述各种外力的作用，均缘于列车运行时的运动状态改变使车辆产生较大的纵向加速度，以及由于线路和车辆动力的相互作用而导致货物随着车体产生复杂的振动。

运行中车辆振动的主要形态有：摇头振动、点头振动、侧滚振动、沉浮振动、伸缩振动和侧摆振动等，如图 2-1-5 所示。下面对车辆的几种振动现象进行简单的分析。

1）摇头振动

车轮踏面倾斜，轮对安装不正确以及同一轮对两车轮滚圆直径大小不同等原因使车辆蛇行，使车体围绕其垂直中心线 z 为轴回转振动，如图 2-1-5（a）所示。在这种情况下，车体及货物各点具有不同的横向水平加速度，并且离开振动（回转）中心的距离越远，加速度值越大。

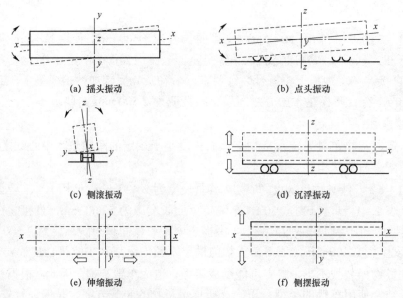

(a) 摇头振动　　　　　　　　　　　　(b) 点头振动

(c) 侧滚振动　　　　　　　　　　　　(d) 沉浮振动

(e) 伸缩振动　　　　　　　　　　　　(f) 侧摆振动

图 2-1-5　运行中车辆振动的主要形态

2）点头振动

当车辆行经钢轨接缝处，轮对受到冲击或因车轮踏面擦伤、线路冻害以及轮对偏心而引起的冲击，使车体围绕横向水平 y 轴回转振动，如图 2-1-5（b）所示。这种振动使车体连同所装货物的各点具有不同的垂直加速度，在车辆纵向上，离开车辆横中心线的距离越远，垂直加速度值越大。

3）侧滚振动

车辆行经相互错开的钢轨接缝上的冲击，左右轨面由于线路冻害或养护不良（高度不等），以及某一车轮踏面擦伤或车辆行经道岔、曲线时离心力的作用，车体围绕其纵向水平 x 轴回转振动，如图 2-1-5（c）所示。在这种情况下，车体及货物各点具有不同的垂直及横向水平加速度。距振动（回转）中心轴越远的点，其加速度值越大。

4）沉浮振动

车辆运行中，由于车体与走行部之间弹簧的伸缩，使车体产生沿 z 轴方向垂直振动，如图 2-1-5（d）所示。在这种振动下，车体连同所装货物的各点，都具有相同的垂直（向上或向下）加速度。

5）伸缩振动

列车在起动、制动、变速、上下坡道及调车作业时，在车辆之间产生牵引和压缩冲击力，并通过车钩缓冲装置作用于车辆底架，使车体产生沿 x 轴（纵向水平轴）方向的前后水平振动，如图 2-1-5（e）所示。这种振动使车体连同所装的货物各点具有相同的纵向水平加速度。

6）侧摆振动

当车辆经过道岔、曲线或与左右错开的钢轨接缝相冲击，在横向力的作用下，使车体产生沿 y 轴（横向水平轴）方向的左右水平振动，如图 2-1-5（f）所示。侧摆振动也称为横向水平振动。这种振动使车体连同所装的货物各点具有相同的横向水平加速度。

在实际运行过程中，上述几种振动并非单独存在，而往往是同时出现的。这些振动导致货物在纵向上产生的惯性力均较小，可以忽略不计。但由于点头振动、沉浮振动、侧滚振动，导致货物产生的垂直惯性力；由于侧摆振动、摇头振动，导致货物产生的横向惯性力，这两个力值对货物稳定性的影响是比较大的，必须予以重视。而且，货物重心距车辆横中心线越远，其影响越大。

运输过程中作用于货物上的各种力值大小均是通过试验而确定的，力值计算公式均为试验公式（$v \leqslant 120$ km/h，调车连挂速度 $\leqslant 5$ km/h）。下面将分别介绍各种力值的计算方法。

1. 纵向惯性力

纵向惯性力主要是因为车辆运动状态发生变化而引起的。比如，起动、紧急制动、变速运行、调车时运行车辆碰撞到静止的车辆等，该力的作用点在货物的重心处。在直线区段，该力的作用方向与线路中心线平行；在曲线区段，该力的作用方向为曲线的切线方向。纵向惯性力可用下式计算：

$$T = t_0 Q \qquad (2-1-1)$$

式中：T——纵向惯性力，kN；

　　　t_0——每吨货物的纵向惯性力，kN/t；

　　　Q——货物的重量，t。

单位重量货物的纵向惯性力（t_0）是通过多次运行冲击试验确定的。试验表明，它的大小与采用的加固种类（柔性或刚性）有相当大的关系。

1）采用柔性加固

所谓柔性加固，是指采用抗拉强度较小的加固材料，如钢丝绳、多股 8 号铁线、挡木、腰箍等进行拉牵加固或下压式捆绑等弹性加固。此时 t_0 的计算如下式：

$$t_0 = 0.001\,2Q_总^2 - 0.32Q_总 + 29.85 \qquad (2-1-2)$$

式中：$Q_总$——重车总重，t；跨装运输时，按跨装车组总重计算。

当 130 t $< Q_总 \leqslant 150$ t 时，$t_0 = 6.78$ kN/t；

当 $Q_总 > 150$ t 时，$t_0 = 5.88$ kN/t。

2）采用刚性加固

所谓刚性加固，是指采用角钢焊接或螺栓加固。此时，每吨货物重量的纵向惯性力可用下式计算：

$$t_0 = 26.69 - 0.13Q_总 \qquad (2-1-3)$$

式中：$Q_总$——重车总重，t；当 $Q_总 > 130$ t 时，按 130 t 计算。

2. 横向惯性力

列车在运行时，车辆会产生侧摆振动、侧滚振动、摇头振动，从而使车上的货物产生横向惯性力。其值的大小与线路质量、车辆走行部分的性能、货物的重量、列车在曲线上的速度、曲线半径大小，以及外轨超高程度等因素有关。实际上，由于各种振动是很复杂的，要准确计算横向惯性力的大小，难度是较大的，一般可用下列试验公式计算：

$$N = n_0 Q \qquad (2-1-4)$$

式中：N——横向惯性力，kN；

　　　Q——货物重量，t；

n_0——每吨货物的横向惯性力，kN/t；其计算公式为：

$$n_0 = 2.82 + 2.2\frac{a}{l} \qquad (2-1-5)$$

式中：a——货物重心偏离车辆横中心线的距离，mm；跨装时，为货物转向架中心销偏离车辆横中心线的距离，mm；

l——负重车转向架中心距（具有多层转向架群的货车为底架心盘中心距），mm。

3. 垂直惯性力

由于列车在运行时，车辆出现点头振动、沉浮振动和侧滚振动，于是车上的货物则产生一个垂直惯性力。该力向上、向下交替产生。它的大小与线路的状况、列车运行速度、货物重心位置以及车辆的情况有关系。垂直惯性力可用下式计算：

$$Q_垂 = q_垂 Q \qquad (2-1-6)$$

式中：$Q_垂$——垂直惯性力，kN；

Q——货物重量，t；

$q_垂$——每吨货物的垂直惯性力，kN/t；不同的车型计算方法有所不同。

1）使用平车、敞车装载时

$$q_垂 = 3.54 + 3.78\frac{a}{l} \qquad (2-1-7)$$

式中：a——货物重心偏离车辆横中心线的距离，mm；跨装时，为货物转向架中心销偏离车辆横中心线的距离，mm；

l——负重车转向架中心距，mm。

2）使用长大货物车装载时

$$q_垂 = 4.53 + 7.84\frac{a}{l} \qquad (2-1-8)$$

4. 风力

列车在运行中，车上的货物将受到纵向、横向上的风力作用。由于在纵向上货物受到前后车辆及车上所装货物的阻挡，该力值很小，对货物的影响也小，故可忽略不计。但横向上的风力对货物的影响就很大，特别是当横向风力与横向惯性力方向一致时，很容易导致货物在车辆上产生一个横向位移，因此应考虑该值对货物的影响。

风力的大小与受风面的形状和大小以及风压的大小有关，其值可用下式计算：

$$W = qF \qquad (2-1-9)$$

式中：W——风力，kN；

q——侧向计算风压，当受风面为平面时取 0.49 kN/m²，当受风面为圆球体或圆柱体的侧面时取 0.245 kN/m²；

F——侧向迎风面的投影面积，m²。

5. 摩擦力

由于货物的重量，使货物与车地板（或垫木）间产生摩擦力，它的作用方向正好与作用在货物上的各种外力的合力方向相反，且是阻止货物在车上产生水平移动的力，因而摩擦力对货物稳定性起着有利的作用。它的大小取决于货物本身的自重及车地板表面、货物支重面和垫木或衬垫表面的性质。

1）纵向摩擦力

$$F_{摩}^{纵} = 9.8\mu Q \qquad (2-1-10)$$

2）横向摩擦力

$$F_{摩}^{横} = \mu(9.8Q - Q_{垂}) \qquad (2-1-11)$$

式中：Q——货物重量，t；

　　　$Q_{垂}$——货物的垂直惯性力，kN；

　　　μ——摩擦系数。

μ 的值按表 2-1-4 取。当货物与车地板间加有垫木或衬垫时，应取货物与垫木或衬垫间及垫木或衬垫与车地板间摩擦系数较小者计算。

表 2-1-4　铁路货物常用摩擦系数

物体名称	摩擦系数
木与木	0.45
木与钢板	0.40
木与铸钢	0.60
钢板与钢板	0.30
履带走行机械与车辆木地板	0.70
橡胶轮胎与车辆木地板	0.63
橡胶垫与木	0.60
橡胶垫与钢板	0.50
稻草绳把与钢板	0.50
稻草绳把与铸钢	0.55
稻草垫与钢板	0.44
草支垫与钢板	0.42

由此可见，列车在运行中，货物将受到上述各种力的作用，这几种力并非单独作用于货物上，而往往是几种力同时作用于货物上。几种力中纵向惯性力、横向惯性力、垂直惯性力、风力都是破坏力，对货物的稳定性起破坏作用，而摩擦力对货物起着稳定作用，所以当有益的力不能抵消破坏力时，货物就不稳定，则需加固。

【例 2-1-5】箱装均重货物一件重 20 t、长 4.5 m、宽 2.4 m、高 3.0 m，均衡装载在 N_{17K} 型平车上，货物重心投影位于车辆纵横中心线交点上，试计算作用于运行中货物上的各种力的大小。

【解】N_{17K} 型车自重为 19.7 t，车辆销距为 9 000 mm，各种力的数值计算如下：

（1）纵向惯性力（车地板为木质，货物为木质，加固方法为柔性加固）。

$T = t_0 Q = (0.001\,2Q_{总}^2 - 0.32Q_{总} + 29.85)Q$

　$= [0.001\,2\times(19.7+20)^2 - 0.32\times(19.7+20) + 29.85]\times20 = 380.746\,(kN)$

（2）横向惯性力。

因为 $a=0$，所以由公式得

$N = n_0 \times Q = (2.82 + 2.2a/l)Q = 2.82\times20 = 56.400\,(kN)$

（3）垂直惯性力。

因为是平车装运，所以

$Q_{垂}=q_{垂}Q=(3.54+3.78a/l)Q=3.54×20=70.800$（kN）

（4）风力。

因为货物的侧向受风的投影面积为 4.5 m×3.0 m 的平面，q 取 0.49 kN/m²，所以

$W=qF=0.49×4.5×3.0=6.615$（kN）

（5）摩擦力。

因为 N_{17K} 型车车地板为木质，货物也为木质，所以 μ 取 0.45。由公式得

$F_{摩}^{纵}=9.8\mu Q=9.8×0.45×20=88.200$（kN）

$F_{摩}^{横}=\mu(9.8Q-Q_{垂})=0.45×(9.8×20-70.800)=56.340$（kN）

2.1.3　货物稳定性的检验

列车在运行时，车上所装货物将受到多种外力的作用，除摩擦力和重力是稳定力外，其余均为不稳定力。在对货物进行加固之前，必须要先检验货物在受到这些外力作用时的稳定情况。若不稳定，则需加固。

货物不稳定，主要会导致倾覆、水平移动和滚动三种情况。

检验货物的稳定性是通过稳定系数来确定的。由于货物所受五种外力的作用点和作用方向不同，可通过力矩（力）来计算稳定系数。

稳定系数是指稳定力产生的稳定力矩（力）与不稳定力产生的不稳定力矩（力）的比值，该比值通常为 1.25（或 1）。

1. 倾覆方面稳定性的检验

1）货物不进行任何加固

货物在纵向上将受到纵向惯性力的作用，若货物重力形成的稳定力矩与纵向惯性力形成的纵向倾覆力矩（不稳定力矩）之比不能达到稳定条件，则货物就会发生纵向倾覆。

由图 2-1-6 可见，货物免于纵向倾覆的稳定条件应为：

$$\eta_{纵倾}=\frac{稳定力矩}{纵向倾覆力矩}=\frac{9.8Qa}{Th}\geq1.25 \qquad (2-1-12)$$

式中：Q——货物重量，t；

$\quad\quad a$——货物重心所在横向垂直平面至货物倾覆点之间的距离，mm；

$\quad\quad T$——货物的纵向惯性力，kN；

$\quad\quad h$——货物重心自倾覆点所在水平面起算的高度，mm。

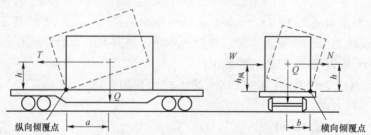

图 2-1-6　货物在车地板上倾覆趋势示意图

货物在横向上受到横向惯性力和横向风力的作用，若重力形成的稳定力矩与横向惯性力和风力形成的横向倾覆力矩之比不能达到稳定条件，则货物就会发生横向倾覆。

同理，货物免于横向倾覆的稳定条件应为：

$$\eta_{横倾} = \frac{稳定力矩}{横向倾覆力矩} = \frac{9.8Qb}{Nh + Wh_{风}} \geqslant 1.25 \qquad (2-1-13)$$

式中：b——货物重心所在纵向垂直平面至货物倾覆点之间的距离，mm；

　　　N——货物的横向惯性力，kN；

　　　W——作用于货物上的风力，kN；

　　　$h_{风}$——风力合力作用点自倾覆点所在水平面起算的高度，mm。

当倾覆稳定系数小于 1.25 时，需要采取加固措施。

【例 2-1-6】箱装均重货物一件重 20 t、长 4.5 m、宽 2.4 m、高 3.0 m，均衡装载在 N_{17K} 型平车（自重 19.7 t）上，货物重心投影位于车辆纵横中心线交点上，试确定货物是否会发生倾覆。

【解】经计算得知：纵向惯性力 $T=380.746$（kN），横向惯性力 $N=56.400$（kN），风力 $W=6.615$（kN）。

$$\eta_{纵倾} = \frac{9.8Qa}{Th} = \frac{9.8 \times 20 \times 2\,250}{380.746 \times 1\,500} = 0.77 < 1.25$$

$$\eta_{横倾} = \frac{9.8Qb}{Nh + Wh_{风}} = \frac{9.8 \times 20 \times 1\,200}{(56.400 \times 1500) + (6.615 \times 1\,500)} = 2.49 > 1.25$$

该货物纵向倾覆不稳定，横向倾覆稳定。

2）货物加挡木进行加固

货物装车后，为了防止货物水平移动，一般在货物的两端或两侧加有挡木，如图 2-1-7 所示。此时，货物的倾覆点提高，即倾覆力臂缩短，因此货物的稳定系数相应地发生变化。

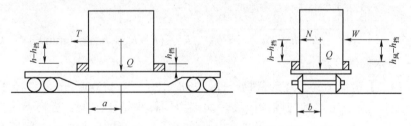

图 2-1-7　货物装载加挡木示意图

在纵向方面：

$$\eta_{纵倾} = \frac{稳定力矩}{纵向倾覆力矩} = \frac{9.8Qa}{T(h - h_{挡})} \geqslant 1.25 \qquad (2-1-14)$$

在横向方面：

$$\eta_{横倾} = \frac{稳定力矩}{横向倾覆力矩} = \frac{9.8Qb}{N(h - h_{挡}) + W(h_{风} - h_{挡})} \geqslant 1.25 \qquad (2-1-15)$$

式中：$h_{挡}$——挡木的高度，mm。

2. 滚动方面稳定性的检验

对圆柱（筒）形、球形、带轮子的货物，装在车上若不进行任何加固，货物将产生滚动现象。故此类货物必须采用三角挡、凹木、掩木等加固材料进行加固，如图2-1-8所示。

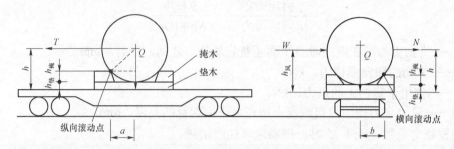

图2-1-8 货物在车地板上滚动趋势示意图

货物免于滚动的条件为：

$$\eta_{纵滚} = \frac{稳定力矩}{纵向滚动力矩} = \frac{9.8Qa}{T(R - h_{掩})} \geq 1.25 \qquad (2-1-16)$$

$$\eta_{横滚} = \frac{稳定力矩}{横向滚动力矩} = \frac{9.8Qb}{(N+W)(R - h_{掩})} \geq 1.25 \qquad (2-1-17)$$

式中：a——货物重心所在纵向垂直平面至三角挡（或掩木）与货物接触点之间距离，mm；

b——货物重心所在横向垂直平面至三角挡（或掩木）与货物接触点之间距离，mm；

R——货物或轮子的半径，mm；

$h_{掩}$——掩木或三角挡与货物接触点自货物或轮子最低点所在水平面起算的高度，mm。

根据图2-1-8，式中a、b可用下式计算：

$$a = \sqrt{R^2 - (R - h_{掩})^2} \ \text{或} \ b = \sqrt{R^2 - (R - h_{掩})^2} \quad (\text{mm}) \qquad (2-1-18)$$

若既用掩木又用凹木，则a、b应按下式计算：

$$a = \sqrt{R^2 - (R - h_{掩} - h_{凹})^2} \ \text{或} \ b = \sqrt{R^2 - (R - h_{掩} - h_{凹})^2} \quad (\text{mm}) \qquad (2-1-19)$$

式中：$h_{凹}$——凹木的深度，mm。

【例2-1-7】铸钢结构圆柱形货物一件，货重12 t，长17 000 mm，直径3 200 mm。采用N_{17K}型车一辆负重，均匀顺向卧装，两端用同样车型作游车。货物下面垫凹口深为8 mm、凹部高为150 mm的凹木，两凹木中心线间距与车辆转向架中心销间距相等，凹木上钉高为150 mm的掩木。试检验该货物在滚动方面的稳定性。

【解】因为该货物是顺向卧装，只有可能发生横向方面的滚动，故只检验此方面的稳定性。计算力值：

$N = n_0 \times Q = (2.82 + 2.2a/l)Q = 2.82 \times 12 = 33.840 \ (\text{kN})$

$W = qF = 0.245 \times 17 \times 3.2 = 13.328 \ (\text{kN})$

检验货物稳定性：

$b = \sqrt{R^2 - (R - h_{掩} - h_{凹})^2} = \sqrt{1\,600^2 - (1\,600 - 150 - 8)^2} = 693 \ (\text{mm})$

$$\eta_{横滚}=\frac{9.8Qb}{(N+W)(R-h_{掩}-h_{凹})}=\frac{9.8\times12\times693}{(33.840+13.328)\times(1\,600-150-8)}=1.2<1.25$$

计算表明，该货物可能发生横向滚动，需在横向进行加固。

3. 水平移动方面稳定性的检验

货物所受到的摩擦力对其起稳定作用，但当纵向摩擦力不能抵消纵向惯性力或横向摩擦力不能抵消横向惯性力和风力时，货物将产生纵向、横向上的水平移动。另外，由于货物横向位移的危险性较大，并且横向力的最大值是当重车以比较高的速度在曲线上运行时产生的。为确保安全，在进行横向加固计算时，将横向惯性力和风力之和加大了 25%。货物免于水平移动的条件应为：

$$\eta_{纵移}=\frac{F_{摩}^{纵}}{T}>1 \tag{2-1-20}$$

$$\eta_{横移}=\frac{F_{摩}^{横}}{N+W}\geqslant1.25 \tag{2-1-21}$$

式（2-1-20）、式（2-1-21）还可分别表示为：

$$\Delta T=T-F_{摩}^{纵}<0$$

$$\Delta N=1.25(N+W)-F_{摩}^{横}<0$$

当 ΔT 或 ΔN 为正数时，货物需加固。

【例 2-1-8】箱装均重货物一件重 20 t，长 4.5 m、宽 2.4 m、高 3.0 m，均衡装载在 N_{17K} 型平车（自重 19.7 t）上，货物重心投影位于车辆纵横中心线交点上，试确定货物是否会发生移动。

【解】经计算得知：纵向惯性力 $T=380.746$ kN，横向惯性力 $N=56.400$ kN，风力 $W=6.615$ kN，纵向摩擦力 $F_{摩}^{纵}=88.200$ kN，横向摩擦力 $F_{摩}^{横}=56.340$ kN。

$$\eta_{纵移}=\frac{F_{摩}^{纵}}{T}=\frac{88.200}{380.746}<1$$

$$\eta_{横移}=\frac{F_{摩}^{横}}{N+W}=\frac{56.340}{56.400+6.615}<1.25$$

或 $\Delta T=T-F_{摩}^{纵}=380.746-88.200=292.546$（kN）$>0$

$$\Delta N=1.25(N+W)-F_{摩}^{横}=1.25\times(56.400+6.615)-56.340=22.429（kN）>0$$

计算表明，该货物纵横方向均可能发生移动，需要加固。

由于货物的形状各异，所以对于一件具体的货物应综合考虑其不稳定因素，并分别进行校验，以确定是否需要加固。

2.1.4　常用加固材料

货物装载以后，若检验出货物会发生倾覆、水平移动或滚动现象，则必须对其进行加固，以保证货物在运输过程中的稳定性和安全性。

对货物进行加固，只有根据货物情况选择合适的加固材料，正确确定出合理的加固方法，才能达到经济、合理的加固货物的目的。

1. 常用加固材料分类

1）按加固方式分类

① 拉牵捆绑材料。包括镀锌铁线、盘条、钢丝绳和钢丝绳夹、固定捆绑铁索、绳索、螺旋式紧线器、84 型紧固器、腰箍。

② 衬垫材料。包括垫木和隔木、条形草支垫、稻草绳把、稻草垫、橡胶垫。

③ 掩挡类材料。包括支柱、挡木、钢挡、锅炉挡铁、掩挡、铁泥塑料挡、围挡及挡板（壁）。

④ 其他材料。包括绳网、焦炭网、绞棍、圆钢钉、扒锯钉、U 形钉、U 形夹、钢板夹。

2）按材质分类

① 木质类。主要用来垫或挡货物，如支柱、垫木、挡木等。

② 钢铁制品类。主要用来拉牵、捆绑、焊接加固货物，如铁线、钢丝绳、型钢等。

③ 其他材质类。主要用来防滑，如橡胶垫、草支垫等。

2. 常用加固材料的适用范围

对于有平支承面的货物、圆柱形货物、带轮货物和轻浮货物，应使用不同的加固方式。常用加固材料的适用范围见表 2-1-5。

表 2-1-5　常用加固材料的适用范围

货物种类	防止货物不稳定状态	可使用的加固材料
有平支撑面的货物	纵向或横向倾覆	拉牵铁线、绞棍、钢丝绳、紧固器、拉杆
	纵向或横向位移	挡木、拉牵铁线、绞棍、钢丝绳、紧固器、钉子或扒锯钉
圆柱形货物	纵向或横向滚动	凹形垫木、掩木、三角挡、钉子或扒锯钉
	顺装时纵向位移	拉牵铁线、钢丝绳、横腰箍、绞棍、紧固器
	横装时横向位移	拉牵铁线、钢丝绳、绞棍、紧固器、挡木、钉子或扒锯钉
带轮货物	纵向或横向滚动	三角挡、掩木、拉牵铁线、钢丝绳、绞棍、紧固器、钉子或扒锯钉、轮挡
	纵向或横向位移	挡木、拉牵铁线、钢丝绳、绞棍、紧固器、钉子或扒锯钉
轻浮货物	倒塌	支柱（侧、端）、铁线、绳子、绳网、U 形钉

3. 常用加固材料的用途及规格

1）拉牵捆绑材料

（1）镀锌铁线。

镀锌铁线是一种适应性比较强，应用广泛的加固材料。它主要用于拉牵加固和捆绑货物，可防止货物产生倾覆、水平移动和滚动。镀锌铁线的破断拉力应以产品标签上的数据为准，许用拉力取其破断拉力的 1/2。常用镀锌铁线的破断拉力和许用拉力见表 2-1-6。

表 2-1-6　常用镀锌铁线的破断拉力和许用应力

线号	6	7	8	9	10	11	12
直径/mm	5.0	4.5	4.0	3.5	3.2	2.9	2.6
破断拉力/kN	6.7	5.4	4.3	3.29	2.75	2.26	1.82
许用拉力/kN	3.35	2.7	2.15	1.64	1.37	1.13	0.91

（2）盘条。

盘条主要用于拉牵加固货物，可防止货物产生倾覆、水平移动和滚动，不得用作腰箍下压式加固，可用作整体捆绑。盘条的破断拉力应以产品标签上的数据为准，许用拉力取其破断拉力的 1/2。常用盘条的破断拉力和许用拉力见表 2-1-7。

表 2-1-7　常用盘条的破断拉力和许用应力

直径/mm	5.5	6	6.5
破断拉力/kN	7.96	9.47	11.12
许用拉力/kN	3.98	4.73	5.56

当数股铁线拧成一根使用时，由于每股受力不均匀，所以每股铁线的拉力值应取其许用拉力的 90%，即选用镀锌铁线或盘条拉牵时，每根拉牵绳需要股数为：

$$n = \frac{S}{0.9P_{许}} \text{（股）} \tag{2-1-22}$$

（3）钢丝绳。

钢丝绳可用于拉牵加固，还可作腰箍下压式加固和整体捆绑。加固货物用的钢丝绳应选用柔性较好的起重、提升和牵引用钢丝绳。实际使用时，钢丝绳的破断拉力应以产品标签上的数据为准，许用拉力取其破断拉力的 1/2。

钢丝绳的型号规格较多，为便于现场掌握和操作，以标准中公称抗拉强度 1 670 N/mm² 的 $6 \times 19_{(b)}(1+6+12)$ 型钢丝绳为例，列出常用钢丝绳直径及其相应的最小破断拉力和许用拉力（见表 2-1-8）。

表 2-1-8　公称抗拉强度 1 670 N/mm² 规格 $6 \times 19_{(b)}$ 型钢丝绳的最小破断拉力和许用拉力

钢丝绳直径/mm	6	7	7.7	8	9	9.3	10	11	12	12.5	13
最小破断拉力/kN	18.5	25.1	31.7	32.8	41.6	45.6	51.3	62	73.8	81.04	86.6
许用拉力/kN	9.25	12.55	15.85	16.4	20.8	22.8	25.65	31	36.9	40.52	43.3
钢丝绳直径/mm	14	15.5	16	17	18	18.5	20	22	24	26	28
最小破断拉力/kN	100	126.6	131	153.27	166	182.37	205	248	295	346	402
许用拉力/kN	50	63.3	65.5	76.63	83	91.18	102.5	124	147.5	173	201

（4）腰箍。

所谓腰箍，是指将货物捆绑（箍）在车辆上的加固材料。腰箍可用钢丝绳制成，也可用扁钢带制成，腰箍加固主要是通过下压捆绑增大货物与车地板或垫木间的摩擦力，以达到防止货物滚动或移动的目的。主要用于加固顺装的圆柱体货物，也可用于加固箱型货物。

扁钢带截面尺寸、钢丝绳规格尺寸应根据腰箍强度计算结果确定。腰箍可通过螺栓用双螺母紧固，可与螺旋式紧线器配合使用。

2）衬垫材料

（1）垫木和隔木。

装运货物时，为增大货物支重面的长度和宽度、降低超限等级或避免超长货物突出部分底部与游车车地板接触，必要时需使用纵、横垫木；在分层装载货物时，特别是金属制品，为防止层间货物滑动，必须使用隔木。

垫木和隔木必须使用无削弱强度的木节和裂纹、坚实、纹理清晰、无腐烂的整块木材制作。横垫木和隔木的长度一般不应小于货物装载宽度，但不大于车辆的宽度；其垫木的宽度不得小于高度。垫木与隔木规格见表2-1-9。

表2-1-9　垫木和隔木的常用规格尺寸

名称	规格尺寸/mm			要求
	长	宽	高（厚）	
横垫木	2 700～3 000	150	140	装载超长货物时横垫木的高度根据突出车端长度计算确定
纵垫木	—	150	140	—
隔　木	—	100	35	长度不得小于货物的装载宽度

（2）条形草支垫、稻草绳把、稻草垫、橡胶垫。

条形草支垫、稻草绳把用于支撑货物并起防滑作用。稻草垫起防滑作用；条形草支垫、稻草绳把、稻草垫均限一次使用；橡胶垫起防滑、防磨作用，并可作为缓冲材料。

（3）复合材料垫木、隔木、底托。

复合材料垫木、隔木、底托长度不小于货物的装载宽度，但不大于车辆的宽度。常用复合材料垫木、隔木、底托规格见表2-1-10。

表2-1-10　常用复合材料垫木、隔木、底托规格　　　　　　单位：mm

	Ⅰ型		Ⅱ型	
	宽度	厚度	宽度	厚度
垫木	200	70	≥120	≥80
	80	65		
隔木	60	30	60±3	30＋5
			100±3	60＋5
			80±3	80＋5

3）掩挡类材料

（1）挡木、钢挡。

挡木主要用来加固平支重面货物，防止货物移动或倾覆。挡木的宽度与高度应相等，常用规格（长×宽×高）为400 mm×100 mm×100 mm。装载平支撑面货物时，可以在货物两端或两侧加挡木或钢挡。挡木、钢挡一般采用钉固或螺栓连接的方式固定，如图2-1-9所示。钢挡还可以采用直接焊接的方式固定。

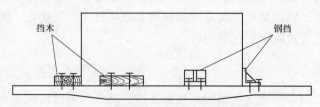

图2-1-9　挡木、钢挡与车地板钉固

固定挡木或钢挡的圆钢钉应垂直钉进，圆钢钉的长度应接近于将车地板钉穿。

（2）锅炉挡铁。

锅炉挡铁采用厚度 8 mm 及以上钢板焊接制成，挡铁斜坡（面）及横向挡铁应根据锅炉翘角角度和翘角长度来确定，锅炉挡铁的结构及使用示意如图 2-1-10 所示。

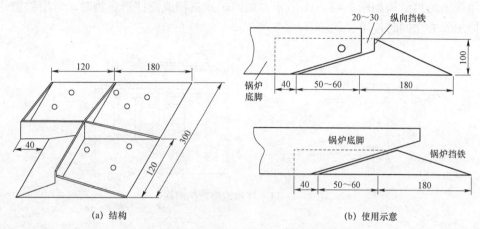

（a）结构　　　　　　　　　　　　　（b）使用示意

图 2-1-10　锅炉挡铁的结构及使用示意

使用时，挡铁斜坡（面）应与锅炉翘角底部相吻合，将挡铁横向与锅炉翘角边缘贴紧，纵向挡板与锅炉翘角端部留有 20～30 mm 的间隙，每块挡铁各用 $\phi 10$ mm 的圆钢钉 6～8 个钉固在车地板上。锅炉翘角长度超过 120 mm 时，可取消挡铁纵向挡板。

（3）掩挡（三角挡、掩木、方木、凹木）。

加固圆柱形货物及轮式货物时，可使用三角挡或掩木、方木、凹木等加固材料，其规格应根据货物的重量、直径（或轮径）等确定。掩挡与车地板或垫木的联结强度必须足以防止其自身移动或倾覆。使用三角挡或掩木掩挡轮式货物时，其一侧斜面应与货物贴实，底面与车地板接触处应平整。

单独使用掩挡防止圆柱形、球形货物及轮式货物纵向滚动时，掩挡的需要高度可按下式计算：

$$h_{掩} \geq (0.374\,4 - 0.001\,8Q_{总})D \text{（mm）} \qquad (2-1-23)$$

式中：$Q_{总}$——重车总重，t；

　　　D——货物的直径或轮径，mm。

单独使用掩挡防止圆柱形、球形货物及轮式货物横向滚动时，掩挡的需要高度可按下式计算：

$$h_{掩} \geq 0.08D \text{（mm）} \qquad (2-1-24)$$

配合其他加固方法使用时，高度（深度）可适当降低。三角挡的底宽不得小于高度的 1.5 倍，其高度经计算不足 100 mm 时，按 100 mm 取用。常用方木的规格（长×宽×高）为 500 mm×200 mm×160 mm。

木制三角挡应选用无节、无裂纹、无虫眼的一级木材制作，掩木、方木、凹木应用坚实的二级及以上木材制作。凹木可用坚实的横垫木与掩木配合制作，必要时，掩木的斜面应尽可能按被掩圆柱体半径制作成弧面，并用螺栓与横垫木牢固连接，每块掩木使用的螺栓数不得少于 2 个。凹木的宽度不小于凹木底面至凹部最低点高度的 1.2 倍。

（4）铁泥塑料挡。

铁泥塑料挡分为铁塑轮挡、铁塑三角挡和铁塑侧挡三种。

常用铁塑轮挡结构如图 2-1-11 所示，加固轮式货物或圆柱形货物时，常用铁塑轮挡应配合其他加固方法同时使用。

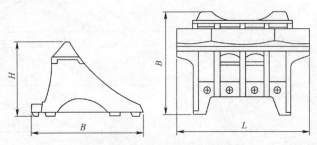

图 2-1-11　常用铁塑轮挡结构

（5）绞棍。

绞棍用于将缠绕后的镀锌铁线、盘条绞紧。绞棍的直径一般为 50 mm，长度为 600 mm，操作困难时，可根据具体情况确定。绞棍留用时必须予以固定，如图 2-1-12（a）所示，且不得超限；绞棍不留用时可以采取防松措施，如图 2-1-12（b）所示。

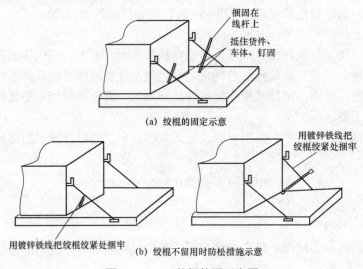

（a）绞棍的固定示意

（b）绞棍不留用时防松措施示意

图 2-1-12　绞棍使用示意图

（6）圆钢钉、扒锔钉。

圆钢钉、扒锔钉用于钉固挡木、三角挡、垫木、轮挡等加固材料。主要是利用它与车地板之间的剪切应力和与木材之间的握裹力来加固货物的，钉子的规格及数量应根据货物所受到外力的大小而确定。圆钢钉应交错布置、垂直钉入，并应避开车地板的缝隙或木板裂纹。圆钢钉的长度必须保证能够接近于将车地板钉穿。常用圆钢钉的规格尺寸见表 2-1-11。

表 2-1-11　常用圆钢钉的规格尺寸

单位：mm

直　径	5	5.5	6	6.5
长　度	100～130	120～175	150～200	160～220

扒锔钉常用圆钢或螺纹钢制作。常用扒锔钉规格（长×直径×钉脚长度）：200 mm×10 mm×(50～60) mm，如图 2-1-13 所示。钉固扒锔钉时，应上下、左右均匀敲打，逐步推进，使加固材料与货物、车地板贴实贴紧。应避免钉在木质加固材料同一横纹上，同时避开车地板的缝隙或木板裂纹。扒锔钉应钉固成八字形，以增强其稳定性。

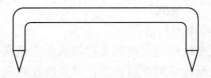

图 2-1-13　扒锔钉

2.1.5　常用加固方法的强度计算

为了保证运输安全，当检验出货物不稳定，要发生倾覆、水平移动、滚动现象时，需对货物进行加固。同时，为了制定一个经济、合理的加固方案，有必要对加固材料的强度及数量进行计算，下面介绍几种实际工作中常用的加固材料强度及数量的计算方法。

1. 拉牵加固

1）对称拉牵加固

对称拉牵加固时，拉牵位置如图 2-1-14 所示。图中所示 O 点、A 点以及 AC、BC、BO、AO 均为铁路货物拉牵加固所用的术语，其所代表的含义是不变的。

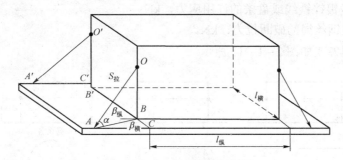

图 2-1-14　拉牵加固示意图

$S_\text{拉}$—每根拉牵绳需加固的力；A—拉牵绳在车辆上的拴结点；O—拉牵绳在货物上的拴结点；B—O 点在车地板上的投影；BC—O 点所在纵向垂直平面至车辆边线的距离

当同一方向有 n 根拉牵绳时，每根应承受的拉力可按下式计算：

（1）防止纵向倾覆时。

$$S_\text{纵倾} = \frac{1.25Th - 9.8Qa}{n(l_\text{纵} + AC)BO}\sqrt{AC^2 + BO^2 + BC^2} \quad (\text{kN}) \qquad (2-1-25)$$

（2）防止横向倾覆时。

$$S_{横倾} = \frac{1.25(Nh + Wh_{风}) - 9.8Qb}{n(l_{横} + BC)BO} \sqrt{AC^2 + BO^2 + BC^2} \quad (kN) \qquad (2-1-26)$$

（3）防止纵向移动时。

$$S_{纵移} = \frac{\Delta T}{nAC} \sqrt{AC^2 + BO^2 + BC^2} \quad (kN) \qquad (2-1-27)$$

（4）防止横向移动时。

$$S_{横移} = \frac{\Delta N}{nBC} \sqrt{AC^2 + BO^2 + BC^2} \quad (kN) \qquad (2-1-28)$$

式中：n——同一方向采用的拉牵绳根数；

$l_{纵}$——货物纵向倾覆点至拉牵绳在货物上拴结点所在横向垂直平面间的距离，mm；

$l_{横}$——货物横向倾覆点至拉牵绳在货物上拴结点所在纵向垂直平面间的距离，mm；

h——货物重心自倾覆点所在水平面起算的高度，mm；

$h_{风}$——风力合力作用点自倾覆点所在水平面起算的高度，mm。

因为拉牵绳既要防止货物倾覆，又要防止货物移动，所以每根拉牵绳应承受的力为：

$$S_{拉} = \max\{S_{纵倾}, S_{横倾}, S_{纵移}, S_{横移}\}$$

若用钢丝绳作拉牵绳，则钢丝绳的破断拉力应为：

$$P_{破} \geqslant 2S_{拉}$$

选用镀锌铁线或盘条拉牵时，每根拉牵绳需要股数为：

$$n = \frac{S_{拉}}{0.9P_{许}} \quad (股)$$

式中：$P_{许}$——每股镀锌铁线或盘条的许用应力，kN；

$P_{破}$——每根钢丝绳的破断拉力，kN。

拉牵铁线加固方式如图 2-1-15 所示。

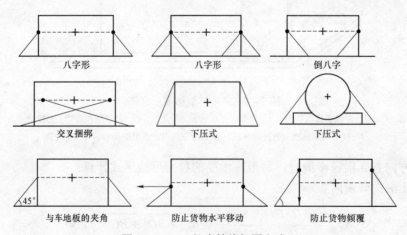

图 2-1-15 拉牵铁线加固方式

2）使用镀锌铁线、钢丝绳加固货物的注意事项

（1）使用镀锌铁线、钢丝绳捆绑加固货物，应依据所加固货物的拴结点情况，尽量考虑对称拉牵。

（2）弹性变形较大、抗拉能力较小的镀锌铁线，不宜作为重量较大货物捆绑加固用，一般当计算所需的单道拉牵镀锌铁线在 14 股以上时，应改用钢丝绳加固。

（3）拉牵绳与车地板的夹角一般应接近 45°。若捆绑加固主要用于防止货物水平移动时，拉牵绳与车地板的夹角可小于 45°；若主要用于防止货物倾覆，拉牵绳与车地板的夹角应适当大于 45°。

（4）多股镀锌铁线拉牵加固时，需用绞棍绞紧，绞棍应置于拉牵铁线的中部，绞紧适度，不得过紧过松。绞棍留用时须固定；不留用时须采取措施防止铁线回松。

（5）使用钢丝绳捆绑加固货物时，所用紧固装置的强度和规格需与之匹配。

（6）多股小直径钢丝绳捆绑加固货物时，两端绳头用钢丝绳夹头正反扣紧固定后，应用铁质绞棍绞紧。在此种情况下，绞棍必须留用并予以固定。

2. 腰箍

腰箍主要用于加固圆柱形货物或带轮子的货物。特别是用于防止顺向卧装的圆柱形货物发生滚动，也可用来加固箱形货物。

利用腰箍加固，主要是利用腰箍的拉力，增大货物对垫木（或垫木对车地板）之间的正压力，以增加摩擦力，防止货物移动。

1）腰箍加固时，每道腰箍应承受的力

（1）顺装圆柱形货物，用 n 道腰箍加固时，每道应承受的力。

腰箍下压加固圆柱形货物如图 2−1−16 所示。顺向卧装的圆柱形货物可能发生的是横向滚动，防止货物横向滚动，加固的力为腰箍的垂直分力，每道腰箍应承受的力表示为：

$$P_{横滚} = \frac{1.25(N+W)(R-h_{掩}-h_{凹})-9.8Qb}{2nb\dfrac{EF}{EG}} \quad (kN) \qquad (2-1-29)$$

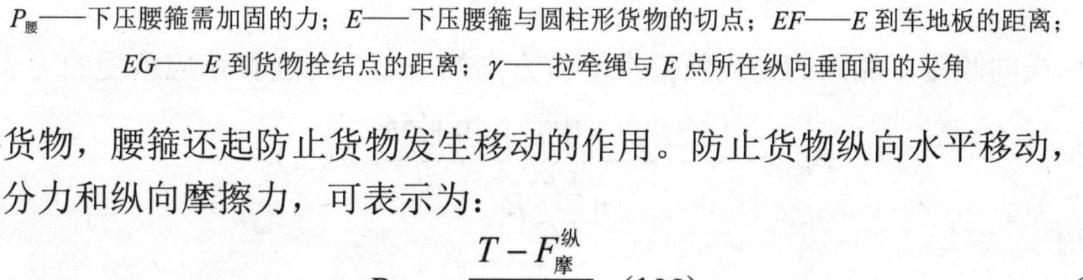

图 2−1−16　腰箍下压加固圆柱形货物示意图

$P_{腰}$——下压腰箍需加固的力；E——下压腰箍与圆柱形货物的切点；EF——E 到车地板的距离；

EG——E 到货物拴结点的距离；γ——拉牵绳与 E 点所在纵向垂面间的夹角

对该件货物，腰箍还起防止货物发生移动的作用。防止货物纵向水平移动，加固的力为腰箍的垂直分力和纵向摩擦力，可表示为：

$$P_{纵移} = \frac{T-F_{摩}^{纵}}{2n\mu\dfrac{EF}{EG}} \quad (kN) \qquad (2-1-30)$$

防止货物横向水平移动，加固的力为腰箍的垂直分力和横向摩擦力，可表示为：

$$P_{横移} = \frac{1.25(N+W) - F_{摩}^{横}}{2n\mu\dfrac{EF}{EG}} \quad (\text{kN}) \tag{2-1-31}$$

式中：μ——货物与横垫木、横垫木与车地板或货物与车地板间的摩擦系数，取其较小者；

n——腰箍的道数；

$h_{掩}$——掩木或三角挡与货物接触点的高度，mm；

R——货物的半径，mm；

$h_{凹}$——横垫木或鞍座凹部深度，mm；

Q——货物重量，t；

b——货物重心所在纵向垂直平面至货物与掩木或三角挡接触点之间的距离，mm。

采用腰箍加固后，应既可防止货物发生滚动，又可防止货物发生移动，故每道腰箍应承受的力为：

$$P_{腰} = \max\left\{P_{横滚}, P_{纵移}, P_{横移}\right\} \quad (\text{kN})$$

（2）箱形货物的加固。

当箱形货物无拴结点时，可采用腰箍加固，如图 2-1-17 所示，腰箍可防止箱形货物发生倾覆和移动。

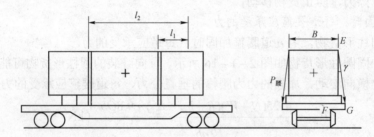

图 2-1-17　腰箍加固箱形货物示意图

$P_{腰}$—下压腰箍需加固的力；E—下压腰箍与货物的接触点；EF—E 到车地板的距离；
EG—E 到货物拴结点的距离；γ—拉牵绳与 E 点所在纵向垂面间的夹角

防止货物纵向倾覆，加固的力为腰箍在垂直方向的分力，每道腰箍应承受的力表示为：

$$P_{纵倾} = \frac{1.25Th - 9.8Qa}{2\dfrac{EF}{EG}(l_1 + l_2 + \cdots + l_n)} \quad (\text{kN}) \tag{2-1-32}$$

防止货物横向倾覆，加固的力为腰箍在垂直方向的分力，每道腰箍应承受的力表示为：

$$P_{横倾} = \frac{1.25(Nh + Wh_{风}) - 9.8Qb}{n\dfrac{EF}{EG}B} \quad (\text{kN}) \tag{2-1-33}$$

式中：a、b——货物重力的稳定力臂，mm；

l_1，l_2，$\cdots$，l_n——每道腰箍所在横向垂直平面至货物纵向倾覆点之间的距离，mm；

B——货物的宽度，mm。

防止货物纵向、横向水平移动同式（2-1-30）、式（2-1-31）。

采用腰箍加固后，应既可防止货物倾覆，又可防止货物发生移动，故每道腰箍应承受的力为：

$$P_{腰} = \max\left\{P_{纵倾}, P_{横滚}, P_{纵移}, P_{横移}\right\} \ (kN)$$

腰箍既可用钢丝绳制作，又可用扁钢带制作。一般加固方形货物多用钢丝绳。

用钢丝绳作腰箍时，钢丝绳的破断拉力不得小于 2P。用扁钢带作腰箍时，扁钢带的截面积：

$$S \geq \frac{10P}{[\sigma]} \ (cm^2) \tag{2-1-34}$$

式中：$[\sigma]$——扁钢带的许用应力，MPa。

2）使用腰箍加固货物的注意事项

（1）货物必须能够承受腰箍的压力。

（2）腰箍在整个运输过程中，必须处于紧固状态，如松动将失去加固作用，且紧固部件的强度必须与腰箍的强度相匹配。

（3）货物与腰箍间应加防磨衬垫。

3. 挡木

挡木主要用于防止货物发生移动，其强度取决于挡木的根数和挡木上的钉子数量。钉子的数量计算如下：

防止货物纵向移动

$$I_{纵} = \frac{T - F_{摩}^{纵}}{nS_{钉}} \ (kN) \tag{2-1-35}$$

防止货物横向移动

$$I_{横} = \frac{1.25(N+W) - F_{摩}^{横}}{nS_{钉}} \ (kN) \tag{2-1-36}$$

式中：$I_{纵}$，$I_{横}$——钉子的数量；

　　　n——挡木根数；

　　　$S_{钉}$——钉子的容许载荷，kN。

4. 焊接加固

当用铁地板长大货物车装运的货物，可以采用在货物周围加焊钢挡的方法防止货物移动。在货物同一端或同一侧加焊钢挡的数量取决于需要钢挡承受的力 ΔT 或 ΔN，在同一端（或同一侧）可以焊一个、两个或三个、四个钢挡。钢挡的加固强度取决于钢挡与车地板间的焊缝长度。

同一端（或同一侧）焊 n 个钢挡时，每个钢挡需要的焊缝长度 l 可按下式计算：

防止纵向移动

$$l_{纵} \geq \frac{10\Delta T}{0.7nK[\tau]} \ (cm) \tag{2-1-37}$$

防止横向移动

$$l_{横} \geqslant \frac{10\Delta N}{0.7nK[\tau]} \quad (cm) \qquad\qquad (2-1-38)$$

式中：$l_{纵}$——防止纵向位移的焊缝长度，cm；

$\quad\quad l_{横}$——防止横向位移的焊缝长度，cm；

$\quad\quad K$——焊缝高度，cm；

$\quad\quad \Delta T$——纵向需加固的力，kN；

$\quad\quad \Delta N$——横向需加固的力，kN；

$\quad\quad [\tau]$——焊缝的许用剪切应力，MPa，一般取 60～70 MPa。

【例 2-1-9】箱装均重货物一件，重 20 t、长 4.5 m、宽 2.4 m、高 3.0 m，均衡装载在 N_{17K} 型平车上，货物重心投影位于车辆纵横中心线交点上。平车丁字铁、支柱槽位置如图 1-1-18 所示。试确定该货的加固方法并确定加固材料强度。

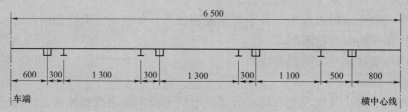

图 1-1-18 平车丁字铁、支柱槽位置图（单位：mm）

【解】计划在同方向使用 2 道拉牵进行加固。有关尺寸为 $OB=1\ 500$ （mm）（货物上的拴结点在货物重心高度处），$AC=2\ 050$ （mm）（A 点距离 C 点丁字铁处，$150+300+1\ 300+300$），$BC=（2\ 980-2\ 400）/2=290$ （mm）。

$$AO = \sqrt{AC^2 + BC^2 + BO^2} = \sqrt{2\ 050^2 + 290^2 + 1\ 500^2} \approx 2\ 556 \quad (mm)$$

防止纵向倾覆时：

$$S_{纵倾} = \frac{1.25Th - 9.8Qa}{n(l_{纵}+AC)BO}\sqrt{AC^2+BO^2+BC^2} = \frac{(1.25\times380.746\times15\ 000)-(9.8\times20\times2\ 250)}{2\times(4\ 500+2\ 050)\times\dfrac{1\ 500}{2\ 556}}$$

$$= \frac{272\ 898.75}{7\ 687.793} \approx 35.498 \quad (kN)$$

$$S_{纵移} = \frac{\Delta T}{nAC}\sqrt{AC^2+BO^2+BC^2} = \frac{292.546}{2\times\dfrac{2\ 050}{2\ 556}} \approx 182.520 \quad (kN)$$

$$S_{横移} = \frac{\Delta N}{nBC}\sqrt{AC^2+BO^2+BC^2} = \frac{22.429}{2\times\dfrac{290}{2\ 556}} \approx 95.622 \quad (kN)$$

$$S_{拉} = \max\{S_{纵倾}, S_{纵移}, S_{横移}\} = 182.520 \quad (kN)$$

每道 8 号镀锌铁线需要股数：

$$n=\frac{S}{0.9P_{许}}=\frac{182.520}{0.9\times2.15}=95（股）$$

需要铁线股数大于 14 股时应选用钢丝绳加固，钢丝绳的破断拉力应大于 $2S_{拉}=$ 2×182.520（kN），查表，其规格应为直径 20 mm，破断拉力为 205 kN，公称抗拉强度 1 670 MPa 规格 6×19 钢丝绳 2 根。

任务训练

1. 某站装运一件均重货物，重 36 t，规格为 16 300 mm×2 800 mm×1 200 mm，使用标重为 60 t 的 N_{17K} 型平车装运，请确定装载方法。

2. 某站使用标重为 60 t 的 N_{17K} 型平车装运设备一件，重 48 t，支重面长度 4 700 mm，请问使用该车型装运是否符合平车局部地板面承受容许载重量的规定？

3. 圆形转轮一件，重 50 t，直径 4 300 mm，转轮厚 2 800 mm，货物下面有钢制托架一件，使用一辆 D_5 型车装载，货物重心投影落在车地板中央。试计算作用于货物上的各种力的大小。

4. 水闸一件，重 18 t，支重面长 11 610 mm，货物全长 12 850 mm，宽 2 590 mm，中心高 3 380 mm，一侧高 3 280 mm，左右各宽 12 95 mm，重心高 1 718 mm，水闸为梯形，两侧各有两个捆绑环，共有 4 个捆绑环。使用标重为 60 t 的 N_{17K} 型平车对称装载，如图 1-1-19 所示。试确定该货的加固方法及加固材料强度。

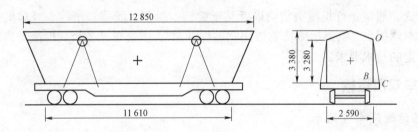

图 1-1-19　平车对称装载水闸示意图

5. 圆柱形锅炉一件，重 10 t，长 12 m，直径 2.98 m，选用标重为 60 t 的 N_{17K} 型平车装载，货物重心投影落在车地板纵横中心线的交叉点上。$h_{凹}=10$ mm。

要求：

（1）计算作用在货物上的力。

（2）计算货物的稳定性。

（3）选择加固方案及加固材料。

（4）计算需加固的力。

（5）确定加固材料的数量。

任务 *2.2* 轮式、履带式货物运输

教学目标

1. 能力目标
正确组织轮式、履带式等机械类货物的发送、途中和到达作业。

2. 知识目标
掌握轮式、履带式货物装载加固方法，掌握轮式、履带式货物运输组织方法。

工作任务

某车站装运一批压路机，货物规格为 YZ12J 型，外形尺寸 5 545 mm×2 370 mm×3 035 mm，件重 12 t，前轮（压轮）ϕ1 520 mm、宽 2 130 mm，后轮（轮胎式）ϕ1 590 mm，请办理这批货物的发送、途中、到达作业。

相关知识

装载轮式、履带走行机械类货物以及易于旋转、脱落、脱垂、吊挂、开放的货物时，托运人须向装车站提供"铁路运输货物锁闭状态保证书"，由装车站备查。机械类货物装载加固均应符合一定的技术要求。

2.2.1 汽车双层运输

1. 双层运输汽车专用车
双层运输汽车专用车自 20 世纪 80 年代开发以来，为我国铁路运输汽车发挥了积极的作用，使汽车的零公里销售成为现实。

我国 1989 年研制了第一代 SQ1 型双层运输汽车专用车，该车主要用于运输国产主型及进口各种微型、小型汽车，双层可装载微型、小型汽车 6～12 辆。

1998 年研制了第二代全封闭 SQ3 型双层运输汽车专用车，该车主要适用于各种微型、小型和中型（轿、客、货、客货两用）汽车的铁路运输，其最大特点为上层地板可升降，适用于不同高度的汽车配装，运输微型、小型汽车时采取双层单排装载；运输中型汽车时单层单排装载，双层可装载微型、小型汽车 6～12 辆。

2000 年研制了 SQ4 型双层运输汽车专用车，该车是在 SQ3 车基础上进行的改进设计，其上层地板也为高度可调式，主要用于各种微型、小型和中型（轿、客、货、客货两用）汽车的铁路运输。可提高铁路货车的使用效率，减少回空率，下层地板上可装载 40 t 均布成箱货物。

2004 年研制了 SQ3K 和 SQ2 型双层运输汽车专用车，SQ3K 型双层运输汽车专用车，主要面向各种小型客车的铁路运输，端门设计为上下分体式。该系列产品的投入使用，进一步

提高了运输质量和安全可靠性。

2005 年，J5、J6 型家畜车进行了双层运输汽车专用车的改造，定型为 J5SQ、J6SQ 型运输汽车专用车，其上层底架为活动结构，可以进行双层或单层运输。

2006 年研制了 SQ5 型双层运输汽车专用车，该车车体长达 25 100 mm，为全封闭结构，满足运输大多数国产及进口微型、小型汽车的需要并提高了单车装载辆数，同时适应了快速运行和重载编组的需要。

2008 年又研制了 SQ6 型凹底双层运输汽车专用车，如图 2-2-1 所示。该车采用凹型底架、折线型车顶、新型上层底架结构、可升降的上层活动底架，提高了上、下层的有效净空高，最大化地满足了汽车种类的运输。同时该车的设计还重点考虑了通用性，实现了在装运小汽车时，与既有铁路货车 SQ1、SQ3、SQ3K、SQ4、SQ5、SQ6、J5SQ、J6SQ 型车上、下层底架的连挂装卸，增强了实用性，并且由于该车采用了凹底和升降机构，成为国内目前唯一一种可以双层运输较高小汽车（如金杯）的铁路货车。

图 2-2-1　SQ6 型凹底双层运输汽车专用车

J5SQ、J6SQ 型双层运输汽车专用车端门介绍如下。

1）端门主要结构

J5SQ、J6SQ 型双层运输汽车专用车端门主要由 6 扇全钢焊接结构的小门组成，小门之间通过折页和销轴连接，采用枢杆锁紧，并设有防撬的锁闭机构，如图 2-2-2 所示。

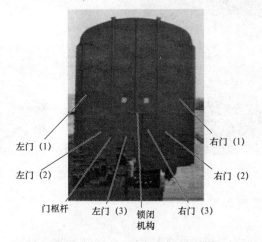

图 2-2-2　J5SQ 和 J6SQ 型端门

2）端门开门操作

首先要打开明锁（如图2-2-3所示），抬起锁盒、拉动锁销、打开锁闭机构，然后旋转右门（3），使右侧的枢杆从其上下的锁座中脱离（如图2-2-4所示），之后进入车体内侧，将左门（3）下侧的锁销打开，随后拉动左门（3），使其锁杆从上下锁座中脱离，之后分别拉动左门（3）和右门（3），使左门（3）、左门（2）、左门（1）和右门（3）、右门（2）、右门（1）分别贴靠在侧墙上（如图2-2-5所示），并分别将左门（3）和右门（3）上的锁链取下，分别挂在底架侧梁的挂环上，将端门固定好（如图2-2-6所示）。

图2-2-3　打开明锁

图2-2-4　脱离锁座

图2-2-5　车门全开

图2-2-6　车门固定

3）端门关门操作

首先将端门挂在侧梁上的锁链取下，并分别放在左门（3）和右门（3）上固定的位置，随后分别拉动左门（3）和右门（3），先将左门（1）、左门（2）和右门（1）、右门（2）分别贴靠在门框上，之后先将左门（3）上的枢杆上下的锁舌旋入锁座，使其紧贴在门框上，之后进入车体内侧，将左门（3）下侧的锁销锁好，之后再旋转右门（3），使其枢杆上下的锁舌旋入锁座并贴靠在门框上，最后将锁闭装置锁好，锁好明锁（如图2-2-7所示）。

图2-2-7　车门锁闭

2. 专用货车配备的装载加固装置

1）抱轮式紧固装置

抱轮式紧固装置由止轮器、棘轮棘爪机构、合成纤维带、挂钩、橡胶挡块等组成。其中棘轮棘爪机构的材质为 ZG 230-450，合成纤维带的材质为涤纶，其他主要金属结构件的材质为 Q235。合成纤维带总长 2 250 mm，宽度 50 mm，厚度大于 2 mm。紧固带长度要与汽车轮径相适应。抱轮式紧固装置许用工作载荷不小于 20 kN。

抱轮式紧固装置如图 2-2-8 所示。

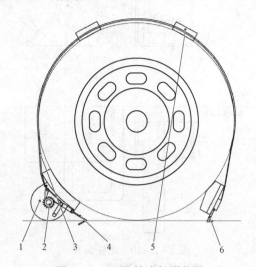

图 2-2-8　抱轮式紧固装置

1—止轮器；2—棘轮棘爪机构；3—合成纤维带；4—挂钩；5—橡胶挡块；6—挂钩

2）紧固带

紧固带由挂钩、合成纤维带、橡胶块和收紧机构等组成，挂钩的材质为 40Cr，合成纤维带的材质为涤纶，收紧机构的主要部件材质包括 45 号钢、Q235、65Mn 等材料。合成纤维带总长 2 500 mm，宽度 50 mm，厚度大于 2 mm。紧固带许用工作载荷不小于 13.083 kN。

紧固带如图 2-2-9 所示。

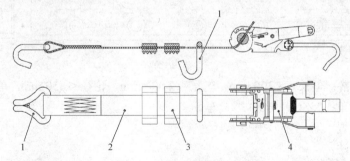

图 2-2-9　紧固带

1—挂钩；2—合成纤维带；3—橡胶块；4—收紧机构

3）止轮装置

止轮装置由压紧丝杆、定位横梁、止轮部分等组成。压紧丝杆的可调螺杆（M20）、定位横梁等主要结构件的材质为 45 号钢，止轮部分及其他部件的材质为 Q235。止轮装置有效掩挡高度 130 mm，适用轮胎宽度不超过 220 mm。

止轮装置如图 2-2-10 所示。

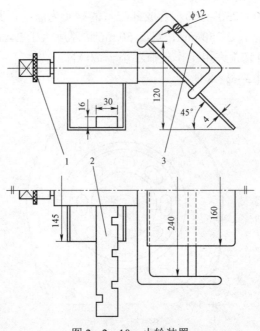

图 2-2-10 止轮装置
1—压紧丝杆；2—定位横梁；3—止轮部分

【例 2-2-1】越野车装载加固。

【解】方案编号：080132

越野车 J5SQ、J6SQ 型货车装运

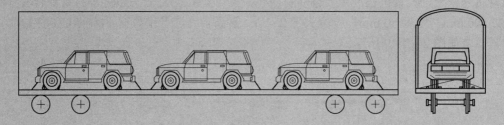

（1）货物规格：车长＜5 300 mm，车宽＜2 000 mm，轮径＜850 mm，单件重量＜2.3 t。

（2）准用货车：J5SQ、J6SQ 型货车。

（3）加固装置：紧固带，抱轮式紧固装置。

（4）装载方法：

① 在货车下层地板上顺装 3 辆越野车，其中货车中部装载 1 辆，另外 2 辆在货车的横中心线两侧对称装载。越野车重心投影落在货车纵中心线上。

② 相邻越野车之间及越野车与货车端墙之间的距离均不得小于 150 mm。

（5）加固方法：

① 在越野车底盘上的前、后牵引环处分别使用 1 根紧固带，将紧固带中间挂钩钩在牵引环上，端部挂钩和收紧部分的挂钩分别钩在货车内的固定环上，转动收紧部分的转轴将紧固带张紧。

② 在越野车的每个轮胎处分别使用 1 件抱轮式汽车紧固装置加固。将抱轮式汽车紧固装置的止轮器安放在越野车的前轮之前和后轮之后，紧固带包绕车轮轮胎，端部挂钩和收紧部分的挂钩尽量钩在靠近车轮的地板孔中，转动收紧部分的转轴，收紧紧固带并使止轮器与汽车轮胎密贴。

（6）其他要求：

① 将货车的上层托架放下，每个托架用 2 根紧固带与车辆侧壁拴结环拉紧。

② 汽车的制动手柄应拉紧，并将挡位放在空挡（手动挡）或 P 挡上（自动挡），门窗锁闭。

③ 货车端门必须关闭、锁牢。

2.2.2 轮式、履带式货物和圆柱形、球形货物装载加固

1. 轮式、履带式货物装载

轮式、履带式货物应使用木地板平车装载（专用货车装运时除外），其本身有制动装置的，装车后应制动，闭锁门窗并将变速手柄放在初速位置（运输轿车时，挡位放在空挡或 P 挡上），制动手柄或拉杆应处于制动位置。其装载方法如下。

1）顺装

顺装时，相邻两辆间距不小于 100 mm。

2）横装

横装时，相邻两辆应头尾颠倒，间距不小于 50 mm。

3）跨装在两平车上

跨装在两平车上的汽车，其头部与前辆汽车的尾部间距不小于 350 mm，如图 2-2-11 所示。

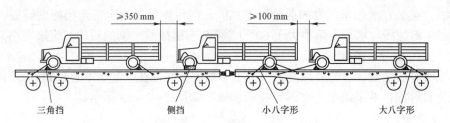

图 2-2-11 跨装在两平车上的汽车

4）爬装

爬装汽车方法如图 2-2-12 所示。

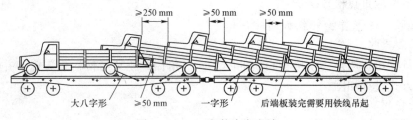

图 2-2-12 爬装汽车方法

5）无车厢的汽车爬装

无车厢的汽车爬装时，应将第二辆及其后各辆的前轮依次放在前辆的后轮上对齐，如图 2-2-13 所示。

图 2-2-13　无车厢的汽车爬装

2. 轮式、履带式货物加固

轮式、履带式货物加固方法如下。

1）顺装

顺装时，轮径 1 000 mm 以下的前轮（组）前端、后轮（组）后端以及轮径 1 000 mm 及以上的前后轮（组）前后端，均应安放相应规格的掩挡，掩紧钉固，并采用八字形等拉牵加固。

装载履带式货物时在履带前后放置方木或挡木掩紧钉固。

2）横装

横装时，每辆前轮后端、后轮前端或前轮前端、后轮后端安放三角挡并掩紧钉固。

3）跨及两平车的汽车

跨及两平车的汽车应在其前轮外侧或内侧 50 mm 处钉固侧挡（不用三角挡及捆绑），后轮前后均用三角挡掩紧钉固，并采用小八字形等拉牵加固，如图 2-2-11 所示。

4）爬装

爬装时，爬装在前部车厢内的前轮不需加固，但后轮前后均用三角挡掩紧钉固，并用镀锌铁线斜拉（斜拉线与水平夹角不大于 60°）。爬装车组最后一辆的后轮，应采用小八字形等拉牵加固，如图 2-2-12 所示。

无车厢汽车爬装时，重叠装载两轮轴应上下对齐，并捆在一起（不宜过紧），后轮前后均用三角挡掩紧钉固，并采用小八字形等拉牵加固，如图 2-2-13 所示。

5）防止转动

对回转式货物应采取防止转动措施，并根据货物结构特点在平衡铁处放置支架。

3. 驮背运输

驮背运输时，托运人应采取有效措施防止汽车车厢内或拖车上物品移动、倾覆、倒塌或坠落，装车单位应重点检查确认。

4. 圆柱形、球形货物装载加固

1）圆柱形货物

圆柱形货物可选用适当规格和材质的凹木、三角挡、座架等材料和装置，并采取腰箍下压、拉牵等方式进行加固。

2）球形货物

球形货物应选用适当规格、具有足够强度、能保证货物稳定的座架，货物底部不得与车地板接触。对无拴结点、加固较为困难的球形货物，可在球体上部采用套圈，套圈四处拉牵牢固。

【例 2-2-2】YZ12J 型压路机装载加固作业

【解】方案编号：080304

压路机（Ⅳ）

（1）货物规格：YZ12J 型，外形尺寸 5 545 mm×2 370 mm×3 035 mm，件重 12 t，前轮（压轮）直径 1 520 mm、宽 2 130 mm，后轮（轮胎式）直径 1 590 mm。

（2）准用货车：木地板平车。

（3）加固装置：钢制底托。

（4）加固材料：8 号镀锌铁线，圆钢钉或扒锔钉，400 mm×360 mm×240 mm 三角挡。

（5）装载方法：沿车辆纵中心线顺向对称装 2 台，台间距不得小于 100 mm；装 1 台时，货物重心投影位于货车的纵、横中心线的交叉点上。

（6）加固方法：

① 在压路机轮胎前后均用三角挡掩紧，并与车地板钉固。

② 在每个压轮下加垫 2 个底托，每个底托用 8 枚圆钢钉与车地板钉固。

③ 在每一货物两侧，用镀锌铁线 16 股分别拉牵 2 个八字形，捆绑在车侧丁字铁或支柱槽上。

（7）其他要求：

① 门窗锁闭，制动装置全部制动，变速器置于初速位置，制动手柄或拉杆用镀锌铁线捆绑牢固。

② 加固线与货物和车辆棱角接触处采取防磨措施。

③ 钢制底托应用厚不小于 5 mm 的钢板和三角挡制作，三角挡间的中心距（*b*），依据压轮直径大小确定，并应固定在底托钢板上。

作业流程见下表：

1. 装车前要正确选择车辆；
2. 要求车体完整良好，配件齐全

1. 货物重心位于车辆纵、横中心线的交叉点上； 2. 每个车轮下放置两个钢托，将钢托与车地板钉固	
在压路机车轮前后均用三角挡掩紧，并与车地板钉固	
在每一货物两侧，用直径 12.5 mm 的钢丝绳分别拉牵 2 个八字，捆绑在车侧丁字铁或支柱槽上	
在压路机两端中部加固点上，用直径 12.5 mm 的钢丝绳两侧各拉牵一道，捆绑在车侧丁字铁或支柱槽上	
在压路机前后车轮加固点上，用直径 6.5 mm 的盘条 6 股各拉牵一道捆绑在车侧丁字铁或支柱槽上	

续表

1. 各加固线与货物和车辆棱角接触处采取防磨措施；并将驾驶室两侧车门用 8 号镀锌铁线捆固； 2. 装后清理车地板杂物，并将车辆两端板用 8 号镀锌铁线捆固	

任务训练

1. 某车站装运一批压路机，需用 8 号镀锌铁线拉牵加固，制作的牵拉铁索每根长 2 600 mm，能够承受 15 600 N 的拉力，请计算每根应为多少股？（8 号镀锌铁线破断拉力 4 312 N）。

2. 10 t 载重汽车一辆，重 10.27 t，长 7 m，宽 2.5 m，高 2.91 m，三轴全驱动（每轴均可挂挡），重心高 1 m，位于汽车纵中心线所在垂直平面上距前端 3.1 m 处，车轮外径 1 100 mm，轮距 2 000 mm。加固示意如图 2-2-14 所示。试确定装载加固方案。

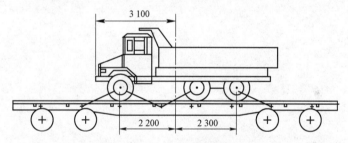

图 2-2-14 10 t 载重汽车装载加固示意图（单位：mm）

3. 某车站装运一批压路机，货物规格为 YZ12J 型，外形尺寸 5 545 mm×2 370 mm×3 035 mm，件重 12 t，前轮（压轮）直径 1 520 mm、宽 2 130 mm；后轮（轮胎式）直径 1 590 mm。请办理这批货物的发送、途中、到达作业（自拟条件）。

复习思考题

1. 货物装载加固的基本要求是什么？
2. 货物免于集重的方法有哪些？
3. 货物在运行中受到哪些力的作用？
4. 货物稳定性的检验包括哪几个方面？
5. 举例说明常用加固材料的种类及用途。
6. 叙述装载加固方案的制定程序。

项目 3
超限、超重货物运输组织

项目描述

超限、超重货物运输对保障国家重点工程建设和国防建设需要、促进国民经济发展具有重要意义。通过本项目的学习，使学生能正确掌握超限、超重货物的运输组织方法，合理选择超限、超重货物运输车辆，正确办理超限、超重货物的发送、途中和到达作业。

任务 3.1 超限、超重货物定义及等级划分

教学目标

1. 能力目标
能根据各级限界尺寸正确判定超限货物，合理选择装载超限货物车辆，正确测量超限货物。

2. 知识目标
掌握超限、超重货物定义，掌握超限货物的等级划分，掌握超限货物的测量方法与要求。

工作任务

甲站发到乙站设备 1 件，长 9 000 mm，宽 2 900 mm，货物中心高 2 700 mm 处左宽 0 mm、右宽 1 350 mm，第一侧高 2 510 mm 处左宽 1 450 mm、右宽 1 350 mm，第二侧高 2 000 mm 处左宽 1 450 mm、右宽 1 360 mm，第三侧高 1 400 mm 处左宽 1 500 mm、右宽 1 400 mm，第四侧高 500 mm 处左宽 1 500 mm、右宽 1 400 mm，重量 35 t，重心高度 1 300 mm。请绘制该货物的三视图，标明尺寸，并分析、判定该货物是否超限。

相关知识

3.1.1 超限、超重货物定义

1. 铁路限界
为了确保机车车辆运行的安全，防止机车车辆在运行中与建筑物或设备相接触，铁路规定了各种限界，主要有机车车辆限界、各级超限限界与建筑限界等，限界基本轮廓如图 3-1-1 所示。

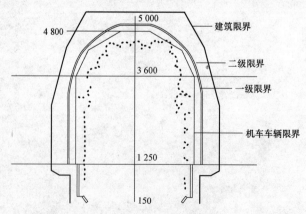

图 3-1-1 限界基本轮廓图

1）机车车辆限界

机车车辆限界是指机车、车辆在设计制造时，各部位距钢轨平面最高和距线路中心线的垂直面最大尺寸的轮廓图。机车车辆无论空、重状态，均不得超出机车车辆限界。客货共线铁路机车车辆限界，其最大半宽为 1 700 mm，最大高度为 4 800 mm。

2）《铁路超限超重货物运输规则》（简称《超规》）规定的各级限界

（1）一级超限限界。一级超限货物装载的限界轮廓图如图 3−1−2 所示，超过此限界即为二级超限。其最大半宽为 1 900 mm，最大高度为 4 950 mm。

（2）二级超限限界。二级超限货物装载的限界轮廓图如图 3−1−3 所示，超过此限界即为超级超限。其最大半宽为 1 940 mm，最大高度为 5 000 mm。二级超限限界下部限界如图 3−1−4 所示。

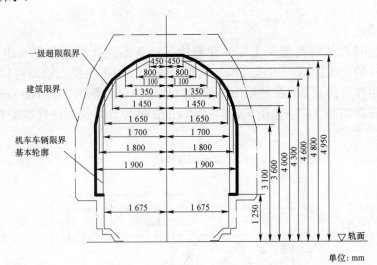

单位：mm

图 3−1−2　一级超限货物装载的限界轮廓

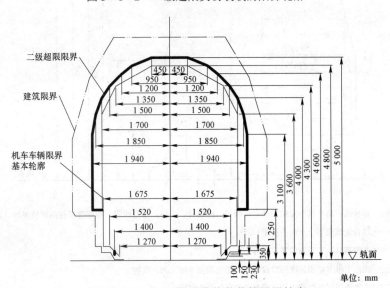

单位：mm

图 3−1−3　二级超限货物装载的限界轮廓

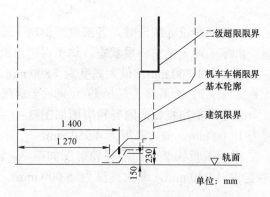

图 3-1-4 二级超限限界下部限界

3）建筑限界

建筑限界是指在线路两侧及上部的建筑物、设备距钢轨平面最低和距线路中心线的垂直面最窄尺寸的轮廓图。一切建（构）筑物、设备，均不得侵入铁路建筑限界。与机车车辆有直接互相作用的设备，在使用中不得超过规定的侵入范围。$v \leqslant 160$ km/h 时客货共线铁路基本建筑限界如图 3-1-5 所示，$v > 160$ km/h 时客货共线铁路建筑限界如图 3-1-6 所示。

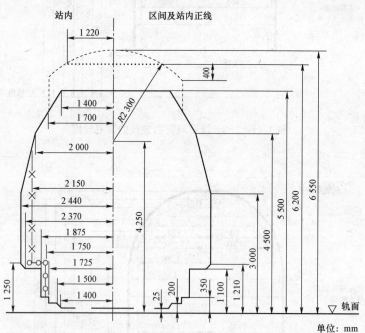

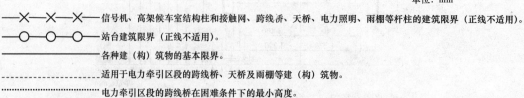

图 3-1-5 $v \leqslant 160$ km/h 时客货共线铁路基本建筑限界

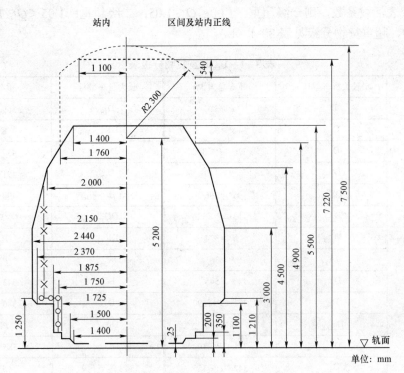

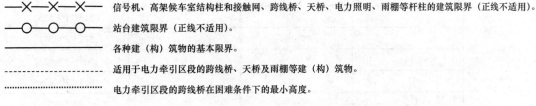

信号机、高架候车室结构柱和接触网、跨线桥、天桥、电力照明、雨棚等杆柱的建筑限界（正线不适用）。

站台建筑限界（正线不适用）。

各种建（构）筑物的基本限界。

适用于电力牵引区段的跨线桥、天桥及雨棚等建（构）筑物。

电力牵引区段的跨线桥在困难条件下的最小高度。

图 3-1-6 *v*＞160 km/h 时客货共线铁路基本建筑限界

铁路局应对超限货物运输线路实际建筑限界实行动态管理，确保限界资料完整、准确。

铁路局应积极运用信息化技术，应用限界管理及超限、超重货物运输辅助决策系统，实现数据管理与运用信息化，不断提高安全保障和专业管理水平。

2. 超限货物定义

货物装车后，车辆停留在水平直线上，货物的任何部位超出机车车辆限界基本轮廓者或车辆行经半径为 300 m 的曲线时，货物的计算宽度超出机车车辆限界基本轮廓者，均为超限货物。具体可分为下列两种情况。

（1）货物装车后，在平直线路上停留时，货物的任何部位超出机车车辆限界基本轮廓，称为超限货物。

（2）货物装车后，在平直线路上虽然不超限，但当行经在半径为 300 m 的曲线线路上时，货物的计算宽度超出机车车辆限界基本轮廓时，也属超限货物。

3. 超重货物

装车后，重车总重活载效应超过桥涵设计标准活载（中—活载）的货物，称为超重货物。根据货物的超重程度，超重货物分为三个等级：一级超重、二级超重和超级超重。

设 Q 代表活载系数，则一级超重：$1.00<Q\leqslant1.05$；二级超重：$1.05<Q\leqslant1.09$；超级超重：$Q>1.09$。超重货物分级见表 3-1-1。

表 3-1-1　超重货物分级表

等级	长大货车型号	重车总重 P/t	长大货车型号	重车总重 P/t
一级	D_2	$P>314$	D_{28}	$369<P\leqslant388$
	D_{2A}	$P>329$	DK_{29}	$370.8<P\leqslant389.5$
	D_{2G}	$326<P\leqslant342$	D_{30G}	$437<P\leqslant459$
	D_{18A}	$P>310$	D_{32}	$491<P\leqslant515$
	DK_{23}	$P>296$	350 t 落下孔车	$490<P\leqslant514$
	D_{23G}	$310<P\leqslant326$	DQ_{35}	$P>508$
	D_{25A}	$P>374$	DK_{36}	$P>545.7$
	DA_{25}	$P>361$	DK_{36A}	$P>521.3$
	D_{32A}	$P>545$	D_{38}	$543<P\leqslant571$
	D_{26}	$371<P\leqslant390$	D_{45}	$580<P\leqslant609$
	D_{26AK}	$P>332$	DA_{37}	$P>542.2$
	D_{26B}	$371<P\leqslant390$	DQ_{45}	$585<P\leqslant615$
二级	D_{2G}	$342<P\leqslant355$	350 t 落下孔车	$P>514$
	D_{23G}	$P>326$	D_{32}	$515<P\leqslant535$
	D_{26}	$P>390$	D_{38}	$571<P\leqslant592$
	D_{26B}	$P>390$	D_{45}	$609<P\leqslant632$
	D_{28}	$P>388$	DQ_{45}	$615<P\leqslant638$
	D_{30G}	$P>459$	DK_{29}	$P>389.5$
超级	D_{2G}	$P>355$	D_{45}	$P>632$
	D_{32}	$P>535$	DQ_{45}	$P>638$
	D_{38}	$P>592$		

【例 3-1-1】一件 600 MW 的发电机定子，货物外形尺寸为 10 350 mm×4 032 mm×4 292 mm，安装托钩后运输尺寸为 11 830 mm×4 032 mm×4 875 mm；件重 298 t，运输重量 328 t，重心位于货物长度和宽度的中央，距定子底面 2 177 mm。试确定装载车辆及超重等级。

【解】选用 D_{38} 型钳夹车装载，车辆参数为：标记载重 380 t，自重 230 t，装载时对称于车辆纵横中心线装载。

这时 $P=328+230=558(t)$，因为 $543<P\leqslant571$，查表 3-1-1 可知该货物为一级超重。

3.1.2　超限货物等级的划分

1. 超限货物等级的划分

根据货物的超限程度，超限货物分为三个等级：一级超限、二级超限和超级超限。

1）一级超限

自轨面起高度在 1 250 mm 以上超限但未超出一级超限限界者为一级超限。

2）二级超限

超出一级超限限界而未超出二级超限限界者，以及自轨面起高度在 150 mm 至未满 230 mm 间超限但未超出二级超限限界者为二级超限。

3）超级超限

超出二级超限限界者，以及自轨面起高度在 230 mm 至 1 250 mm 间超限者为超级超限。

"机车车辆限界基本轮廓、各级超限限界与建筑限界距离线路中心线所在垂直平面尺寸表"见附录 C。

2. 超限货物类型

根据货物超限部位所在的高度，超限货物分为三种类型：上部超限、中部超限和下部超限。

1）上部超限

自轨面起高度超过 3 600 mm，任何部位超限者为上部超限。

2）中部超限

自轨面起高度在 1 250 mm 至 3 600 mm 之间，任何部位超限者为中部超限。

3）下部超限

自轨面起高度在 150 mm 至未满 1 250 mm 之间，任何部位超限者为下部超限。按照超限程度，二级超限和超级超限为下部超限。

3.1.3 超限货物的测量

超限货物的测量是指货物在装车前测量各部位的尺寸和装车后复测各部位的尺寸。

1. 测量的基本要求

测量的尺寸准确与否是关系到计算超限等级、确定运行条件的重要依据。因此要求测量的尺寸要准确，能如实地反映出外形的实际情况。若测量的尺寸大于实际，就会把一般货物误认为超限货物或将超限等级低的提级，从而提高了运输条件，造成不必要的限速、禁止会车、误收运费等；若测得的尺寸小于实际，就可能将超限货物误认为一般货物或降低超限等级，从而降低了运输条件，易于酿成事故，造成损失。测量以 mm 为单位。

2. 测量用的工具

为了准确地测量超限货物的外形尺寸，车站必须备有质量良好的测量工具，并指定专人妥善保管和维修，常用的测量工具及计算用具主要有以下几种：

① 钢卷尺及皮尺；

② 水平尺；

③ 吊锤；

④ 辅助测量用的木板条；

⑤ 小型电子计算器；

⑥ 具有广角镜性能的照相机；

⑦ 袖珍绘画垫板。

3. 装车前测量

装车前，按批准的装载加固方案测量货物尺寸。

1）长度

测量货物的最大长度、支重面长度、重心至端部的距离、检定断面至重心的距离。如图 3-1-7 所示。

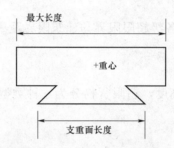

图 3-1-7　货物全长及支重面长

2）高度

自支重面起，测量货物的中心高度、侧高度和重心高度。

（1）中心高度：自支重面起至最大高度处的高度为中心高度。

（2）侧高度：中心高度以下各测点至支重面的高度。如有数个不同侧高度时，应由上至下测出每一个不同的侧高度。

测量侧高度以货物重心为准，按发站列车运行方向分为左、右两侧测量，自上而下顺序按第一侧高度、第二侧高度……分别测出其不同高度，如图 3-1-8 所示。

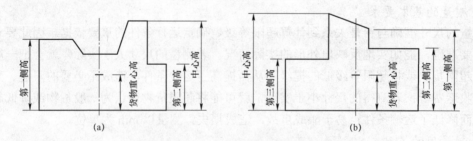

图 3-1-8　货物装车前测量货物高度

（3）重心高度：由托运人提供。

3）宽度

测量中心高度处的宽度和不同侧高度处的宽度。

（1）中心高度处的宽度：指测量中心高度处在货物重心所在纵向垂直平面左侧和右侧的最大宽度。

（2）侧高度处的宽度：指分别测量每一侧高度处，在货物重心所在纵向垂直平面左侧和右侧的最大宽度。如图 3－1－9 所示。

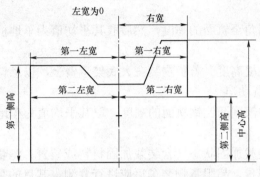

图 3－1－9 装车前宽度的测量

（3）其他情况的宽度：如图 3－1－10 所示，圆弧形货物中心高为 $R+h$，中心宽左右为 R，侧高 h，侧宽为 R。货物上部为圆弧形，应测量并记录表述为自 h（mm）以上为半径 R（mm）的圆弧。货物上部为椭圆形，可选定几个高度分别测量其不同高度和宽度。圆形货物中心高度处的左右宽度为"0"。

不同高度为斜坡形表述为：X 侧高（中心高）－X 侧高之间为斜坡形。

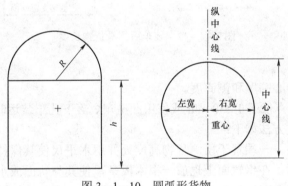

图 3－1－10 圆弧形货物

【例 3－1－2】测量圆形货物。

【解】如图所示。

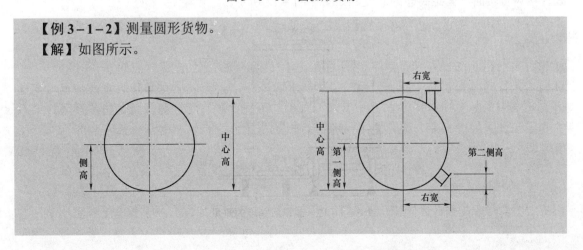

4. 测量车地板高度

测量车地板高度时应将车辆停于平直线路上。

1）普通平车或敞车

分别测量出车地板四角至轨面的高度，然后取其平均值为车地板高度。

2）凹型平车

取车地板中部为车地板高度；若货物装在大底架悬臂上，以悬臂高度为准。

3）球形心盘的长大货物车

分别测量出车地板中部到两侧钢轨面的高度，取其平均值为车地板高度。

5. 装车后测量

装车后，按实际的装载加固状态（含装载加固材料或装置）测量货物尺寸。装车后测量是对货物及车辆总体的测量。超限货物装车后应进行复测，其目的是检查装载状态是否与上级批准指示的装运办法相符，按照装载实际情况填写"超限超重货物运输记录"。

1）长度

（1）突出装载时，测量突出车辆端梁的长度；如两端突出不相等时，应分别测量。

（2）跨装时，测量支距和两支点外方的长度（如图3-1-11所示）。

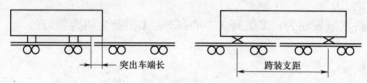

图3-1-11 装车后测量货物长度

2）高度

自轨面起测量其中心高度和侧高度。

货物装车后，计算点低于1 250 mm或使用凹型车、落下孔车装运时，应测量货物计算点至轨面的高度。其测量方法如下：

用一根硬质木板条，一端置于所测货物高度处并用水平尺使其保持水平，另一端伸出车辆侧梁以外，系一吊锤，在钢轨面上也放一根木板条，使其与轨面成水平位置，皮尺沿铅垂线直接量至轨面，其距离即为高度，如图3-1-12所示。

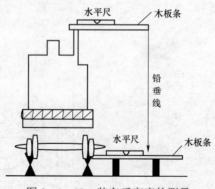

图3-1-12 装车后高度的测量

3）宽度

自车辆纵中心线所在垂直平面起，分别测量中心高度和不同侧高度处在其左侧和右侧的宽度。

（1）将车辆纵中心线移至货物顶面后，再进行测量，其移法如下：

装车前先在车地板上标画车辆纵中心线，装车后在货物顶面两端先后用吊锤对准车辆纵中心线，依垂线竖直方向，在货物顶面确定甲、乙两点，两点之间连线即车辆纵中心线，如图 3-1-13 所示。此时可在货物顶面测量每一高度处的水平宽度。

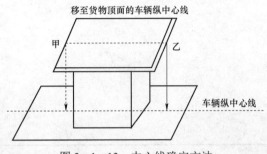

图 3-1-13 中心线确定方法

（2）当货物某高度处的宽度大于车宽的一半时，也可以从该高度处系一吊锤，测量垂线与车地板边的水平距离，再加上车地板的一半，即为该高度处的宽度，如图 3-1-14 所示。

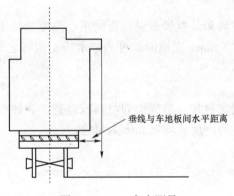

图 3-1-14 宽度测量

3.1.4 铁路超限超重货物运输电报

铁路超限超重货物运输电报分为超限超重货物运输申请电报（简称申请电报）、超限超重货物运输确认电报（简称确认电报）和超限超重车辆挂运申请电报（简称挂运电报）。

1. 申请电报

车站申请电报主送铁路局货运主管部门。铁路局申请电报主送总公司运输局营运部。

1）申请电报主要内容

申请电报主要内容包括：发站、到局、到站，货物概况，货物外形尺寸，拟使用车种、车型及辆数，装载方法，预计装后尺寸，其他特殊运输条件要求等（格式见表 3-1-2）。

表 3-1-2　铁路超限超重货物运输申请电报

1. 发站、到局、到站
2. 货物概况
3. 货物外形尺寸
4. 拟使用车种、车型及辆数
5. 装载方法
6. 预计装后尺寸
7. 其他特殊运输条件要求
×站（×局）超限超重××××号
年　　月　　日

　　2）货物概况

　　货物概况应注明货物品名、件数、重量、全长、支重面长度、货物重心高度。自轮运转货物还应注明自重、长度、轴数、轴距、固定轴距、转向架中心销间距离、运行限制条件以及其他特殊运输条件要求等。

　　货物重量含装载加固材料和装置等重量。货物重心高度含垫木或支架等高度，并须注明其中垫木或支架等高度为××mm。支重面长度为垫木或支架等之间距离时，须注明两横垫木或支架之间距离为××mm。

　　3）货物外形尺寸

　　货物外形尺寸应包括固定包装、装载加固材料或装置，表述必须完整、准确。不同高度处的宽度按自上而下顺序排列，尺寸均以 mm 为单位。

　　（1）一个高度。

　　中心高××——××mm 处左宽××mm，右宽××mm。

　　（2）两个高度。

　　中心高××mm 处左宽××mm，右宽××mm；

　　侧高××mm 处左宽××mm，右宽××mm。

　　（3）三个及以上高度。

　　中心高××mm 处左宽××mm，右宽××mm；

　　一侧高××mm 处左宽××mm，右宽××mm；

　　二侧高××mm 处左宽××mm，右宽××mm。

　　（4）圆弧形货物。

　　×侧高（中心高）××——××mm 处为××mm 半径圆弧，并注明圆心位置。

　　（5）不同高度之间为等宽。

　　×侧高（中心高）××——××mm 处左宽××mm，右宽××mm。

（6）不同高度之间为斜坡形。

×侧高（中心高）——×侧高之间为斜坡形。

（7）同一高度左右两侧等宽。

×侧高（中心高）××mm 处宽各××mm。

一般情况下，货物外形尺寸采用同一高度处左右等宽方式表述，等宽宽度取左右宽度的最大数值。特殊需要时，采用左右宽度实际数值表述。

4）装载方法

装载方法主要包括不突出车端板装载、突出车端板装载和两车跨装装载等三种方式。

（1）不突出车端板装载。

不突出车端板装载时注明每车装载件数及合装、分装等具体装载方法。

（2）突出车端板装载。

突出车端板装载除需注明本条第 1 款规定内容外，还应注明货物突出车端的长度、突出端的宽度及高度，两端同时突出的应分别注明。需要使用游车的，注明使用游车的车种及辆数。

（3）两车跨装装载。

两负重车中间或两端需要使用游车的，注明中间或两端使用游车的车种及辆数。注明货物跨装支距、突出支点长度和突出端的宽度及高度，同时突出两支点的应分别注明。

5）拟使用车种、车型及辆数

车种、车型及辆数应根据货物件数、尺寸、重量及装载要求等合理选择，科学确定。

6）预计装后尺寸

预计装后尺寸高度自轨面开始计算，宽度自车辆纵中心线所在垂直平面开始计算，按货物外形尺寸表述方式规定表述（圆心位置表述时，应明确圆心高度和圆心距车辆纵中心线的水平距离）。预计装后尺寸必须完整、准确，保证预计货物装后的各不同高度处的最大计算宽度对应的部位不遗漏。

7）其他特殊运输条件要求

特殊运输要求是指为保证货物和超限车的铁路运输安全，根据货物自身性质及超限车的技术条件，必须明确的特殊运输限制条件等。如：变压器运输时，托运人提出的途中运输加速度不得超过 3g；自轮运转货物的最高运行速度、曲线限速、侧向过岔限速及通过最小曲线半径限制；超限车的最高运行速度、曲线限速、侧向过岔限速及通过最小曲线半径限制等。

2. 确认电报

总公司运输局确认电报主送始发、经由和到达铁路局货运主管部门。

铁路局确认电报主送发站、本局调度所、发站所在地车辆段及沿途货检站等；根据需要主送本局其他相关站段，抄送本局运输、工务、电务、车辆、机务、供电处等。铁路局直接确认的本局发送的超限超重货物运输电报须抄送经由和到达铁路局货运主管部门。铁路局接到发布的确认电报后，应结合管内的实际情况及时确认转发。对需临时改变建筑物、固定设备的，应在电报中详细指明。

1）确认电报主要内容

确认电报主要内容包括：发站、经由、到站，货物概况，使用车种、车型及辆数，装载方法，货物装后尺寸，装运办法等（格式见表 3-1-3）。

表 3-1-3　铁路超限超重货物运输确认电报

1. 发站、经由、到站
2. 货物概况
3. 使用车种、车型及辆数
4. 装载方法
5. 货物装后尺寸
6. 装运办法

铁总（×局）超限超重××××号
年　月　日

发到站和经由的铁路线路须已开办超限超重货物运输业务。经由的铁路正线（区段），根据超限货物装后尺寸、超重货物等级，相关铁路正线（区段）的限界、线桥承载能力，结合车流径路、列车编组计划等正确确定。超限、超重货物应经由最短径路运输，但受到建筑限界或其他不利因素影响时，可指定径路运输。跨铁路局运输的，经由以铁路局间分界站表述。

货物概况、装载方法、装后尺寸参照申请电报表述。确定使用车种、车型及辆数时，还应根据货物重量和经由铁路线桥承载能力，确定超限超重车两端加挂的隔离车车种、辆数等。

2）装运办法

装运办法必须准确、具体、完整。使用《铁路超限超重货物运输电报代号》（见表 3-1-4）中规定的电报代号加文字表述，无代号的应直接用文字准确、具体、完整、规范地表述。

表 3-1-4　铁路超限超重货物运输电报代号

顺序	代字	被代用的文字	附注
1	A	超限等级	代号后写几级
2	C	凡距线路中心线几毫米，高度超过几毫米，如道岔表示器等设备，在列车通过前拆除，通过后立即恢复正常位置	代号后分子为距线路中心线宽度的毫米数，分母为自轨面起高度的毫米数
3	D	通过接近限界的限制速度，按《超规》第四十二条办理	
4	E	禁止接入距离线路中心线几毫米，高度超过几毫米的站台线路	代号后分子为距线路中心线宽度的毫米数，分母为自轨面起高度的毫米数
5	G	最高运行速度	代号后写限速值
6	K	会车条件按《超规》第四十一条办理	
7	L	通过 300 m 及以下半径曲线线路时的限制速度	代号后写限速值
8	M	途中货检站按规定检查无碍后继续运送	

续表

顺序	代字	被代用的文字	附注
9	N	各邻接调度所密切联系，注意运行状态，接运和挂运按《超规》第三十六和三十九条办理	
10	P	需要货物转向架和使用车钩缓冲停止器	
11	R	货物重心高度	代号后写毫米数
12	S	重车重心高度	代号后写毫米数
13	W	经过侧向道岔的限制速度	代号后写限速值
14	Z	超重等级	代号后写几级

装运办法表述示例见表 3-1-5。

表 3-1-5 装运办法表述示例

装运办法	表　述
重车重心不超高时	(1) A×级超限；(2) Z×级超重；(3) KMN
重车重心超高时	(1) A×级超限；(2) Z×级超重；(3) R 1 950 mm；(4) S 2 029 mm；(5) G 50 km/h；(6) L 20 km/h；(7) W 15 km/h；(8) KMN
较复杂情况时	(1) A×级超限；(2) Z×级超重；(3) G 50 km/h；(4) R≥600 m，限速 40 km/h；600 m>R≥400 m，限速 30 km/h；400 m>R≥300 m，限速 20 km/h；R<300 m，限速 10 km/h；(5) W 15 km/h；(6) 禁止侧向通过 8 号及以下道岔；(7) 禁止通过半径小于 250 m 的曲线线路；(8) 禁止通过驼峰和高站台线路、禁止溜放和冲撞；(9) KMNP；(10) 附车辆技术鉴定书一份；(11) 成组运输不得拆解，该机组挂列车尾部（专列除外）；(12) 严格按铁总要求办理

3. 挂运电报

车站挂运电报主送铁路局调度所，抄送铁路局货运主管部门。

挂运电报主要内容包括：确认电报号，发站、到站，货物品名、件数，使用车种、车型、车号（含游车、隔离车）及辆数，装载完毕时间，装后尺寸复测情况，装后货物装载加固状态及车辆状态检查确认情况等（格式见表 3-1-6）。

表 3-1-6 超限超重车辆挂运申请电报

奉 ×（局）超限超重 ××××号电报，××站发××站的××（货物品名）×件，使用××［车种、车型、车号（含游车、隔离车）］×辆装运，×级超限×级超重，已于×月×日×时装载（检查）完毕，经复测（检查），货物装后尺寸符合确认电报要求，装载加固状态良好，请求挂运。

××站××号

年　月　日

注：具体内容由铁路局结合实际自行规定。

4. 电报编号及印章

（1）超限超重运输电报编号实行年度循环制，以阿拉伯数字顺序编号，本年度确认电报有效期截止到下年度1月31日，逾期未装运的须重新申请确认电报。

（2）总公司运输局确认电报编号为：铁总超限超重××××号。铁路局申请、确认电报编号为：×（铁路局简称）超限超重××××号。如哈尔滨局为：哈超限超重××××号。车站申请电报编号为：×站超限超重××××号。车站挂运电报编号原则和方法由铁路局自行规定。

（3）总公司运输局确认电报加盖"中国铁路总公司运输局超限超重货物运输专用章"，铁路局申请、确认电报加盖"××铁路局××处超限超重货物运输专用章"，式样如图3—1—15所示。车站申请电报、挂运电报加盖的印章由铁路局自行规定。

规格：直径38 mm   规格：直径36 mm

图3—1—15   超限超重货物运输专用章式样

【例3—1—3】某托运人从淄博站托运钢架梁一件，货物重量50 t，货长12 000 mm、支重面长度9 300 mm，重心高1 800 mm，到站株洲北，货物外形端视图尺寸如图3—1—16所示，货物测量尺寸与托运人提供尺寸相符。该货拟用 N_{17K} 型平车装运。请拟发超限超重货物运输申请电报（N_{17K} 资料：自重19.7 t，重心高723 mm，销距9 000 mm，车地板高度1 211 mm）。

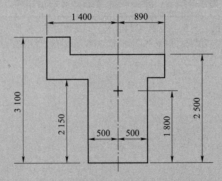

图3—1—16   货物外形端视图尺寸（单位：mm）

【解】拟发铁路超限超重货物运输申请电报见表3—1—7。

表 3-1-7 铁路超限超重货物运输申请电报

报文:

1. 发站 淄博、到局 广州、到站 株洲北

2. 货物概况

钢架梁一件,货物重量 50 t,长 12 000 mm,支重面长度 9 300 mm,重心高 1 800 mm。

3. 货物外形尺寸

中心高 3 100 mm 处左宽 1 400 mm,右宽 0 mm;

第一侧高 2 500 mm 处左宽 1 400 mm,右宽 890 mm;

第二侧高 2 150～0 mm 处左右宽各 500 mm。

4. 拟使用车种、车型及辆数

使用 N_{17K} 型平车 1 辆。

5. 装载方法

装载均匀对称,使货物重心位于车辆纵横中心线的交叉点上。

6. 预计装后尺寸

中心高 4 311 mm 处左宽 1 400 mm,右宽 0 mm;

第一侧高 3 711 mm 处左宽 1 400 mm,右宽 890 mm;

第二侧高 3 361～1 211 mm 处左右宽各 500 mm。

7. 其他特殊运输条件要求

预计装后重车重心高 2 364 mm,区间限速 50 km/h。

淄博站(济南局)超限超重 06 号

2018 年 6 月 8 日

🔩 任务训练

1. 默画机车车辆上部限界图。要求:图形工整,尺寸比例适中,数字准确。

2. 请根据货物外形图标画出货物的中心高度、不同侧高度,中心高度处和不同侧高度处的左、右宽度。

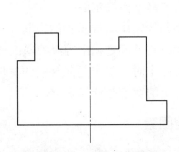

3. 某托运人从济南局甲站托运履带式车辆一件到郑州局乙站,货物重量 37.5 t,货长 11 000 mm、支重面长度 4 000 mm,重心高 950 mm,中心高 2 930 mm 处宽各 255 mm;第一侧高 1 620 mm 处宽各 1 630 mm;第二侧高 0～1 500 mm 处宽各 1 710 mm。该货拟用 N_{17K}

型平车装运，货物重心投影位于车辆纵横中心线的交叉点上，均匀装载。请拟发超限超重货物运输申请电报。

任务 3.2 确定超限货物等级

教学目标

1. 能力目标

能正确确定超限货物的偏差量、附加偏差量，正确计算超限货物的计算宽度，确定超限货物的超限等级。

2. 知识目标

掌握超限货物计算宽度的主要因素，掌握超限等级的确定方法。

工作任务

2018 年 6 月 10 日某站装运外部形状规则、均重设备一件，重量为 45 t，货物外形尺寸为 15 000 mm×3 400 mm×2 000 mm，货物一端突出装载在 N_{17K} 型平车（自重 19.7 t，车宽 2 980 mm，车长 13 000 mm，转向架中心距 9 000 mm，重心高 723 mm，车地板高 1 211 mm）上，突出端加挂一辆 N_{17K} 型平车做游车，车地板与货物间横垫木高 180 mm。请确定货物超限等级。

相关知识

超限货物超限等级是以计算点所在检定断面的计算宽度（或实宽）和相对应的计算高度查超限等级表（《超规》附件四）而确定。

计算点是指超限货物任意一个部位，需要计算超限等级的点。此点是以计算点至线路中心线垂直面的宽度和至钢轨平面的高度而确定的。

检定断面是指计算点所在的与线路中心线垂直的横断面。坐标轴以钢轨平面为横坐标，以线路中心线的垂直线为纵坐标，它是确定超限等级的横断面。

当超限货物车行经在平直线路上时，确定超限等级的宽度是实测宽度；当超限货物车行经在曲线线路上时，确定超限等级的宽度是计算宽度。

3.2.1 确定计算宽度的主要因素

确定计算宽度的主要因素有：货物检定断面的实测宽度；货物偏差量；附加偏差量；曲线线路建筑限界内外侧水平距离的加宽值。

1. 货物检定断面的实测宽度

货物检定断面的实测宽度是指计算点至负重车纵中心线垂直面的水平距离。通常用米尺测量而定，用符号"B"表示。

2. 货物偏差量

当超限车行经在平直线路上时，两转向架中心销的垂直投影落在线路中心线上，货车纵中心线与线路中心线相重合。当超限车行经在曲线线路上时，两转向架中心销的垂直投影落在线路中心线上，而货车纵中心线在两销间偏向内方，称为内偏差；在两销之外偏向外方，称为外偏差，用符号"C"表示。此值可计算确定。

3. 附加偏差量

附加偏差量是当车辆走行部分游间和曲线处轨距加宽所产生的附加偏差量。此值仅在计算外偏差量时才计算，用符号"K"表示。

4. 曲线线路建筑限界内外侧水平距离的加宽值

《超规》所采用的曲线内外侧水平距离加宽值为 36 mm，它是以车长为 13.2 m，销距为 9.35 m 的平车，行经半径为 300 m 的曲线线路所产生的内、外偏差量（均为 36 mm）作为曲线线路建筑限界内外侧水平距离的加宽值。在确定曲线线路建筑接近限界的实际宽度时，已考虑了该值，所以确定计算宽度时，须减去 36 mm。

计算宽度（用"X"表示）为上述因素的代数和。

3.2.2　货物偏差量 C

1. 偏差量的命名

在图 3-2-1 中，圆弧为半径 300 m 曲线（《超规》规定，以行经半径 300 m 的曲线线路时的计算宽度作为确定超限等级的依据）的线路中心线；AB 直线为货车纵中心线，M、N 为货车两转向架中心销在线路中心线上的投影。

当货物的检定断面位于装载车两转向架中心销之间任何部位时，称为内偏差，以"$C_内$"表示，当货物的检定断面位于装载车两转向架中心销之间的中央部位时为最大。当货物的检定断面位于装载车两转向架中心销外方货物的任何部位时，称为外偏差，以"$C_外$"表示，当货物的检定断面位于装载车两转向架中心销外方的端部时为最大。

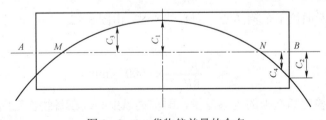

图 3-2-1　货物偏差量的命名

2. 一车负重时偏差量的计算

用一辆六轴及以下货车装载时，货物内偏差计算、货物外偏差计算如图 3-2-2、图 3-2-3 所示。

当货物的检定断面位于车辆两心盘中心之间时，在图 3-2-2 中，AB 表示车辆纵中心线，KD 表示曲线直径，M、N 表示车辆转向架中心销，l 表示两转向架中心销间距。

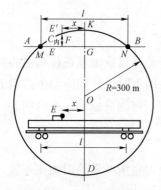

图 3-2-2 货物内偏差计算示意图

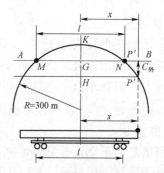

图 3-2-3 货物外偏差计算示意图

在直角 $\triangle KGN$ 和直角 $\triangle NGD$ 中，GN 为 KG 和 GD 的比例中项，所以有：

$$KG = \frac{GN^2}{GD} = \frac{GN^2}{KD - KG} = \frac{\left(\frac{l}{2}\right)^2}{2R - KG}$$

由于 $2R$ 远大于 KG，将 $2R - KG$ 中的 KG 忽略不计，可得：

$$KG = \frac{l^2}{8R}$$

设 x 为计算点所在检定断面至车辆横中心线所在断面的距离，同理可得

$$KF = \frac{(2x)^2}{8R}, \quad KH = \frac{(2x)^2}{8R}$$

由图 3-2-2 可知，当 EG 上移至 $E'F$ 时，内偏差量 $C_{内} = EE' = FG = KG - KF$，即

$$C_{内} = \frac{l^2 - (2x)^2}{8R} \times 1\,000 \quad (\text{mm}) \tag{3-2-1}$$

当 $x = 0$ 时，内偏差量的最大值为

$$C_{内 1} = \frac{l^2}{8R} \times 1\,000 \quad (\text{mm}) \tag{3-2-2}$$

当货物的检定断面位于车辆两心盘中心外方时，由图 3-2-3 可知，外偏差量 $C_{外} = PP' = GH = KH - KG$，即

$$C_{外} = \frac{(2x)^2 - l^2}{8R} \times 1\,000 \quad (\text{mm}) \tag{3-2-3}$$

式中：$C_{内}$——货物检定断面处的内偏差量，即车辆纵中心线在货物检定断面处偏离线路中心线的距离，mm；

$C_{外}$——货物检定断面处的外偏差量，即车辆纵中心线在货物检定断面处偏离线路中心线的距离，mm；

l——车辆转向架中心距（简称"销距"），m；

x——货物计算点所在检定断面至车辆横中心线的距离，m；

R——取 300 m 的曲线半径，《超规》以行经在半径为 300m 的曲线线路上时的计算宽度作为确定超限等级的依据。

偏差量 $C_内$、$C_外$ 计算结果精确到毫米。

3. 使用普通平车跨装时偏差量的计算

使用两辆以上平车跨装运送超限货物，当超限车行经在曲线线路上时，由于跨装负重车上货物转向架的中心销向曲线内方位移，货物在曲线内侧的偏差量将有所增大。其数值取决于负重车销距的长度及货物转向架的跨装支距长度（如图 3-2-4 所示）。

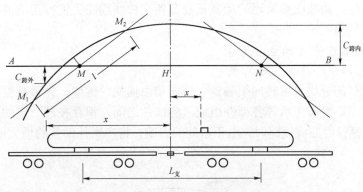

图 3-2-4　跨装货物偏差量计算

（1）当货物的检定断面位于两货物转向架中心销之间时，其内偏差用"$C_{跨内}$"表示。

$$C_{跨内} = \frac{L^2 + l^2 - (2a)^2 - (2x)^2}{8R} \times 1000 \quad (\text{mm}) \qquad (3-2-4)$$

（2）当货物的检定断面位于两货物转向架中心销外方时，其外偏差用"$C_{跨外}$"表示。

$$C_{跨外} = \frac{(2x)^2 - L^2 - l^2 + (2a)^2}{8R} \times 1000 \quad (\text{mm}) \qquad (3-2-5)$$

式中：L——跨装支距，m；

　　　l——负重车的转向架中心距，m；

　　　a——货物转向架中心销偏离所在车辆横中心线的距离，m；

　　　x——货物检定断面至跨装支距中心的距离，m。

4. 用六轴以上长大货物车装载时偏差量的计算

使用多层转向架的特种平车装载超限货物，当超限车行经在曲线线路上时，由于特种平车转向架群的中心销向曲线内方位移，货物在曲线内侧的偏差量将有所增大。其数值取决于负重车销距的长度及特种平车转向架群的支距长度。

（1）当货物的检定断面位于大底架两心盘中心之间时，其计算公式为：

$$C_内 = \frac{L_1^2 + \cdots + L_n^2 - (2x)^2}{8R} \times 1000 \quad (\text{mm}) \qquad (3-2-6)$$

用具有导向装置的长大货物车装载时，$C_内$ 根据车辆使用说明书计算。

（2）当货物的检定断面位于大底架两心盘中心外方时，其计算公式为：

$$C_外 = \frac{(2x)^2 - L_1^2 - \cdots - L_n^2}{8R} \times 1000 \quad (\text{mm}) \qquad (3-2-7)$$

式中：L_1，…，L_n——长大货物车由上向下各层底架心盘中心距，m；其中，n 为长大货物车
　　　　　底架层数；

　　　 x——货物检定断面至车辆横中心线的距离。

3.2.3　附加偏差量 K

超限车行经在曲线线路上时，当货物的外偏差 $C_外$ 大于内偏差 $C_内$ 时，还必须考虑由于车辆走行部分的游间、曲线线路轨距的加宽量及车辆在曲线线路上蛇行运动的摆动量而产生的偏差量，称为附加偏差量。

1. 影响附加偏差量 K 的主要因素

1）车辆走行部分的游间，用 S_1 表示

现行车辆走行部分均采用转向架装置。转向架由摇枕、侧梁、弹簧减振装置、轴箱油润装置、轮对以及下心盘和旁承等各部件组成。各部件之间，都存在着一定的间隙，这些间隙称为游间。当车辆行经曲线线路时，由于游间的影响，将产生外偏差的增大值（如图 3-2-5 所示）。

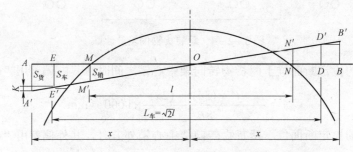

图 3-2-5　货物附加偏差量的计算

$S_销$—车辆中心销的摆动量；$S_车$—车辆两端的摆动量；$L_车$—车地板长；
$S_货$—货物两端的摆动量；x—货物检定断面至车辆横中心线的距离

车辆走行部分的游间值 S_1 为 44 mm，见表 3-2-1。

表 3-2-1　车辆走行部分的游间值

影响因素（50 t 以上车辆）	游间/mm	影响因素（50 t 以上车辆）	游间/mm
轴瓦及轴领间	14	架柱与摇枕之间	—
轴瓦纵向磨耗	14	侧架与摇枕挡面	5
轴箱导枢与轴箱	5	合计	44.5
上、下心盘之间	6.5	走行部分 S_1 取值	44

2）曲线线路轨距的加宽量，用 S_2 表示

为了使机车车辆能顺利通过曲线，防止外轨侧面磨耗和抵压外轨，曲线线路轨距应适当加宽。

（1）最不利条件下的曲线最大轨距。

$S_{最大}$＝车辆最小内侧距＋最小轮缘厚度＋车辆内侧至踏面变坡点最小距离－轨头圆角半径

　　　＝1 350＋22＋97－13

　　　＝1 456（mm）

（2）轮对轮缘外侧的最小距离。

$S_{最小} = 1\,350 + 22 \times 2 = 1\,394$（mm）

（3）车辆由中央向一侧移动的最大距离。

$S_2 = (S_{最大} - S_{最小})/2 = (1\,456 - 1\,394)/2 = 31$（mm）

$S_{销} = S_1 + S_2 = 44 + 31 = 75$（mm）

3）车辆在曲线线路上蛇行运动的摆动量（如图3-2-5所示）

因为 $\qquad\qquad\qquad\qquad \triangle OMM' \backsim \triangle OEE'$

有 $\qquad\qquad\qquad \dfrac{S_{车}}{S_{销}} = \dfrac{\frac{L_{车}}{2}}{\frac{l}{2}}$ 及 $\dfrac{S_{货}}{S_{销}} = \dfrac{x}{\frac{l}{2}}$

又因为 $\qquad\qquad\qquad\qquad \dfrac{L_{车}}{l} \approx 1.4$

则

① 车辆两端的摆动量 $S_{车}$：

$$S_{车} = 1.4 S_{销}$$

② 货物两端的摆动量 $S_{货}$：

$$S_{货} = \frac{2x S_{销}}{l}$$

2. 货物附加偏差量 K 的计算

1）用一辆六轴及以下货车装载时

在确定曲线线路的加宽值时，已经考虑了 $S_{车}$，因而在确定 K 值时，应将 $S_{车}$ 扣除。

货物附加偏差量 $K = S_{货} - S_{车} = \dfrac{2x S_{销}}{l} - 1.4 S_{销}$，代入 $S_{销}$ 值，得

$$K = 75\left(\frac{2x}{l} - 1.4\right) \text{（mm）} \qquad\qquad (3-2-8)$$

2）用普通平车跨装时

$$K = 75\left(\frac{2x}{L} - 1.4\right) \text{（mm）} \qquad\qquad (3-2-9)$$

3）用六轴以上长大货物车装载时

$$K = 75\left(\frac{2x}{L_1} - 1.4\right) \text{（mm）} \qquad\qquad (3-2-10)$$

式中：l——车辆转向架中心距，m；

$\qquad L$——跨装之距，m；

$\qquad L_1$——长大货物车上层底架心盘中心距，m。

注：当 $\dfrac{2x}{l} \leqslant 1.4$、$\dfrac{2x}{L} \leqslant 1.4$、$\dfrac{2x}{L_1} \leqslant 1.4$ 时，货物附加偏差量不计算。

同一件货物，当计算点不同时，K 值也不同。

3.2.4 确定计算宽度

（1）当货物的检定断面位于车辆两心盘中心之间时，其计算公式为：

$$X_内 = B + C_内 - 36（mm）\qquad(3-2-11)$$

（2）当货物的检定断面位于车辆两心盘中心外方时，其计算公式为：

$$X_外 = B + C_外 + K - 36（mm）\qquad(3-2-12)$$

式中：B——实测宽度，mm，即货物检定断面的计算点至车辆纵中心线所在垂直平面的距离。

3.2.5 超限等级的确定

超限等级是以计算点所在检定断面的计算点宽度及相对应的计算点高度的数值，查《超规》附件四"机车车辆限界、各级超限限界与建筑限界距离线路中心线所在垂直平面尺寸表"（见附录 C）而确定的。

1. 超限等级的确定方法

1）标点

标出需要计算的点：在端视图上标出不同高度、不同宽度的点。

在等宽条件下，计算点在 1 250 mm 以上时，标高不标低；不足 1 250 mm 时，标低不标高。

2）选面（选择检定断面）

在侧视图上选出与所标出的点相对应的检定断面，当高度和宽度相同时，应选偏差量大的检定断面。

在两转向架中心销之间，应选近（靠近货车横中心线）不选远；在两转向架中心销外方，应选远（距转向架中心销）不选近。

3）计算

确定计算点高度、宽度。

（1）计算点高度（$h_计$）。

一般包括货车地板高度、垫木高度和计算点至货物支重面的高度，即：

$$h_计 = h_{车地板} + h_转 + h_货$$

（2）计算点宽度。

由线路中心线的垂直面至计算点的宽度。在直线线路上为货物的实宽；在曲线线路上为货物的计算宽度。

4）查表

根据计算点高度和计算点宽度查《超规》附件四，确定超限等级。

2. 计算点的选择

1）当车辆转向架中心销距小于或等于 9 350 mm 时

$C_内 \leqslant 36$ mm，按实测宽度确定超限等级。

2）当货物为等断面体时

只需计算 $C_内$ 或 $C_外$。若 $2x/l \leqslant 1.4$ 时，计算 $C_内$；若 $2x/l > 1.4$ 时，计算 $C_外$。货物长度较小时，计算 $C_内$，选用销距较小的车辆可以降低超限程度；货物长度较长时，计算 $C_外$，选用销距较大的车辆可以降低超限程度。

3）当使用一辆普通平车装运超限货物时

检定断面位于两转向架中心销之间（中央部位除外）任何部位时，一般不需计算 $C_内$ 和 $X_内$，可直接按货物的实测宽度确定超限等级和运送条件。

4）当使用平车装运超限货物时

只有在下列条件下，方需计算除中央部位外的 $C_内$：

（1）货物转向架中心销（或车辆主梁中心销）间（车辆中央部位除外）有突出部分；

（2）货物突出部分的实测宽度大于其在车辆横中心线处的实测宽度；

（3）有数个突出部分，其突出部分相近，应计算确定计算宽度；

（4）有数个突出部分，其高度、宽度相等时，应以距车辆横中心线最近的突出点作为计算点。

5）当使用平车装运超限货物时

只有在下列条件下，方需计算除货物端部外的 $C_外$：

（1）货物在两转向架中心销（或车辆主梁中心销）外方任何部位（货物端部除外）有突出部分时；

（2）货物突出部分的实测宽度大于货物端部的实测宽度；

（3）若货物有数个突出部分，其高度不同、实测宽度相等时，应以高度最高、距车辆横中心线最远的突出点作为计算点。

6）当货物外形较为复杂时

应自上而下分别计算 $X_内$、$X_外$ 后进行比较，确定超限等级。

【例 3-2-1】长方形塔式起重机座一件，重 45 t，长 9 000 mm，宽 3 800 mm，高 1 400 mm，使用 N_{17T} 型 60 t 平车装运，货物底部选用高度为 140 mm 的横垫木 2 根。装载方法如图 3-2-6 所示。N_{17T} 型车数据：l = 9 000 mm，$h_{车地板}$ = 1 209 mm。试计算超限等级。

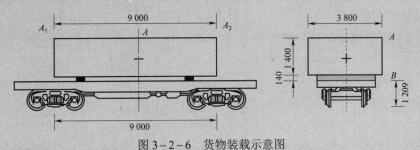

图 3-2-6　货物装载示意图

【解】

（1）标计算点

在端视图上 A、B 两点均在 1 250 mm 以上，应标上不标下，计算点应标在 A 点。

（2）选择检定断面

A 点在侧视图上相对应的点为 A_1、A_2，高度相同、宽度相同，均在两销间，应选近不选远，检定断面应在两销间中央部位 A 处。

（3）确定计算点的高度和宽度

A 点应计算 $X_内$：

$$X_内 = B + C_内 - 36 = B_1 + \frac{l^2 \times 1\,000}{8R} - 36 = 1\,900 + \frac{9^2 \times 1\,000}{8 \times 300} - 36 = 1\,898\ (\text{mm})$$

计算宽度小于实测宽度时，按实测宽度 B 取 $1\,900$ mm。

$$H = h_车 + h_垫 + h_货 = 1\,209 + 140 + 1\,400 = 2\,749\ (\text{mm})$$

（4）确定超限等级

根据计算点的宽度和高度 $X_内 = 1\,900$ mm，$H = 2\,749$ mm，查《超规》，该货属于中部一级超限。

【例 3-2-2】钢梁一件重 45 t，长 15 000 mm，宽 3 400 mm，高 2 000 mm，使用 N_{17K} 型 60 t 平车一辆一端突出装运，用 60 t 平车一辆做游车，使用垫木高度为 180 mm。装载方法如图 3-2-7 所示。N_{17K} 型平车数据：$l = 9\,000$ mm，$L_车 = 13\,000$ mm，$h_{车地板} = 1\,211$ mm。试计算超限等级。

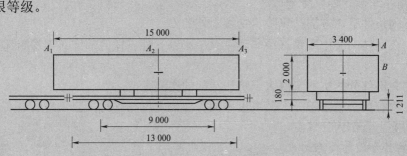

图 3-2-7　货物装载示意图

【解】

（1）标出计算点

高度不同的 A、B 两点，均在 $1\,250$ mm 以上，应标上不标下，计算点应标在 A 点。

（2）选择检定断面

计算点 A 在侧视图上相对应的点为 A_1、A_2、A_3，在两销间选内不选外，计算点应选 A_2 点；在两销外应选远不选近，计算点应选 A_1 点。

计算点 A_1 处货物的计算长度：

$$2x = 2\left(L_货 - \frac{L_车}{2}\right) = 2 \times \left(15\,000 - \frac{13\,000}{2}\right) = 2 \times 8\,500 = 17\,000\ (\text{mm})$$

由于 $\dfrac{2x}{l} = \dfrac{17\,000}{9\,000} = 1.9 > 1.4$，$C_外 > C_内$，故检定断面应选在货物突出长端 A_1 点。

（3）计算偏差量和附加偏差量

A_1 点应计算 $C_外$ 和 K：

$$C_外 = \frac{(2x)^2}{8R} - \frac{l^2}{8R} = \left(\frac{17^2}{8 \times 300} - \frac{9^2}{8 \times 300}\right) \times 1\,000 = 120 - 34 = 86\ (\text{mm})$$

$$K = 75\left(\frac{2x}{l} - 1.4\right) = 75 \times \left(\frac{17}{9} - 1.4\right) = 37\ (\text{mm})$$

（4）计算宽度和高度

$$X_外 = B + C_外 + K - 36 = 1\,700 + 86 + 37 - 36 = 1\,787\ (\text{mm})$$

$$h_{计} = h_{车地板} + h_{垫} + h_{货} = 1\,211 + 180 + 2\,000 = 3\,391\,（mm）$$

（5）确定超限等级

根据 $X_{外} = 1\,787$ mm，$h_{计} = 3\,391$ mm，查《超规》，该货属于中部一级超限。

【例 3-2-3】圆筒形炼油塔一件，重 45 t，长 29 000 mm，直径 3 300 mm。使用 N17K 型 60 t 的平车两辆负重，用 N17K 型 60 t 的平车一辆做中间游车，装载方法如图 3-2-8 所示，货物转向架高度 $h_{转} = 550$ mm，货物两转向架间支距 $L_{支} = 25\,370$ mm。N17K 型 60 t 的平车数据：$l = 9\,000$ mm，$L_{车} = 13\,000$ mm，$h_{车地板} = 1\,211$ mm。试计算超限等级。

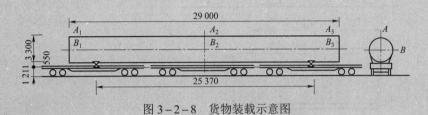

图 3-2-8　货物装载示意图

【解】

（1）标出计算点

在端视图上标出不同高度、不同宽度的 A、B 两点。

（2）选择检定断面

选择检定断面计算点 A 在侧视图上相对应的点是 A_1、A_2、A_3；计算点 B 在侧视图上相对应的点是 B_1、B_2、B_3。

游车中央部位 A_2、B_2 点，应计算 $C_{跨内}$：

$$C_{跨内} = \frac{l_{支}^2 + l^2}{8R} \times 1\,000 = \frac{25.37^2 + 9^2}{8 \times 300} \times 1\,000 = 302\,（mm）$$

$$K = 75 \times \left(\frac{2x}{L_{支}} - 1.4 \right) = 75 \times \left(\frac{29}{25.37} - 1.4 \right) = 0\,（mm）$$

因为内偏差大于外偏差，所以检定断面选在两支点间中央部位 A_2、B_2 处。

（3）确定计算点宽度和计算点高度

A_2 点：

$$X_{内} = B + C_{内} - 36 = 0 + 302 - 36 = 266\,（mm）$$

$$h_{A计} = h_{车地板} + h_{转} + h_{货计} = 1\,211 + 550 + 3\,300 = 5\,061\,（mm）$$

B_2 点：

$$X_{内} = B + C_{内} - 36 = 1\,650 + 302 - 36 = 1\,916\,（mm）$$

$$h_{B计} = h_{车地板} + h_{转} + h_{货计} = 1\,211 + 550 + 1\,650 = 3\,411\,（mm）$$

（4）查表确定超限等级

A_2 点：$X_{内} = 266$ mm，$h_{A计} = 5\,061$ mm，查《超规》，该货属于上部超级超限。

B_2 点：$X_{内} = 1\,916$ mm，$h_{B计} = 3\,411$ mm，查《超规》，该货属于中部超级超限。

该货属于上、中部超级超限。

任务训练

1. 计算确定货物的超限等级（如图 3-2-9 所示，单位为 mm）。

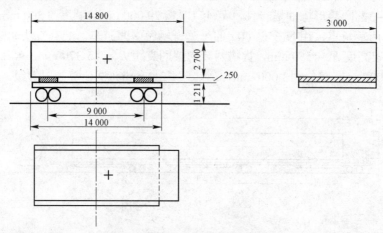

图 3-2-9　货物装载示意图

2. 乙站接 41060 次货物列车，货运检查员进行货运检查作业，N_{17K}5076485 甲站发丙站机械设备，木箱包装，件重 52 t，重心高 1 350 mm。使用横垫木规格：3 000 mm×350 mm×150 mm。装载方法如图 3-2-10 所示，请判断该货物装载是否超限，列车运行上有无运行限制条件？N_{17K} 型车自重 19.7 t，销距 9 000 mm，车地板高 1 211 mm，空车重心高 723 mm。

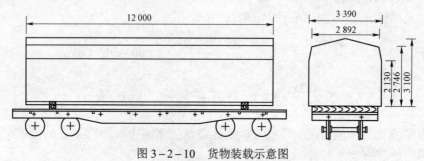

图 3-2-10　货物装载示意图

3. 均重装备一件，突出车端装载，一端使用游车，货物外形尺寸：15 000 mm×3 260 mm×2 200 mm。件重 55 t，使用横垫木高度 200 mm，货物突出端挠度忽略不计，装载方法如图 3-2-11 所示，请判断该货物装载是否超限，该装载方案是否还存在其他问题？N_{17K} 型车自重 19.7 t，销距 9 000 mm，车地板高 1 211 mm，空车重心高 723 mm，轴距 1 750 mm。

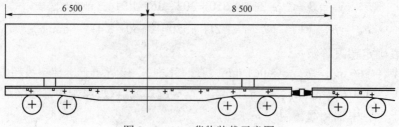

图 3-2-11　货物装载示意图

4. 一件均重规则货物重 32 t，规格：13 200 mm×3 500 mm×2 400 mm。横垫木高 150 mm，用 N$_{17K}$ 型平车装载，货物重心投影位于车辆纵横中心线交叉点上，请计算超限等级。

5. 钢梁一件，重 38 t，长 14 200 mm，宽 3 520 mm，高 2 300 mm，用 N$_{17K}$ 型平车为主车，一端突出，使用游车装载，横垫木高 180 mm，请确定是否符合装载规定，计算货物宽度并确定超限等级。

6. 一件重 60 t，长 16 m，半径 1 680 mm 的圆柱体货物一件，货物重心在其几何中心，拟用 N$_{17K}$ 型普通平车两辆跨装。货物转向架高 400 mm，货物转向架中心销置于负重车中央，跨装支距为 14 m，试确定货物的超限等级。

任务 **3.3** 超限、超重货物运输

 教学目标

1. 能力目标

能审核托运超限、超重货物资料，合理确定超限、超重货物装车方案，正确办理超限货物发送、途中、到达作业。

2. 知识目标

掌握超限、超重货物运输应提供的资料，熟悉超限、超重货物的运输组织过程。

工作任务

某托运人在甲站托运箱形均重货物 2 件，到站：乙站（其他条件自拟）。其中一件货物外形尺寸为 17 200 mm×3 000 mm×2 500 mm，重 25 t，货物重心偏离横中心线 1 700 mm，重心高 1 000 mm，挠度 19 mm；另一件货物外形尺寸为 7 100 mm×2 700 mm×3 000 mm，重 55 t，货物重心偏离横中心线 300 mm，重心高 930 mm。要求使用 N$_{17K}$ 型 60 t 平车两辆装载（假设连接车辆车钩间距为 900 mm，轴距 1 750 mm）。请完成下列工作：

（1）制定经济、合理的货物装载方案。

（2）绘出货物装载示意图。

（3）计算及说明该货物配装方案的正确合理性。

（4）计算重车重心高。

（5）确定主车货物超限等级。

（6）根据规定说明装车站在运输票据上应注明的内容。

（7）请办理这批货物的发送、途中、到达作业。

🌀 相关知识

铁路局应根据超限超重货物运输需要，统筹规划管内办理线路和车站，不断完善超限超重货物运输网络，提升运输效率和服务能力。

3.3.1 办理线路和车站

线路办理超限、超重货物运输，应经中国铁路总公司（以下简称总公司）运输局审核公布。车站（含与车站接轨的专用线、专用铁路）办理超限、超重货物运输，由铁路局自行规定审批办法，并将批准的车站报总公司运输局备案，及时在中国铁路95306网站公布。

确需在非超限、超重货物办理站办理军运超限、超重货物的，按铁路军运有关规定办理。

1. 线路办理超限、超重货物运输

1）线路办理超限、超重货物运输基本条件

线路办理超限、超重货物运输，应具备下列基本条件：

① 线路已开通使用并办理普通货物运输；

② 线路建筑限界和桥涵承载能力满足超限、超重货物运输安全要求；

③ 相关运输站段有合格的超限、超重货物运输专业技术人员；

④ 有健全的超限、超重货物运输安全管理制度和事故施救信息网络。

2）线路开办超限、超重货物运输业务提交材料

线路开办超限、超重货物运输业务，由铁路局超限、超重货物运输主管部门牵头组织，向总公司运输局提交下列材料：

① 铁路线路开通运营并办理普通货物运输的证明材料；

② 线路名称、起讫站、全长、线路等级、线路类型（单双线）、线路允许速度、电气化接触网最低高度、最小线间距、最大限制坡度、最小曲线半径、最大外轨超高值、钢轨类型、最小道岔、桥梁数量、隧道数量等线路基本条件的有关材料；

③ 线路综合最小限界，车站接发超限列车固定线路，侵限设施设备现状及整治措施；

④ 全线超重车通行径路上的桥涵类型、数量、承载能力（活载系数及允许通过超重货物等级），病害桥涵现状及整治措施；

⑤ 相关管理人员和作业人员的配备情况及培训合格证明材料；

⑥ 相关业务和安全管理制度（包括铁路局超限、超重货物运输管理办法，限界管理办法，事故施救信息网络，相关站段超限、超重货物运输管理办法）。

3）线路重新申请办理超限、超重货物运输业务

线路发生以下变化，应重新申请办理超限、超重货物运输业务：

① 单线线路完成复线改造；

② 线路起讫站、走向、里程等发生实质性变化；

③ 确需重新申请办理超限、超重货物运输业务的其他情形。

线路限界、桥涵承载能力等因素发生重大变化，整治完成前影响超限、超重车正常通行不超过1个月的，铁路局应提前10天提出临时停办申请，报总公司运输局审核、公布。

无法整治恢复，确需取消线路超限、超重货物运输业务，或整治完成前影响超限、超重车正常通行超过1个月的，由铁路局提前30天提出取消办理线路申请，报总公司运输局审

核、公布。

2. 车站办理超限、超重货物发送、到达基本条件

车站向铁路局申请办理超限、超重货物运输业务，所需材料由铁路局自定。

铁路局和车站应严格按照批准范围办理超限、超重货物运输业务，并切实加强限界和桥涵承载能力管理，确保超限、超重货物运输安全。

车站办理超限、超重货物发送、到达，应具备下列基本条件：

① 所在铁路线路已开办超限、超重货物运输；

② 车站已开办货运业务；

③ 车站接发超限、超重列车固定线路和准许通行超限、超重车线路的实际建筑限界和桥涵承载能力满足超限、超重货物运输安全要求；

④ 有合格的超限、超重货物运输专业技术人员；

⑤ 有健全的超限、超重货物运输安全管理制度。

在非货运营业站临时办理铁路工程建设所需的架桥机、铺轨机、桥梁等超限、超重货物到达、发送业务，由铁路局制定管理办法。

车站办理条件发生重大变化，不再满足超限、超重货物运输要求的，由车站提出取消办理站申请，经铁路局审核后报总公司运输局备案，铁路局及时更新中国铁路95306网站相关信息。

总公司和铁路局应加强日常监督检查，对不满足超限、超重货物运输安全要求的线路、车站，暂停其超限、超重货物运输业务并责令限期整改，整改合格后方可恢复办理。

3.3.2 超限、超重货物受理和承运

1. 超限、超重货物的托运

托运人托运超限、超重货物时，除按一般货运手续办理外，还应提供下列资料：

（1）超限超重货物托运说明书。"超限超重货物托运说明书"格式见表3-3-1。

表3-3-1 超限超重货物托运说明书

发 局			到 局			预计装后尺寸/mm		
发 站			到 站			由车辆纵中心线起		
装车地点			卸车地点			由轨面起高度		
							左 宽	右 宽
品 名			件 数					
每件重量		总重量		重心位置		中心高		
货物长度			支重面长度			侧 高		
高度	中心高		宽度	左	右	侧 高		
	侧 高			左	右	侧 高		
	侧 高			左	右	侧 高		
	侧 高			左	右	侧 高		

续表

要求使用车种		标记载重		侧　高		
卸车时的要求						
其他要求				车地板高度		
				垫木、支架（座架）或转向架高度		
				预计装在车上货物重心位置距轨面的高度		
				重车重心高度		

注：粗线栏内由铁路填记。

发货单位　　　戳记　　　　　　　　　　　年　月　日提出

（2）货物外形的三视图。货物外形的三视图中应标明货物的有关尺寸、支重面长度、货物重量，并以"＋"号标明重心位置。

（3）自轮运转货物。自轮运转货物，应有自重、长度、轴数、轴距、固定轴距、转向架中心销间距离、运行限制条件，以及过轨技术检查合格证。

（4）申请使用的车种、车型、车数及装载加固建议方案。

（5）超过承运人计量能力的货物由托运人确定货物重量，并应有货物生产厂家出具的货物重量证明文件（数据应为货物运输状态时的重量，重量数据如不含装载加固材料或装置重量，须单独注明），对变压器、电抗器等货物，残余油料重量须单独注明；货物生产厂家具备货物称重计量条件的，应要求托运人提供经厂家计量衡器称重的货物重量数据。

（6）其他规定的资料。托运人应在超限超重货物托运说明书、装载加固建议方案和所提供的资料上签字盖章，并对内容的真实性负责。

2.超限、超重货物受理

1）审查受理有关技术资料

车站受理超限、超重货物时，应认真审查托运人提出的有关技术资料。托运人提供的货物技术资料及相关证明文件齐全有效、符合规定，且货物发到站（含专用线、专用铁路）具备超限、超重货物运输条件的，发站应受理资料。

2）铁路超限超重货物运输电报

受理资料后，发站测量核对货物外形尺寸和重心位置，以超限超重货物运输申请电报向铁路局货运主管部门申请装运办法。

跨三个及以上铁路局的各级超重货物和超级超限货物，由铁路局审查后向总公司运输局提出申请。

总公司运输局、铁路局接到超限超重货物运输申请电报后，及时向各有关单位发布确认电报，明确装运办法。发布确认电报时，应加强与相关铁路局的沟通协调，确保限界满足安全要求。

铁路局接到发布的确认电报后，应结合管内的实际情况及时确认转发。对需临时改变建筑物、固定设备的，应在电报中详细指明。管内通行确有困难时，应在收到电报之日起3个工作日内以电话和电报形式通知发局和确认电报发布单位。

超限货物装车时间距确认电报发布时间不足 3 个工作日的，发局应与沿途各局进行确认后再发布确认电报。

超限、超重货物禁止无确认电报装车。车站接到铁路局确认电报后，通知托运人办理其他货运手续，并及时组织装车。

3.3.3　装车作业

1. 装车前作业

（1）通知车辆部门检查车辆技术状态。

（2）确认拟使用的车种、车型、车数符合确认电报和装车要求，装载加固材料和装置的规格、数量及质量符合装载加固方案规定。

（3）测量车地板的长度和宽度，在负重车上标画车辆纵横中心线。

（4）在货物上标明重心位置（投影）、索点。

（5）开好车前会，向装车人员布置装车事项。

2. 装车作业

装车时，站段应派超限超重运输和装载加固专业技术人员到装车现场进行指导。装载和加固作业须严格按装载加固方案进行。

3. 装车后作业

装车后，须检查、确认货物装载加固符合规定要求。重点检查、确认以下内容。

（1）货物实际装载位置符合装载加固方案。

（2）车辆转向架旁承游间符合规定。

（3）使用的加固材料和装置的规格、数量、质量和加固方法、措施、质量符合装载加固方案。

（4）垫木、支（座）架等加固装置，状态良好，完好无损坏。

（5）钢丝绳等加固线已采取防磨措施，捆绑拴结牢固，拴结点无损坏。

（6）焊接处焊缝长度、高度符合规定，焊接质量良好。

（7）跨装车组连接处的提钩杆捆绑牢固，车钩缓冲停止器已按规定安装。

（8）带有制动装置、变速器和旋转装置的货物，制动装置全部制动，变速器置于初速位置，旋转部位锁定牢固。

（9）自轮运转货物的动力传动装置已断开（机车车辆除外），制动手柄在重联位置并固定良好。

4. 对照确认电报重点复核、确认

确认货物装载加固符合规定要求后，须对照确认电报重点复核、确认以下内容。

（1）货物突出车端的尺寸、货物突出端与游车上所装货物的距离符合要求。

（2）超限货物装后各部位的尺寸（高度和宽度）、重车重心高未超出确认电报范围。

（3）货物支重面长度（跨装货物支距）符合要求。

（4）其他各有关数据符合要求。

5. 标画检查线

确认符合确认电报条件后，用颜色醒目的油漆标画易于判定货物是否移动的检查线，在货物两侧明显处以油漆书写、刷印或粘贴"×级超限、×级超重"，或挂牌标识，并按规定在车辆上插挂货车表示牌。发站应按规定会同有关单位（部门）填写《超限超重货物运输记录》

（格式见表3-3-2），在货物运单、货票、票据封套、编组顺序表上注明"超限货物"、"超重货物"或"超限超重货物"；以连挂车组装运时，应注明"连挂车组，不得分摘"；限速运行时，应注明"限速××km/h"。

表3-3-2 超限超重货物运输记录

甲页		×级超限			×级超重		(单位：mm)
装车局		发 站			经由线名		
到达局		到 站			经由站名		
品 名		件 数			每件重 吨	配重 吨	总重 吨
货物长度		支重面长 度		转向架中心销间距离		重车重心高	
装车后尺寸	中心高		中心高的宽	左	记事		
				右			
	第一侧高		侧高的宽	左			
				右			
	第二侧高		侧高的宽	左			
				右			
	第三侧高		侧高的宽	左			
				右			
	第四侧高		侧高的宽	左			
				右			
车 种		车 号		标记载重		吨	轴数
	总公司 年 月 日 铁总超限超重 号 批准使用 车						
	铁路局 年 月 日 超限超重 号 批准使用 车						
文电内有关指示				本记录在 站做成，经检查符合确认的条件 发站 签字 段 签字 段 签字 段 签字 段 签字 年 月 日			

注：（1）不用的各栏应划去；

（2）按确认电报尺寸填记，小于确认电报尺寸时，将实际尺寸填入记事栏内，大于确认电报尺寸时，必须重新申请；

（3）"重车重心高"栏在不超出2 000 mm时须以（/）号标示之；

（4）一式两份，第一份仅为甲页留站存查；第二份为甲、乙页，随货运票据送到达站。规格：270 mm×185 mm。

检查结果记录

乙页

检 查 站 名		检 查 站 名	
检 查 站 名		检 查 站 名	
检 查 站 名		检 查 站 名	
检 查 站 名		检 查 站 名	
检 查 站 名		检 查 站 名	

规格：270 mm×185 mm。

6. 装车后作业

装车后，车辆转向架任何一侧旁承游间不得为零（结构规定为常接触式旁承的货车除外）。遇球形心盘货车一侧旁承游间为零时，可用千斤顶将压死一侧顶起，落顶后出现游间，表明货物装载符合要求。

使用落下孔、钳夹式车辆装载的货物，装后货物底部与轨面的距离不得少于 150 mm。

装车后，车站应对照确认电报进行复核，发现货物装后尺寸、重车重心高度等数据超出确认电报范围的，发站须重新向铁路局拍发超限超重货物运输申请电报。

超限、超重货物实行装车质量签认制度。车站超限超重货物发送作业质量控制表见表 3－3－3。

表 3-3-3 车站超限超重货物发送作业质量控制表

到站			品名			超限等级			超重等级	
托运人						车 号			装车工班	
件数		件重	A B C D			总重		装车日期	年 月 日	

程序	控制项目	控 制 记 录
一、货物受理	1. 审查受理资料	1. 超限超重货物托运说明书。（ ） 2. 过轨技术检查合格证。（ ）
	2. 对照资料核对货物	1. 全长　　mm。2. 支重面长　　mm。3. 重心高度：mm。 4. 中心高　　mm 处宽各　　mm； 　一侧高　　mm 处宽各　　mm； 　二侧高　　mm 处宽各　　mm； 　三侧高　　mm 处宽各　　mm； 　四侧高　　mm 处宽各　　mm； 　五侧高　　mm 处宽各　　mm。 5. 自轮运转货物（1）轴数　　（2）轴距　　mm； （3）固定轴距　　mm；（4）转向架中心销距　　mm
	3. 确定货物运输条件	1. 装载加固方案编号： 2. 超限超重货物运输申请电报号： 3. 超限超重货物运输确认电报号
	4. 签认	主控人：　　　　　　　　互控人：
二、装车作业	1. 装车前准备	1. 车型、车数符合电报要求，车况良好。（ ） 2. 车地板：（1）长度　　mm；（2）宽度　　mm；（3）平均高度　　mm。 3. 已标画车地板纵横中心线。（ ）
	2. 检查货物装载加固状态	1. 货物重心偏移车地板中心线量：纵向　　mm，横向　　mm。 2. 重车重心高：　　mm。 3. 车辆转向架旁承符合要求。（ ） 4. 加固材料、装置和加固方法符合方案要求。（ ） 5. 跨装车组提钩杆已捆绑牢固，车钩缓冲停止器已安装。（ ） 6. 带动力的设备传动装置已断开，制动装置全部制动，变速器已置于初速位置，旋转位置已锁定牢固。（ ）
	3. 对照电报复核	1. 货物突出端梁尺寸：　　mm，符合要求。（ ） 2. 货物突出端与游车所装货物距离　　mm，符合要求。（ ） 3. 超限货物装车后尺寸不大于确认电报尺寸。（ ） 4. 重车重心高　　mm，货物支重面长度　　mm，符合要求。（ ）
	4. 标画货物检查线及拴挂、书写表示牌	1. 超限货物已标画货物检查线。（ ） 2. 已拴挂或书写超限超重货物表示牌。（ ） 3. 已安插货车表示牌。（ ）
	5. 填写超限超重货物运输记录	1. 已填写正确，相关单位已确认。（ ） 2. 一份已随运输票据同行。（ ） 3. 一份已留站存查。（ ）
	6. 检查票据记载事项	运单、货票已填写"×级超限×级超重货物"或"禁止溜放"，"限速连挂"，"运行限速××km/h"，"连挂车组，不得分摘"等内容。（ ）
	7. 签认	主控人：　　　　　　　　互控人：
主管领导签认		

注：空白处请如实填写，括号内请确认后打钩。

7. 检查架

为确保超限货物运输安全，可采用检查架等方法检查确认运输线路或区段的限界能否满足通行安全。

（1）检查架的尺寸应与货物检定断面的实际尺寸相同。

（2）安装检查架的车辆应与拟用车辆的车型相同。

（3）检查架应安装在货物检定断面所在的位置。

使用其他车辆安装检查架的，检查架的尺寸应考虑拟用车辆的偏差量和倾斜量等。

铁路局要加强与地方政府和企业的沟通联系，了解和掌握大吨位起重设备（160 t 以上）的数量、起重能力、所属单位、联系人等信息，建立超限超重货物运输事故施救信息网络，并实行动态管理，提高应急处置能力。

3.3.4 超限货物运费计算

运输超限货物，发站应将超限货物的等级注明，按规定运费加成办法计费。如一级超限货物：按运价率加 50%计费；二级超限货物：按运价率加 100%计费；超级超限货物：按运价率加 150%计费。对安装超限货物检查架的车辆、不另收运费。

需要限速运行的超限货物，只核收限速运行的加成运费，不另核收超限货物加成运费。

运输超限货物或需要限速运行的货物使用游车时，游车运费不加成。

3.3.5 超限、超重车运行

1. 超限、超重货物变更到站

超限、超重货物变更到站时，除按普通货物变更有关规定办理外，还应遵守下列规定：

（1）受理变更的车站应为超限超重货物办理站。

（2）受理变更的车站应对货物的装载加固状况进行检查，确认状态良好后以电报向铁路局重新申请，并注明原确认电报发布单位、电报号码、新到站及车号。

（3）受理变更的铁路局按规定确认或申请，变更后的运输要求按新确认电报执行。

（4）受理变更的车站应在"超限超重货物运输记录"中签认。

2. 超限、超重车挂运

（1）发站挂运超限、超重车前，应向铁路局调度所拍发超限超重车辆挂运申请电报（条件不具备时可使用传真或电话申请）。

（2）挂运跨及两个铁路局的超限、超重车辆前，需向邻局进行预报，并征得邻局调度所的同意后方可挂运。

（3）相邻铁路局调度所间的预报内容，应包括挂运车次、确认电报号码、车型、车号（含游车、隔离车）、到站、品名、超限等级、超重等级和有关注意事项等。

（4）铁路局调度所接到车站挂运申请或邻局预报后，应根据超限超重货物运输确认电报认真核对，制定管内具体运行条件，填写"超限超重车辆挂运通知单"（见表 3-3-4），纳入日（班）计划，并将管内具体运行条件以调度命令下达有关站段。

表 3 – 3 – 4　超限超重车辆挂运通知单

		号								级超限，　　级超重
铁总超限超重			号	(外局)超限超重			号	(自局)超限超重		号
发 站				到 站				品 名		
月	日	口	次接入	月	日	口	次交出	件 数		
车种车号	中心高	mm 处		左宽	mm	运行条件				
				右宽	mm					
	一侧高	mm 处		左宽	mm					
				右宽	mm					
	二侧高	mm 处		左宽	mm					
				右宽	mm					
	三侧高	mm 处		左宽	mm					
				右宽	mm					
	四侧高	mm 处		左宽	mm					
				右宽	mm					
通知者			签认者					年　月　日　时　分		

（5）车站接到挂运命令后，应及时做好车辆挂运准备工作，并将调度命令交值乘司机。

（6）运行有限制条件的超限、超重车，除有特殊要求外，禁止编入直达、直通列车。

（7）挂有超限车的列车，按《车站行车工作细则》（以下简称《站细》）规定的线路办理到发或通过。遇到特殊情况需要临时变更线路时，须得到铁路局批准。

（8）接发超限列车固定线路、准许通行超限车的线路实际建筑限界应满足国家标准要求。车站应将接发超限列车固定线路及侵限设施设备纳入《站细》管理。

3. 超限列车运行会车

1）直线地段与邻线列车会车

挂有超限车的列车运行在双线、多线或并行单线的直线地段与邻线列车会车时，应遵守下列规定：

（1）邻线列车运行速度小于等于 120 km/h 的，两运行列车之间的最小距离大于 350 mm 者不限速，300 mm 至 350 mm 之间者运行速度不得超过 30 km/h，小于 300 mm 者禁止会车。

（2）邻线列车运行速度大于 120 km/h 小于等于 160 km/h 的，两运行列车之间的最小距离大于 450 mm 者不限速，400 mm 至 450 mm 之间者运行速度不得超过 30 km/h，小于 400 mm 者禁止会车。

（3）邻线列车运行速度大于 160 km/h 的，禁止会车。

曲线地段与邻线列车会车，必须根据规定相应加宽。

2）超限货物的任何部位接近建筑物或设备速度要求

超限车在运行过程中，如超限货物的任何部位接近建筑物或设备时，应遵守下列规定：

（1）超限货物的任何超限部位与建筑物或设备之间的距离（以下简称限界距离），在 100 mm 至 150 mm 之间时，速度不得超过 15 km/h。

（2）限界距离在超过 150 mm 至 200 mm 之间时，速度不得超过 25 km/h。

限界距离不足 100 mm 时，由铁路局根据实际情况制定办法。

装有二级及以上超限货物的车辆禁止溜放。

电气化区段，超限货物顶部距接触网导线的垂直距离 $L \geqslant 350$ mm 时，可不停电运输。超限货物顶部距接触网导线的垂直距离，在线路平面海拔高度超过 1 000 m 时，应按每超过 100 m 增加 3.5 mm 的附加安全距离计算（不足 100 m 时四舍五入计算）。

3.3.6　途中检查和卸车

1. 超限、超重车途中检查

超限、超重车的途中检查是确保超限、超重货物运输安全的重要措施，铁路局必须加强对超限、超重车运行途中的检查，落实区段负责制。

途中检查站应按下列内容检查超限、超重车，并在超限超重货物运输记录上记录、签认检查结果。

（1）有无超限超重货物运输记录及其填写是否完整。

（2）货物两侧明显位置，是否有超限、超重等级标识。

（3）是否标画有检查线，货物装载加固是否良好，加固材料是否有松动或损坏。

如发现问题，应按照《铁路货运检查管理规则》和《铁路货物运输管理规则》等文件中的有关规定处理。

2. 超限、超重车卸车

到站应根据确认电报确定卸车地点和货位，科学制定卸车方案，加强卸车组织，确保安全。

收货人在货场自卸的，车站应与收货人签订卸车协议，明确安全责任，并在卸车前与收货人办理完货物交付手续。

3.3.7　国际联运超限货物的办理

经由铁路运输的进口（包括过境）超限货物，总公司国际部应根据国际联运有关规定，在接到有关国家铁路部门商定超限货物的文电后，会同总公司运输局（必要时请有关铁路局参加）共同审核确定。对于可以接运的，由总公司国际部以电报形式答复有关国家铁路部门，并通知国内国境站所在铁路局。

国境站接到邻国铁路国境站的预（确）报后，须做好接运前的相关准备工作。

超限货物到达国境站后，国境站应根据规定，向上级申请装运办法，根据确认的装运办法及时组织运输。

经由铁路运输的出口（包括过境）超限货物，装车站应按规定向铁路局申请。铁路局审核后向总公司国际部和运输局申请。总公司国际部接到申请后与运输局协商（必要时请有关铁路局参加），并根据国际联运有关规定同相关国家铁路部门商定，商定结果通知运输局，由运输局下达有关铁路局。

3.3.8　长大货物车的运用管理

（1）国铁长大货物车的备用、解除、使用和回送，应根据总公司的调度命令办理。车站回送国铁长大货物车时，应填写"特殊货车及运送用具回送清单"，并注明到站和调度命令号码。自备车按货票指定到站挂运，日常运行比照国铁车要求执行。

（2）铁路局调度所间须互相预报。相邻铁路局调度所间的预报内容，应包括挂运车次、命令号码、车型车号、发站、到站，以及有关文电号码（超限、超重、限速电报）。

（3）铁路局在接到总公司下达的调度命令或接到邻局的预报后，根据超限超重货物运输电报、限速电报等有关文电及车辆技术条件，制定管内运行条件，并及时纳入日（班）计划（DL_1 空车除外），将车辆向指定到站挂运。沿途各站应快速挂运，不得积压。

（4）长大货物车应严格按照总公司车辆部门公布的技术条件运用。

（5）铁路局应于每月 25 日前向总公司运输局提报次月长大货物车使用计划。

（6）铁路局应于每月 5 日前，统计上月本局管内超限货物装车数和超重货物装车数，填写"超限货物运量统计表"和"超重货物运量统计表"，并报总公司运输局。

3.3.9　超限超重货物专列运输

1. 开行超限超重货物专列车型

以下车型装运的超限、超重货物，应开行超限超重货物专列：

① 钳夹车；

② 标记载重 260 t 及以上的落下孔车；

③ 标记载重 300 t 及以上的凹底平车。

其他需要采取全程派人监护、监测运行等特殊安全保障措施的重车，也可组织开行超限超重货物运输专列。

2. 超限超重货物专列开行要求

超限超重货物专列开行需求由特货公司或始发铁路局受理。跨三个及以上铁路局的专列，由总公司运输局牵头，组织有关部门和技术专家，制定专列安全运输技术方案。跨及两个铁路局及铁路局管内开行的专列，由相关铁路局自行组织开行，有关要求比照此规定执行。

特货公司、始发铁路局按有关要求制定安全运输技术方案（包括货物装载加固方案、运输方案、安全监测应急方案等）报总公司运输局，并以局文形式提出召开安全运输技术方案评审会的申请。运输局接到受理铁路运输企业的申请后，各有关部门按照专业分工，对提报的专列安全运输技术方案进行初审。初审通过后，由运输局营运部专业运输处牵头组织召开专列安全运输技术方案评审会，运输局调度部、车辆部、工务部和有关铁路局、特货公司、铁科院等相关单位派员参会，共同评审确定安全运输技术方案。

在专列安全运输技术方案评审会议上，各有关部门按专业分工，对装载加固方案、运输方案、安全监测及应急方案等进行研究、讨论、审定，确定最终的专列安全运输技术方案。

3. 专列运输方案

1）提报方案

受理铁路运输企业提报安全运输技术方案初审稿。

（1）货物装载加固方案。货物装载加固方案应包括：货物品名、数量、重量、重心位置、外形尺寸等基本参数和图纸；使用车型；装载加固材料（装置）；装载方法；加固方法；相关计算；其他要求。

（2）运输方案。运输方案应包括：托运人名称，货物品名、数量、重量、外形尺寸，使用车型（含导向装置的要注明采取何种导向），预计运输次数和时间；货物预计装后尺寸，货物超限等级、超重等级、重车重心高；发站，到站，运行径路，专列编组；专列运行限速要求，安全保障措施。

（3）安全监测及应急方案。安全监测及应急方案应包括监测内容、评价控制指标和运输安全监测及应急预案。

①　监测内容。监测内容包括结构关键部位应力值、小底架心盘振动加速度、轴箱弹簧动挠度等。

②　评价控制指标。评价控制指标包括应力评价、振动加速度评价、弹簧动静挠度比评价等。

③　运输安全监测及应急预案。

2）初审方案

相关部门按专业分工进行方案初审。

（1）使用自备车运输的，调度部自备车处审核确认自备车符合过轨运输范围。

（2）营运部货运管理处审核确认货物装载加固方案满足以下要求：货物及加固材料相关参数、图纸完整，表述规范、准确；装载加固方案符合规章规定、符合车辆运用要求、满足运输安全需要；相关计算完整、准确。

（3）营运部专业运输处根据通过初步审核的货物装载加固方案，审核确认运输方案满足以下要求：货物装车后尺寸表述完整、准确，超限和超重等级正确；偏差量和货物计算宽度等相关计算完整、准确；发、到站及途经线路已开办超限、超重货物运输或具备办理超限、超重货物运输的条件；沿途限界满足运输安全要求；运输安全保障措施完善。

（4）调度部调度处审核专列运行组织措施，核定编组、运行径路和计划开行时间。

（5）车辆部货车处审核确认长大货物车技术条件满足运用安全要求。需要监测的专列，监测方案中车辆监测部分满足要求。

（6）工务部桥隧处审核确认桥涵等线路条件满足运输要求。

3）会议审定方案

（1）特货公司或铁路局负责汇报货物装载加固方案及上次采取类似装载加固方式的货物装运情况（包括货物、装载加固材料和装置在装车、途中、卸车时的状态）；特货公司或铁路局负责汇报运输方案；专列运行监测单位负责汇报安全监测及应急方案。

（2）总公司运输局各参会部门处室按照初审方案职责分工，对专列安全运输技术方案提出评审意见。

（3）铁路局、特货公司、铁科院等单位对专列安全运输技术方案提出评审意见。

（4）营运部专业运输处负责对各参会部门、单位提出的评审意见进行汇总，形成超限超重专列安全运输技术方案评审意见稿，经会议全体人员签认通过后形成评审意见，以总公司运输局文件形式印发至相关单位执行。

4. 专列运输安全组织措施

（1）各铁路局成立以主管副局长为组长，各有关处室负责人为成员的超限超重货物专列运输领导小组，统一协调组织管内超限超重货物专列运输工作。

（2）每次专列运输时间，由受理铁路运输企业在专列开行前月 15 日之前通知涉及专列运行的各铁路局及相关单位。

（3）有关铁路局在专列开行前组织召开管内专列运输会议，研究制定专列运输方案及安全保障措施，按规定完成检查和超限超重电报发布工作。

（4）有关铁路局于专列开行 7 天前，将管内运行时刻定后报总公司运输局，专列具体车次、运行时刻以总公司调度命令为准。

（5）始发局于专列开行 7 天前，将专列所需的长大货物车和工具车（客车）调到装车地点。专列运行监测单位于专列开行 4 天前，将监测设备（试验车）运抵发站，调入装车地点，并做好整备工作。

（6）始发、终到局要组织制定装、卸车工作方案，明确装、卸车责任主体和工作要求，并切实做好装、卸车检查工作。

（7）涉及专列运行的各铁路局加强运输组织，精心铺画超限超重货物专列运行线，调度所要重点组织，确保专列安全正点运行。

超限超重货物专列不得影响 D、Z 字头客车运行，尽可能减少影响 T、K 字头客车运行。影响的客、货列车由调度日班计划调整，并据此统计正晚点。

（8）专列终到站卸车完毕后，到达局及时将长大货物车、工具车（客车）按调度命令指定到站组织回送（自备车按货票指定到站回送）。

5. 专列运输安全管理

（1）专列编组的所有车辆应满足安全运用条件，技术状态良好，定检符合规定。长大货物车和工具车应备足配件和应急备品，保证正常运用。

（2）涉及专列运行的各铁路局在专列开行前、后，应对专列运输所经线路上所有设施设备的技术状态及其限界进行全面检查，认真做好记录，并采取清砟、拆移等必要的安全措施。

（3）每次装车前，长大货物车产权单位应委托具备国家认可资质的单位对车辆关键部位进行磁粉探伤，向始发局提供车辆技术状态良好的证明。探伤检测人员应持有总公司认可的二级及以上资格证书。

探伤项目至少包括：

① 落下孔车：拉压杆座或上拉杆座、等分撑杆座。

② 钳夹车：钳形梁下盖板弯角处、车耳边钳形梁焊缝、耳孔周围 100 mm 范围内、车耳销轴、等分撑杆座。

（4）装车单位负责对装载加固装置及钳夹车托钩进行检查，并向始发局提供探伤合格报告。探伤检测单位要具备国家认可资质，探伤检测人员须持有总公司认可的二级及以上资格证书。

探伤项目至少包括：

① 使用落下孔车时，纵向顶紧装置梯形螺杆；

② 使用落下孔车时，可拆卸的货物肩座及螺栓；

③ 使用钳夹车时，承载的托钩。

（5）使用落下孔车装运变压器、电抗器等货物时，托运人要向始发局提供肩座承载能力证明；使用钳夹车端盖方式运输定子等货物时，托运人向始发局提供货物结构强度满足端盖运输方式安全要求的证明。

（6）装车单位严格按货物装载加固方案进行装载加固。装车施焊时，严禁电流通过车辆滚动轴承。

（7）钳夹车、落下孔车重车监测。专列中的钳夹车、落下孔车重车须由满足以下条件的单位进行全程监测：

① 有满足车辆装车时结构静态应力，运输时结构动态应力、小底架振动加速度和轴箱弹

簧动挠度检测要求的设备，检测设备须通过省级及以上的计量认证。

② 有满足监测要求的专业技术人员。

③ 有完整的监测方案和应急预案。

④ 具有承担与监测内容相关的铁道车辆实车试验的经历。

（8）专列运行监测单位应认真制定监测方案，提前做好监测准备工作，并将监测设备及附属配线加固牢靠。钳夹车装车时，专列运行监测单位应做好均载检测工作，并向始发局出具均载检测合格报告。

（9）专列运行添乘。

① 铁路局负责管内添乘组织工作，并加强对各单位（含托运人派出的专业技术人员）随车人员的管理，确保人身安全；货运主管部门、调度所各指定一名科级或以上的干部在管内全程添乘；其他部门按职责派员添乘，对车辆关键部位和货物装载加固状态进行重点检查和监护。

② 长大货物车产权单位、长大货物车固定配属管理单位、专列运行监测单位派专业人员全程监控、监测长大货物车关键部件和关键受力部位的技术状态与车辆运行状况。

③ 托运人派专业技术人员负责运输全程货物检查。

（10）工务添乘人员携带管内专列通过区段工务线路图，包括车站中心里程、$R800\,\mathrm{m}$ 及以下小半径曲线线路有关资料（曲线半径、外轨超高、夹直线长度小于等于 70 m 且两曲线半径小于等于 400 m 的 S 形曲线等）及侧向通过 9 号、12 号道岔、复式交分道岔、交叉渡线资料，并提供给专列运行监测单位工作人员。

（11）专列具体运行办法由铁路局依据超限超重货物运输电报和长大货物车技术条件，结合管内线、桥、隧等设施设备的实际情况具体制订。

（12）当日影响专列运行的施工一律停止。专列通过时，无人看守道口派员监护。

（13）铁路局要组织随车人员对专列进行检查。专列在铁路局间检查交接时，交接双方要按表 3 - 3 - 5 格式进行签认。

表 3 - 3 - 5　超限超重货物专列局间交接签认表

发站：　　　　　　到站：　　　　　　发车日期：

序号	交接地点	交接时间	交出局	接收局	交接记录	交出局签字	接收局签字
1					1. 货物装载加固状态是否良好（　　） 2. 交出前是否发生安全异常情况（　　） 3. 注意事项及下步运行建议：		
2					1. 货物装载加固状态是否良好（　　） 2. 交出前是否发生安全异常情况（　　） 3. 注意事项及下步运行建议：		
3					1. 货物装载加固状态是否良好（　　） 2. 交出前是否发生安全异常情况（　　） 3. 注意事项及下步运行建议：		

续表

序号	交接地点	交接时间	交出局	接收局	交接记录	交出局签字	接收局签字
4					1. 货物装载加固状态是否良好（　　） 2. 交出前是否发生安全异常情况（　　） 3. 注意事项及下步运行建议：		
5					1. 货物装载加固状态是否良好（　　） 2. 交出前是否发生安全异常情况（　　） 3. 注意事项及下步运行建议：		

说明：（　　）填写"是"或"否"。本表随专列传递至到站后，由到局负责保存，保存期限为1年。

（14）沿途列检按《铁路货车运用维修规程》有关规定进行检查，并协助专列检车乘务人员做好故障处理。

（15）铁路局、特货公司、长大货物车产权单位、专列运行监测单位、托运人制定非正常运输情况下的应急预案，发现问题及时解决。

【例3-3-1】呼兰站发佳木斯站钢梁一件，托运人提供的货物外形左视图与车站实测尺寸如图3-3-1所示。货物长度11 m，支重面长度8 m，货重26 t，拟用 N_{17K} 型平车装运，根据图示尺寸：

（1）填写托运超限货物说明书（包括托运人填写部分）。

（2）拟发运输申请电报。

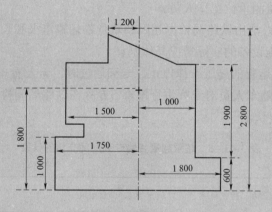

图3-3-1　货物外形左视图与车站实测尺寸

【解】

根据规定，N_{17K} 型负重面长8 m，容许装载量57 t，且货长小于车长，货物可直接装在车地板上，重心落在纵、横中心线交叉点上。

（1）填写托运超限货物说明书

发局哈尔滨铁路局，装车站呼兰；到局哈尔滨铁路局，到站佳木斯；品名钢梁，件数1件，每件重量26 t，总重量26 t，重心位置高1.8 m，货物长度11 m，支重面长8 m；高度：中心高2.8 m，一侧高2.5 m，二侧高1.0 m，三侧高0.6 m，宽度分别为左1.2 m右0、左1.5 m右1.0 m、左1.75 m右1.0 m、左1.75 m右1.8 m，要求车种 N_{17K}，标重60 t（车站填写略）。

（2）申请电报

我站拟发佳木斯钢梁一件，货重 26 t，货物全长 11 000 mm，支重面长度 8 000 mm，货物重心高 1 800 mm，在长度的 1/2 处，中心高 2 800 mm，左宽 1 200 mm 右宽 0；一侧高 2 500 mm，左宽 1 500 mm 右宽 1 000 mm；二侧高 1 000 mm，左宽 1 750 mm 右宽 1 000 mm；三侧高 600 mm，左宽 1 750 mm 右宽 1 800 mm，拟用 N_{17K} 型平车装运。

预计装车后中心高 4 011 mm 处，左宽 1 200 mm 右宽 0，一侧高 3 711 mm，左宽 1 500 mm 右宽 1 000 mm，二侧高 2 211 mm，左宽 1 750 mm 右宽 1 000 mm，三侧高 1 811 mm，左宽 1 750 mm 右宽 1 800 mm。

【例 3-3-2】对超限、超重货物检查及检查线确认。

【解】超限超重货物如图 3-3-2 所示。确认检查线（白色或红色油漆标画）是易于判定货物是否移动的标识。

图 3-3-2　超限超重货物

【作业过程】

（1）检查作业中不得侵入邻线线路，双人两侧逐车检查，做好互控。

（2）超限超重货物整体装载状态是否良好。

（3）货物两侧明显处是否书写或刷印超限等级标识（如图 3-3-3 所示）。

图 3-3-3　超限等级标识

（4）车地板上是否标画检查线，根据标画检查线判断货物是否位移，如图3-3-4所示。

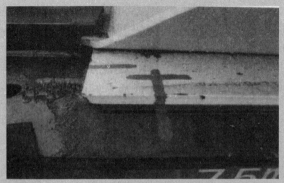

图3-3-4　检查线

（5）检查加固材料和加固装置是否松动、损坏。

（6）货物超限装载和特定区段装载限制是否符合有关规定。

（7）对超限超重车辆涂打检查标记。

（8）按规定填记《货检检查手册》和《超限货物检查登记簿》。

任务训练

1. 由A站发往B站轨道架桥机一组，主车2辆，共18轴，游车2辆为标记载重量60 t自备平车。超级超限，区间限速40 km/h，随车押运1名，托运人自装（A站至B站营业里程1 361 km）。请计算发站运费。

2. 线路上停留一辆装载桥梁构件的平车，已知自轨面起4 200 mm处的计算宽度为1 450 mm。请对该车进行重点检查。

3. 均重货物一件，重37 t，长5 m，重心高1.31 m，中心高3 408 mm处全宽3 368 mm（各侧高不超限），使用N_{17K}型平车一辆均衡装载，请在合理装载的前提下确定运行条件。

4. 某站欲使用3辆D_{22G}（自重43.9 t）全钢长大货物车装运集装箱吊梁，货重62.99 t，重心位置距货物最底部2 452 mm，规格：61 640 mm×1 600 mm×3 715 mm，侧面积170 m^2。货物重心偏离游车横中心线100 mm，具体形状如图3-3-5所示。为了均衡内外偏差量降低超限等级，结合货物结构特点，采取支距为40 760 mm，货物转向架全重6.6 t，转向架高度920 mm，自身重心高度620 mm，活心盘孔距300 mm，转向架安装车上位置，其中心偏离横中心线4 290 mm，转向架与货物间使用橡胶垫并使货物最底部距车地板140 mm，由于货物底部外形原因，垫木高度可以不予考虑。配重采用2块17 t重，长2 800 mm、宽2 600 mm、厚440 mm的钢板，横装在车辆一端，使用挡铁与车辆焊接加固。

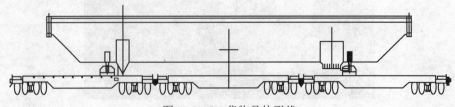

图3-3-5　货物具体形状

（1）确定吊梁水平方向的稳定性。

（2）验算配重是否合理。

（3）确定配重水平方向的稳定性、纵向倾覆稳定性和最小焊缝长度。

（4）确定重车重心高度。

（5）确定超限情况。

复习思考题

1. 什么是超限货物？

2. 超限货物等级如何划分？

3. 超限货物的测量有哪些基本要求？

4. 超限、超重货物运输申请电报包括哪些内容？

5. 超限、超重货物运输确认电报包括哪些内容？

6. 超限货物等级如何确定？

7. 超限、超重货物装车后须重点检查、确认哪些内容？

8. 超限货物按普通货物办理如何处理？

项目 4
铁路冷链运输组织

项目描述

　　冷链运输是指在运输全过程中，装卸搬运、变更运输方式、更换包装设备等环节，都使所运输货物始终保持一定温度的运输。冷链运输方式可以是公路运输、水路运输、铁路运输、航空运输，也可以是多种运输方式组成的综合运输方式。冷链运输是冷链物流的一个重要环节。通过本项目的学习，使学生能掌握鲜活货物的运输条件，鲜活货物的托运和承运，车辆的选择和使用、途中作业和到达作业办理。

任务 *4.1* 铁路易腐货物运输组织

🎯 教学目标

1. 能力目标
能正确确定易腐货物的运输条件，合理选择装载易腐货物车辆，正确装载易腐货物。

2. 知识目标
掌握鲜活货物的分类，了解鲜活货物的特点和运输要求、易腐货物的运输条件。

🚚 工作任务

某一托运人 2018 年 6 月 16 日在甲站使用棚车托运一批西瓜，到站乙站。请按规定受理、承运该批货物，组织这批易腐货物的装车作业。

🌐 相关知识

4.1.1 中国铁路冷链网络体系规划

铁路冷链网络体系规划包括冷链网络通道和冷链物流基地两大部分。

1. 冷链网络通道
冷链网络通道包括主通道和次通道。

1）主通道

主通道包括"二纵、二横、三放射"。"二纵"为宁哈、宁呼冷链通道，即南宁局凭祥—哈尔滨局满洲里，跨越 5 000 km、7 个铁路局、9 个省；南宁局凭祥—呼和浩特局沙良，跨越 3 000 km、6 个铁路局、7 个省。"二横"为乌沪、沪蓉冷链通道，即乌鲁木齐局霍尔果斯—上海局南翔，跨越 4 000 km、5 个铁路局、7 个省；上海局—成都局，跨越 2 000 km、6 个铁路局、7 个省。"三放射"为郑青、郑夏、郑海冷链通道；即郑州—青岛、厦门、海口。

2）次要通道

次要通道包括南关岭—文官屯—通辽、加格达奇—通辽—保定、佳木斯—夏家等。

2. 冷链物流基地
《铁路冷链物流网络布局"十三五"发展规划》中全面阐述了铁路对冷链运输的战略思考和定位，要建成 82 个冷链载体物流基地，其中区域级 14 个、地区级 68 个。

4.1.2 鲜活货物定义及分类

鲜活货物是人们的日常生活消费品，是农、林、牧、副、渔业的重要产品。目前在各种运输方式中，鲜活货物运量在货物总运量中虽然只占很小一部分，但在国民经济中起着十分重要的作用。

1. 鲜活货物定义

铁路运输的鲜活货物是指在运输过程中需要使用铁路冷藏车、冷藏集装箱等专用运输工具，采取制冷、保温、通风、加温、上水、补充饲料等特殊运输服务措施，以防止或减少出现腐烂、变质、冻损、生理病害、病残死亡等问题的货物。

2. 鲜活货物分类

铁路鲜活货物包含易腐货物和活动物两部分，其中易腐货物占有较大比例，活动物的运量很小。

1）易腐货物

易腐货物是指在一般条件下保管和运输时，极易受到外界环境气温等条件影响而发生腐败变质的货物，主要包括肉、鱼、蛋、奶类产品及其制品，水果、蔬菜、花卉植物，啤酒、饮料、罐头，以及医药制品、化学品和胶片类等。其中医药制品、化学品及胶片类货物运输批量较小，很少出现在铁路运输中，铁路运输的易腐货物绝大部分是易腐食品。

（1）按其加工方法和程度分类。

根据加工方法和程度的不同，易腐食品分为天然食品和加工食品两大类。天然食品是指由农、林、牧、副、渔业等生产所提供的初级产品，包括水产品、畜、禽、蛋及乳品类动物性产品和水果、蔬菜类植物性产品。加工食品是以天然食品为原料经过不同深度的加工处理而得的各类制品，如冷冻制品、干制品、腌制品、罐制品和熟制食品等。加工食品经过不同的加工方法处理后其品质和特性发生了一定变化，耐藏性有所提高。大部分的加工食品耐藏性高于天然食品，有些品类（如干制品）甚至可以在常温条件下储存，可归属为非易腐货物。冷冻制品类产品能很好地保持食品的天然营养成分和口感、风味等特性，也保留了更多原有产品的易腐特性，需要在特殊的低温条件下，才能长期储藏。但同样储藏加工条件下的冻结产品，其易腐性主要由原有产品的易腐特性所决定。如鱼类产品比肉类产品更易腐，则其冷冻制品也是如此。近年来，还出现一些采用新型方法加工制造的方便食品，如净切果蔬、预制食品、微波食品等快餐调理食品。

（2）按商业及农业分类方式划分。

如果按商业及农业分类方式划分各类易腐货物，可以分为动物类产品、植物类产品及其他类产品。

① 动物类产品。

动物类产品有水产品、肉禽类及其制品、禽蛋、奶类及其制品。

- 水产品包括海鱼、淡水鱼以及虾、贝、蟹类。
- 肉禽类及其制品包括猪、牛、羊、兔肉类和禽类以及其加工制品。
- 禽蛋包括鸡蛋、鸭蛋、鹅蛋等。
- 奶类及其制品包括鲜奶、酸奶、炼乳、奶酪以及冷冻乳制品，如冰淇淋、奶油等。

② 植物类产品。

植物类产品有蔬菜、水果、花卉及其他。

- 蔬菜包括叶菜类、果菜类、根茎类、葱蒜类、菜用豆类、瓜菜类、水生菜类等。
- 水果包括热带及亚热带水果、仁果类、核果类、浆果类、柑橘类、瓜类等。

- 花卉包括鲜切花、盆栽植物等。
- 其他包括粮食种子、坚果类、树苗等。

③ 其他类。

其他类包括饮料、油脂类、糖果、预制食品等。

- 饮料包括酒类、果汁、非酒类饮料。
- 油脂类包括食用植物油、食用动物油、工业用动物油（工业猪油）。
- 糖果包括糖、巧克力、蜜饯等。
- 预制食品包括各种微波食品、方便食品以及罐头类加工食品。

（3）按货物的热状态分类。

按货物呈现的温度状态即货物热状态，可将易腐货物分为冻结货物、冷却货物和未冷却货物三大类。

① 冻结货物。

冻结货物指经冷冻加工、产品的中心温度达货物冻结点以下，通常在 −10～−18 ℃及以下货物，包括冻鱼、冻肉、冻禽类货物。速冻产品也是冻结产品，它是通过急速冷冻工艺加工的冻结食品，需要在 −18 ℃及以下温度保藏。承运时货物的温度一般在 −10 ℃以下。

② 冷却货物。

冷却货物指采用人工或天然降温方法使货物的温度降低到某一指定的温度，但不低于其液汁冰点的易腐货物，如经过冷却的新鲜水果、蔬菜、冷鲜肉类、禽及水产品等，以及经冷库冷藏存放的各类货物。承运时货物的温度一般在 0～7 ℃。

③ 未冷却货物。

未冷却货物指未经过任何冷却工艺处理，以原始自然状态或常温状态储运的易腐货物，如采收后以初始状态进行运输的水果、蔬菜以及花苗、树苗等鲜活植物。此外，还包括常温下存储的饮料、糖果、油脂类及熏腌卤制品、加工熟食制品类货物等。

由于货物的存在形式和状态是决定其储运条件的基本要素，因此为便于正确选定和运用易腐货物运输条件，便于运输组织、运价制定以及实施相应的管理措施，以保证货物的运输质量和安全，铁路运输中需要综合考虑货物品类、特性及货物热状态等因素，对易腐货物进行分类。

2）活动物

活动物是具有良好生命活动的动物类货物，主要包括活家禽、家畜、蜜蜂、活兽、活水产品等。

家禽，一般有鸡、鸭、鹅、鸽等。家畜，主要是猪、牛、羊、马、驴、骡、兔、犬等。铁路运输的兽类，一般包括各类大型野生及驯养的动物、马戏团表演用猛兽，如虎、狮、熊、狼、大象、獐、野猪等。活水产品，有河鱼、海鱼、蟹、虾、甲鱼、龟、贝、蛤蜊、螺、牡蛎等。

4.1.3 铁路鲜活货物运输的特点及要求

1. 鲜活货物运输的特点

根据我国鲜活货物的产销状况、市场格局及货流情况，我国铁路鲜活货物运输具有以下特点。

1）季节性强，运量波动大

大部分鲜活货物的生产具有季节性。如水果集中在三、四季度，南菜北运集中在冬春两季，水产品集中在春秋汛期。从而也形成了鲜活货物运输的旺季和淡季，旺季运量集中，运输时间紧迫；淡季运量减少，专用设备利用率低。

2）品种多，运输工作复杂

我国物产丰富，鲜活货物品种多，性质不一。不同的鲜活货物，运输条件各异，运输时需要采取冷藏、保温、加温、通风等不同的运输方式，提供预冷、加冰制冷、供暖、上水、供料等运输服务，运输工作复杂。

3）运距长，运输时间要求短

我国地域辽阔，鲜活货物分布不同，需要通过运输来调节，满足各地消费市场的需求，而且产地集中、销地分散，运输距离一般较长。如运输时间过长，易腐货物的养分减少，干耗增大，质量下降甚至腐烂变质；活动物则有可能掉膘、病残、死亡。运输易腐货物有严格的容许运输期限，运输活动物也须注意容许在途时间。

4）批量小，去向分散

近年来，鲜活货物市场总体需求量增大，但各地市场则呈现需求品种多、批量小的发展趋势，除少数大宗鲜活货物的流向流量较为明显和稳定外，多数货物的流向流量都较为分散。

5）货物质量易受外界气温、湿度和卫生条件的影响

鲜活货物较一般货物最大的不同是具有鲜活的特性，其质量易受外界气温、湿度和卫生条件的影响。尤其是易腐货物，热了易腐烂，冷了易冻损，干了易干缩，湿了易发霉，对温度、湿度有特殊的要求。活动物则要注意热天防暑降温，冷天防寒防冻。另外，贮运环境卫生条件不好，鲜活货物受到污染，不仅直接影响到货物的质量和外观，也使货物易被微生物侵害而腐烂变质或病残死亡。

6）货物品质要求高

随着社会和经济的发展，人们生活水平不断提高，对鲜活货物质量的要求也越来越高，更加注重食品的营养价值、风味口感、色泽外观和卫生安全。

鲜活货物的组织工作比较复杂，一是因为其时效性要求高，各环节必须紧密衔接；二是货物品种多、性质各异，需要按照不同的运输条件、采用专门的运输工具，作业内容多、操作繁杂；三是货源组织工作复杂，目前的多元化经营、小规模个体经销，使货物来源复杂、质量和批量较难统一。此外，有些鲜活货物还必须进行动植物检验检疫工作；除机冷车运输过程需要乘务人员值乘外，有些活动物运输时需派押运人员。

2. 鲜活货物运输的要求

铁路鲜活货物运输工作的根本目的是最大限度地保持鲜活货物的质量，及时快速地将货物运达目的地。要采取合适的运输方法，使用合适的运输工具，在适宜的运输条件下进行运输。具体的运输要求包括：

1）承运货物要符合运输条件的规定

易腐货物的热状态、承运质量、承运温度、包装和容许运输期限等要符合运输条件的规定；活动物应无病残，有规定的检疫证明，需要的容器、饲料和装车备品也应符合运输安全和卫生要求。

2）需配备相应的运输车辆、运载器具和运输设施

为保证鲜活货物的运输质量，需要有冷藏车、保温车、家畜车、活鱼车等专用货车和保温汽车、冷藏集装箱等运输车辆、运载器具以及为鲜活货物运输服务的预冷、制冷、加温、保温、通风、上水、供电等设施。

3）运输中需保持适宜的温度和湿度

易腐货物在贮运过程中，需要始终保持适宜的温度和湿度。例如香蕉贮运最适宜的温度为 11.7 ℃，相对湿度为 80%～85%，用机械冷藏车装运时，运输过程中车内保持的温度要求控制在 11～15 ℃ 的范围内。

4）要有良好的卫生和通风条件

鲜活货物的贮运环境应符合卫生防疫的要求，必须按规定严格对货车、货位进行清扫、洗刷除污和消毒，使用的装卸搬运机具、用品应清洁，运输需要的饮用水要卫生，防止货物受到污染和微生物侵害，还要有良好的通风条件，便于散热降温，排除有害气体、异味和多余水汽，保持空气清新适宜。

5）做到灵活、快速运输

为适应易腐货物运输去向分散、批量小的发展趋势，需要增加单节式机械冷藏车、保温车、冷藏集装箱等专用车辆和运载工具，采用灵活多样的运输组织方式。针对鲜活货物运输季节性强、运量波动大、时间要求快的特点，必须加强运输组织工作，做到快速运输。积极组织开行快运货物列车、鲜活货物直达列车，发展鲜活货物行包快运和绿色通道等多种快运形式。

6）提供冷藏物流服务

为高度保持货物的鲜活特性，铁路应以冷藏运输为主体，逐步构建和拓展易腐货物产贮运销一体化的冷藏链，实现冷藏运输网络与冷藏仓储配送网络的无缝对接，形成具有铁路特色的冷藏物流网络体系，为易腐货物的物流过程提供更优质的物流服务。

4.1.4　易腐货物保藏原理

大部分易腐货物（除部分后熟的果品）的质量变化规律是：自产成或采收后质量便开始进入逐渐下降阶段，其品质不能在后续过程中进行改善或提高，但可以一定程度地维持和保存。可以针对引起质量下降的原因和品质变化机理，采取相应的保藏技术措施，来延缓货物质量下降、品质劣变的速度，尽可能多地保持其原有品质。易腐货物保藏的基本原理就是通过控制和改变引起易腐货物变质腐败的各种因素作用的条件，来阻止易腐货物的变质腐败，延长产品寿命。

1. 易腐货物成分及其变质机理

1）易腐货物的化学成分

分析易腐货物的化学成分、特性及其变化规律与易腐货物腐烂的机理，有助于正确采取相应的防护措施，保持易腐货物的质量。

易腐货物中含有有机物和无机物两大类物质。有机物主要包括蛋白质、脂肪、糖类、维生素和酶等；无机物主要包括各种矿物质、无机盐和水。肉、鱼、奶等动物性易腐货物，蛋白质、脂肪、酶、水等含量较多；水果、蔬菜等植物性易腐货物，糖类、水含量较多。

（1）蛋白质。

蛋白质是高分子含氮有机化合物。在微生物的作用下，蛋白质会发生分解，产生硫化氢、氨等恶臭气体和有害物质。

（2）脂肪。

脂肪是甘油和脂肪酸的化合物。在微生物作用下，脂肪会发生水解，被分解成甘油和脂肪酸，脂肪酸再被氧化分解为醛类、酮类和酸类等有害物质。

（3）糖类。

糖是碳氢化合物，包括葡萄糖、蔗糖、乳糖、淀粉、纤维素等，是生物热量的重要来源。在呼吸作用下，植物性易腐货物中的糖被氧化成二氧化碳、水，并产生热量，而在缺氧环境下，则氧化分解成乙醇、二氧化碳，产生较少的热。

（4）酶。

酶是特殊的蛋白质，起着生物催化剂的作用，能加速各种生物化学反应。

（5）维生素。

维生素是低分子有机化合物，含量极少，有调节新陈代谢、维持免疫功能的作用，遇高温和氧化作用会受到破坏。

（6）水。

水是生命存在的条件，为生物包括微生物繁殖提供了条件。同时，水也是一种溶剂，直接参与并渗透、扩散生物化学反应。易腐货物含水量大，则显得鲜嫩，但也易于腐烂；而水分蒸发则会使货物干缩变质，失去新鲜的外观和品质。

2）易腐货物腐烂的原因

易腐货物发生腐烂，其实质就是货物的物质成分在一定的外界条件作用下发生分解变化而引起货物性质的改变。

（1）微生物作用。

微生物作用是一种生物作用，主要发生在动物性易腐货物。细菌、酵母菌、霉菌、病毒等微生物在易腐货物内滋生繁殖，引起蛋白质、脂肪等有机物分解而使货物发霉、发酵、腐烂，产生恶臭和有害物质。例如黑霉、青霉、白霉等霉菌的生长繁殖，会使易腐货物发酵、变酸、发臭。

（2）呼吸作用。

呼吸作用是一种生物化学作用，主要发生在植物性易腐货物。水果、蔬菜、马铃薯等植物性易腐货物，采收后仍有呼吸作用的生命现象，为取得维持生命活动所必需的能量，不断吸收氧气，在氧化酶的催化下，消耗糖类、维生素等养分，排出二氧化碳、水蒸气和热，但因养分不断消耗，特别是维生素受到破坏，货物抵御微生物的抗病能力减弱，易造成货物腐烂。而缺氧呼吸，则会产生乙醇，加快易腐货物腐烂。

（3）氧化作用。

氧化作用是一种化学作用。因碰撞、振动、挤压等物理作用，水果、蔬菜等植物性易腐货物的表皮组织受到机械损伤后，失去保护作用，微生物易于侵入，而且在酶的催化下，破损处也易发生氧化，使货物从点到面、由表及里地逐渐变色、变味和腐烂。动物性易腐货物的脂肪在酶的作用下也会被氧化。

以上导致易腐货物腐烂的原因并非孤立而是互相影响的。例如，苹果表皮擦伤后，伤口处就会被氧化变黄，细菌、霉菌等微生物也从伤口乘虚而入，苹果因自发愈伤和抵御微生物侵袭又引起呼吸作用加强，从而加速了苹果的腐烂。

2. 易腐货物的保藏方法

易腐货物的性质是易于腐烂，贮运中必须采取能够抑制变质延长保存期的保藏方法。

1）气调法

气调法是通过调节密闭贮运环境中气体的氧和二氧化碳含量，抑制水果、蔬菜等植物性易腐货物的呼吸作用和肉类等动物性易腐货物的氧化、脱水，提高货物的鲜度，减少损耗。

2）减压法

减压法是通过降低易腐货物包装容器的气压使之成为低压密闭状态，抑制水果、蔬菜的呼吸作用和微生物的生长繁殖，保持湿度，减少货物干耗，较好地保持货物的质地、鲜度、风味、颜色和重量。

3）电离子法

电离子法是利用高压电离空气产生正、负离子，使水果、蔬菜中的电荷得到中和而处于休眠状态，极少消耗或不消耗营养物质，延长保藏时间。

4）表面涂层法

表面涂层法是在水果、蔬菜表面涂抹或喷洒由蛋白质、淀粉和油脂等物质特制的高分子水溶液，使水果、蔬菜表面形成一层薄膜，起到抑制呼吸作用，防止水分蒸发和阻止微生物侵入的作用。

5）辐射处理法

辐射处理法是用射线照射杀死货物表面及深层的微生物，抑制微生物的繁殖，但会使易腐货物的色泽、香味、营养成分发生变化，维生素 E 易受到破坏。

6）冰膜贮藏法

冰膜贮藏法是在蔬菜表面喷水后置于 −0.8 ℃ 的环境中，使蔬菜表面结成 1～3 mm 的冰膜，以隔绝空气，起到限制呼吸和防止干耗的作用。

7）冻结真空干制法

冻结真空干制法是将含有大量水分的易腐货物速冻后密封，在真空包装内低温升华脱水，可抑制微生物繁殖，又能使货物有良好的复水性。

8）冷藏法

冷藏法是通过降低货物的温度来抑制微生物的生长繁殖，降低酶的活性，减缓呼吸、氧化作用。

以上各种保藏方法都有各自的优点和使用条件，如能配合运用会取得更好的效果。

3. 冷藏原理与方法

各种保藏方法中，冷藏法以其简便易行、经济实用、安全有效的特点，在我国铁路易腐货物运输中得到了普遍采用。低温是防止易腐货物发生腐烂的重要条件，大部分易腐货物适宜的运输温度，多数情况下都低于外界气温，需要在技术设备上提供适合货物性质的低温环境，进行冷藏运输。

1）冷藏原理

导致易腐货物腐烂的主要原因是微生物作用、呼吸作用和氧化作用。微生物的繁殖速度与温度密切相关。多数细菌在温度低于 25 ℃ 时，繁殖速度都会减慢；温度为 −12～−8 ℃ 时，繁殖基本停止；–18 ℃以下，繁殖完全停止。呼吸作用和氧化作用需要氧化酶的催化，而酶在温度较高时活性较强，温度较低时活性减弱。降低温度可使酶的活性降低，呼吸作用和氧化作用也随之减弱。由于微生物作用、呼吸作用和氧化作用的强弱均与温度高低有关，温度是造成易腐货物腐烂的重要条件。因此，采用冷藏方法，保持适度的低温，既可有效地抑制微生物的繁殖，又能减弱呼吸、氧化作用，对防止易腐货物腐烂是相当有效的，而且较其他保藏方法，冷藏法通常以空气为热交换的介质，不会给易腐货物带来有害的化学物质，有利于保护消费者的健康。

2）冷藏方法

冷藏是将易腐货物的温度降低，按其降低的程度分为冻结和冷却两种方法。

（1）冻结方法。

常温下，易腐货物中的水，是以自由水和结合水的形式存在的。自由水中含微量盐类，结合水则与蛋白质或碳水化合物结合，都具有在低于 0 ℃的温度下才能结冰的特点。

冻结方法是将易腐货物的温度降低到使货物中大部分水都变成冰的低温，在冻结状态下贮运。在冷冻加工过程中，有快速冻结和慢速冻结的区别，快速冻结的效果比慢速冻结好。

① 快速冻结。

易腐货物液汁中的水能很快结冰析出，迅速形成分布均匀的微小冰晶体，不致损伤细胞组织结构，能增大变化的可逆性，解冻时液汁融化后能充分地渗回到细胞组织中，货物的营养成分和滋味都能得到较好的保持。

② 慢速冻结。

易腐货物液汁中的水结晶过程长，形成的冰晶体大，破坏了细胞组织结构，解冻时液汁融化后不能充分地渗回到细胞组织中，甚至有部分液汁流出，形成不可逆过程，使货物的品质下降。

冻结方法能做到在低于 0 ℃的低温下贮藏易腐货物，可取得较理想的保质效果。在冻结货物中，一般还将经过深度冷冻，温度在 –18 ℃以下的冻结货物称为深度冷冻货物（简称深冷货物），经普通冷冻温度高于 –18 ℃的冻结货物称为普通冷冻货物（简称普冷货物）。动物性易腐货物含水量小，耐冻性强，适宜用冻结的方法冷藏，特别是冻鱼、冰淇淋等易腐货物，采用深冷运输，能更好地保持货物的品质和风味。水果、蔬菜等植物性易腐货物含水量大，如用冻结的方法冷藏，应采用快速冻结，以免破坏细胞组织结构，造成冻损。

（2）冷却方法。

冷却方法是将易腐货物的温度降低到适宜贮藏又不至于使货物冻结的低温。虽然降低温度，可有效地抑制微生物的繁殖，减弱氧化、呼吸作用，有利于保持货物的质量，但对水果、蔬菜等植物性易腐货物，温度又不宜过低，温度低于 0 ℃易造成货物发生冷害冻损而变质，通常只是将货物冷却到适宜的温度进行贮运。多数水果、蔬菜的适宜贮运温度在 0~4 ℃。

冷却加工时，水果、蔬菜等多用冷空气冷却，鱼虾可用夹冰冷却。

4. 冷藏运输

冷藏运输是冷藏方法在易腐货物运输中的运用，需要在运输技术上提供适合货物性质的低温运输条件，在运输组织上尽量缩短运输时间。

1）冷藏运输技术要求

冷藏运输最重要的技术要求是保持适当的低温。铁路冷藏运输主要是使用机械冷藏车和冷藏集装箱等运输车辆、运载器具，采用冷板制冷和机械制冷等技术，将易腐货物置于适宜的低温防护下进行运输，以保持货物的质量，防止腐烂变质。此外，采用预冷技术，运输前在预冷站或冷库将易腐货物降温处理成冻结货物或冷却货物，装车前对车辆、集装箱进行预冷，运输时能将货物温度尽快降低到适宜的运输温度，更有利于保持易腐货物的质量。

运输过程中调湿也是一项关键的技术条件。湿度是指空气中含水蒸气的程度，通常用相对湿度即以绝对湿度与饱和湿度的百分比表示。湿度过大，微生物繁殖快，呼吸作用强，货物容易腐烂；湿度过小，水分蒸发快，货物干耗增大，使货物失去新鲜状态，质量和数量都受到损失。

冷藏运输还应注意及时通风换气，排除热量、有害气体和多余水汽，补充新鲜空气，并保持良好的卫生环境，防止易腐货物受到污损和被微生物侵染。冷藏运输如能有选择地结合使用其他保藏技术，可更有效地保持易腐货物的品质。例如，可将水果、蔬菜、肉类等用气调法或减压法密闭包装后冷藏运输，能更好地保持货物的鲜度、风味和色泽。

2）冷藏运输组织方法

冷藏运输尽管采取了低温和其他特殊的防护措施来保持易腐货物的质量，但也只能延缓而不能停止货物的物理、化学、生物变化过程，货物质量仍有缓慢的降低，如营养成分减少、水分干耗增大、色泽风味改变等，运输时间越长，质量降低的程度越大。因此，应积极组织快速运输，尽量缩短运输时间，以利于保持易腐货物的初始质量。

3）冷藏链与保鲜链

铁路冷藏运输只是易腐货物整个物流过程中的一个环节，如采用冷藏链技术，将易腐货物从生产、加工、分拣、贮存、运输、配送、销售乃至消费的全过程，均置于低温防护下，可最大限度地保护易腐货物的原有质量。而进一步采用保鲜链技术，综合运用各种适宜的无污染的保鲜方法和手段，则可以使易腐货物在生产、加工、分拣、贮存、运输、配送、销售乃至消费的各环节中，最大限度地保持鲜活的特性和品质。

冷藏流通链如图 4-1-1 所示。由图可知，冷藏运输要贯穿冷藏链的从生产至储藏，以及销售各个环节，是连接流通各环节的纽带。两端的短途运输大都由公路冷藏汽车来承担，或由公铁联运来完成，中间的中长途运输可由各种运输方式来承担。若将冷藏链设备按固定和移动设备来分，则固定设备指建造于地面的冷藏加工生产设备及储藏、分销用的冷藏库设备，而移动设备就是指运输用的冷藏装备。

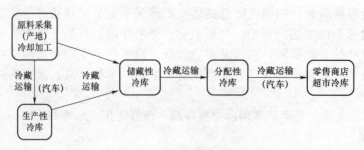

图 4-1-1 冷藏流通链

4.1.5　铁路冷藏运输装备

冷藏运输装备是制冷技术在运输中的应用，是一种特殊的移动式制冷设备。铁路冷藏车具有运量大、运距长、成本较低、运输安全性好、环保性好、受气候条件影响小等特点。机械式冷藏车具有良好的隔热和气密性能，配有优良的制冷控温设备，具有很强的车内温度调控（制冷、加温）和通风等功能，适合于各类易腐货物不同地区、不同季节条件下的全天候运输。但由于铁路冷藏车受轨道线路制约，运输范围限于铁路网所覆盖的区域。我国铁路使用过的冷藏运输装备种类有：机械冷藏车（单节式、成组式）、冷板冷藏车、冷藏集装箱、加冰冷藏车、液氮冷藏（试验）车等。另外，还有一些无制冷装置的保温隔热车。

1. 机械冷藏车

以机械制冷装置为冷源的机械冷藏车是目前铁路冷藏运输的主要运输工具。机械冷藏车具有的优点是：自重系数低、有效装载容积大、隔热性能良好。同时，具有制冷能力强、温度调控范围大、精准度高、车内温度均匀性好的优点；适运的货物种类多、运输质量良好；车上装备有供电设施，在路网范围内的运输距离和区域不受限制，运输速度较快；机械冷藏车车组技术含量高，维修复杂，需配备专业乘务人员负责操作和维护，设置专门的车辆段负责维修、运用和管理。

目前，铁路使用的机械冷藏车车组主要有 B_{21}、B_{22}、B_{23} 型 5 节机械冷藏车车组，单节式机械冷藏车主要有 B_{10} 型。

我国铁路机械冷藏车主要技术性能参数见表 4-1-1。

表 4-1-1　我国铁路机械冷藏车主要技术性能参数

车型	自重/t	载重/t	容积/m^3	装货面积/m^2	车内装载尺寸/mm	最大外部尺寸/mm	门孔尺寸/mm 宽×高	车组自重/t	车组载重/t	车组全长/m	车内可保持的温度/℃
B_{21}	36.4	45.5	92	45.9	18×2.55×2.0	21 938×3 035×4 325	2 700×1 900	208.6	182	107.7	−22~+14
B_{22}	36.8	46	105	46	18×2.56×2.3	21 938×3 020×4 670	2 700×2 300	200.2	184	107.7	−24~+14
B_{23}	38.2	45.5	105	43.6	18×2.56×2.3	21 938×3 134×4 640	2 702×2 306	215.8	182	110.1	−24~+14
B_{10}	40.5	38	100	43.6	17.3×2.56×2.3	21 938×3 094×4 700	2 700×2 300	—	—	—	−24~+14

1）成组式冷藏车的构造和性能

我国现有的成组式机械冷藏车均采用集中供电、分散制冷、空气冷却制冷系统。制冷机组为成套组装式，分别吊装在货车的两端上部，蒸发器、冷风机和电加热器部分伸入装货间，向车内吹送冷热风。机组车外部有外罩，外罩侧面有冷凝风机和进、排风百叶窗式通风格栅。车端部有梯子，机组高度处设有专门的工作台和防护栏杆，操作人员可在此对制冷机组进行操作和维护保养。

五节式机械冷藏车车组由 1 辆发电乘务车和 4 辆冷藏货物车组成，如图 4-1-2 所示。

发电乘务车连挂在车组中部，两边各挂两节货物车。图 4-1-3 所示为 B₂₂ 型机械冷藏车车组。

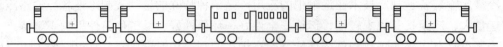

图 4-1-2　五节式机械冷藏车组编挂示意图

图 4-1-3　B₂₂ 型机械冷藏车车组

（1）发电乘务车。

B$_{22}$ 型机械冷藏车车组的发电乘务车车体外长 19 m，车体为全钢整体承载箱型结构，辅有聚苯乙烯隔热材料，车顶和侧墙厚度为 120 mm，地板厚度为 140 mm。

发电乘务车内分七个空间：机械间、控制中心间、过道和厨房、卫生间、采暖锅炉间、卧室、会议室。机械间内装配有 2 台主柴油发电机组和 1 台辅助柴油发电机组，每台主柴油发电机组的功率为 66.9 kW，电压为 380 V，供冷藏货物车制冷加温用电。每台主机配有冷却水散热用的风机 2 台，风机功率各为 7.5 kW。一台 15 kW/380 V 的辅助柴油发电机组，在主机停开、又无地面电源时，用以供生活照明用电。机械间内还备有 4 个燃料油箱，车下吊装 2 个燃料油箱，燃油总储量为 7 200 L，配有燃料泵一台。此外还备有整流器。为使机械间通风换气，还备有一台 0.9 kW 的风机。

卧室内设有 4 个卧铺，供乘务人员使用。会议室内备有桌椅、电视机、空调器、通风机、衣柜、工具柜。厨房内配有电冰箱等设备。此外，发电乘务车上还配有 5 个水箱，总容水量 3 250 L，在卫生间还设有淋浴热水器，它可以用采暖锅炉的循环热水，也可用 1.2 kW 的电热器加温。

（2）冷藏货物车。

冷藏货物车（如图 4-1-4 所示）的两端各设一套制冷机组、电加热器，对空气进行冷却、加温，用循环风机将冷、热空气从出风口吹入车顶棚与循环挡板间的通风道，沿两侧通风条吹到车地板上，从底格板（离水格子）吹出，在车内进行热交换，使车内获得均匀稳定的温度，然后从两端通风隔墙回到循环风机的进风口，再次循环，如图 4-1-5 所示。车内温度可通过测温、控温装置进行测温、控温。控温范围为 -24~14 ℃。车上设有通风换气装置，需要时可对车内进行通风换气。

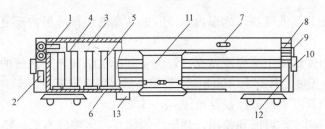

图 4-1-4　冷藏货物车设备布局示意图

1—制冷机组；2—冷藏车总控柜；3—风道；4—循环挡板；5—通风条；6—底格板（离水格子）；7—通风换气排风口；
8—机组通风百叶窗；9—护栏；10—工作台；11—车门；12—工作间侧门；13—备件箱

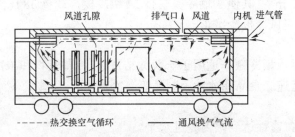

图 4-1-5　冷藏货物车空气循环图

2）单节式机械冷藏车

B_{10} 型单节式机械冷藏车设有发电工作间，为装货间供电，控温范围为 $-24\sim14$ ℃。单节式机械冷藏车较之机械冷藏车车组，具有单车运用、灵活方便的优点，能更好地适应易腐货物运输去向分散、批量小的发展趋势。可根据不同易腐货物对温度的要求，选择和设定工况温度，以保证货物运输质量。B_{10} 型单节式机械冷藏车的外观如图 4-1-6 所示。

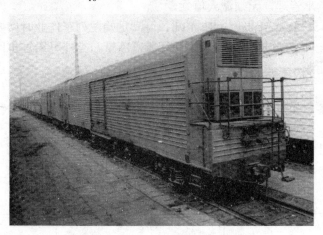

图 4-1-6　B_{10} 型单节式机械冷藏车

2. 冷板冷藏车

1）冷板冷藏车概述

冷板冷藏车顶部安装有多块冷板，利用冷板制冷。冷板为密封的钢制板状容器，内设成排蒸发管，管内可通过制冷剂，管外与容器内壁之间的空隙充满低共晶液。将液体制冷剂压入蒸发管内汽化吸热，低共晶液便被冷却冻结成固体状态，形成一块贮存冷量的冷板。在运输中利用冷板中的低共晶液吸热，为车内制冷。低共晶液可在冷板内反复冻结、融化，循环使用。

冷板冷藏车可由发站或中途充冷站充冷，配备制冷机组和充冷系统的冷板冷藏车可自行充冷。一次充冷，一般能连续运行 100 h。冷量用完后，可再次充冷。车内温度可通过调整冷板下调温板调节窗的开度来调节，控温范围 −8～5 ℃。

冷板冷藏车具有制冷剂可循环使用、耗能少的优点，运输成本低，使用期长。

目前铁路冷板冷藏车数量较少，有单节式冷板冷藏车和 4 节式冷板冷藏车车组两种。4 节式冷板冷藏车车组，由 4 辆冷板车组成，其中 1 辆设有乘务室。设乘务室冷板车有 10 块冷板，载重 30 t，容积 63 m³；其他 3 辆冷板车有 14 块冷板，载重 38 t，容积 87 m³。

2）120 km/h 快速机械冷板冷藏车

（1）用途。

120 km/h 快速机械冷板冷藏车适用于一般冻结货物、冷却货物和未冷却货物的快捷运输；采用特殊堆码也可承运速冻食品和冰激凌制品等深冷货物。

（2）性能特点。

① 车辆隔热性和气密性达到国内先进水平。

② 自动连续无故障制冷，抵消外界传热和货物自身发热对货物质量的影响，确保货物质量稳定不变。

③ 车辆蓄有充足的冷量，一次充冷可以保证在 120～240 h 内货物温升小于 3 ℃，在快运体系中可在全国任两站间运用，确保用户没有货损风险。

④ 采用货车提速技术，可以适用 120 km/h 快速运输要求。

⑤ 仅在始发有充冷作业、运输途中无须任何制冷操作，因采用货车通用提速技术，运输途中可按一般快速货车管理，无须派人值乘。

⑥ 充冷时间为 5～18 h，一般为 8～13 h，可满足始发列车作业时间要求。

⑦ 节能环保。一次充冷即可保障整个运行所需冷量，充冷时通过电网供电，无需燃油，且耗电量少，节约能源，并对大气不造成任何污染。

（3）运用条件。

始发站只要具备 380 V、20 kW 以上供电能力即可设置充冷站（充冷站也可设在车站附近的冷库专用线上）。

（4）主要技术性能指标。

快速机械冷板冷藏车主要技术性能参数见表 4−1−2。

表 4−1−2　快速机械冷板冷藏车主要技术性能参数

性能指标	乘务货物车	货物车
轴重/t	21	21
自重/t	40	38
载重/t	38	40
有效装货容积/m³	82	91
商业运行速度/（km/h）	120	120

续表

性能指标	乘务货物车	货物车
通过最小曲线半径/m	145	145
车体平均传热系数 K/［W/（m²·K）］	0.206	0.236
货间温度/℃（平均外温 30 ℃时）	−6～+8	−6～+8
充冷时间/h（平均外温 36 ℃时）	13～15	13～15
放冷时间/h（平均外温 30 ℃时）	（冻结货物）>240	（冻结货物）>240
	（新鲜果蔬）>120	（新鲜果蔬）>120
蓄冷量/kW	278	302
电源功率/kW（380 V 50 Hz）	20	20
转向架	转 K_2 型	转 K_2 型
风制动装置	120 型	120 型
车钩缓冲装置	13 号车钩，MT−3 缓冲器	13 号车钩，MT−3 缓冲器
限界	符合《标准铁路机车车辆限界》（GB 146.1—1983）	

（5）主要技术结构。

快速机械冷板车有两种车型：乘务货物车、货物车。两种车既可成组使用，也可单辆使用。该型车辆由车体结构、冷板制冷系统、转向架、车钩缓冲装置、风制动装置、电气系统、乘务员生活设施（仅乘务货物车有）等组成。

车体结构是由车体钢结构、聚氨酯隔热材料及玻璃钢车内板组成的薄壁筒型整体承载结构，具有强度高、刚度好、隔热强的特点。

冷板制冷系统由蓄冷板、充冷机组、温度调节装置、自然空气对流循环装置等构成，具有蓄冷量大、充冷时间短、放冷时间长、温度调节方便的特点。

电气系统由外接电源装置、稳度检测装置、蓄电池及其充电装置、充冷机组控制系统和车上用电器等构成，具有结构简单、使用可靠、控制智能化、自动化的特点。

生活设施配备有供水、排便、卧铺、照明、通风等装置，可满足押运乘务员的基本生活要求。

转向架采用转 K_2 型转向架，车钩缓冲装置采用 13 号车钩、MT−3 缓冲器，风制动装置采用 120 型控制阀、ST2−250 型闸调器、手动两级空重车调节装置及手摇链式手制动机等部件，可满足 120 km/h 的运用要求。快速机械冷板冷藏车布置如图 4−1−7 所示。

3. 冷藏集装箱

冷藏集装箱是一种先进的易腐货物冷藏运载工具，也是冷藏链的一项重要技术基础，除具有一般集装箱载货量相对小、运用灵活、市场适应性强、"门到门"运输的优点外，还能减少易腐货物在不同运输工具间换装和在待装、待搬、装卸、搬运、中转、配送等作业过程中的暴露时间，使货物免受外温影响而导致温升软化变质或发生低温冷害冻损，也减少了货物被污染的可能性，有利于保持货物的质量。

目前铁路冷藏集装箱有 20 ft 机械冷藏集装箱和 20 ft 冷板冷藏集装箱（1 CC 系列国际标准箱），控温范围为 −18～16 ℃。

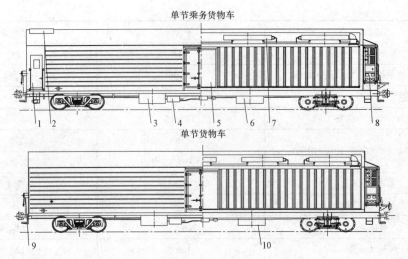

图 4－1－7   快速机械冷板冷藏车布置图

1—乘务室；2—给水装置；3—蓄电池箱；4—风制动机；5—货物间；6—充电箱；7—冷冻板；

8—制冷机组；9—手制动机；10—电缆箱

4. 机械冷藏运输的制冷原理

铁路机械冷藏车和机械冷藏集装箱是采用压缩式制冷机进行制冷的。

压缩式制冷机通常由压缩机、冷凝器、膨胀阀（减压阀）和蒸发器四个基本部件组成，并用管道连接成一个闭合的系统，如图 4－1－8 所示。一般用氨或氟利昂作制冷剂，用水或空气作冷却剂。整个系统以压缩机、膨胀阀为界，蒸发器一侧为低压区；冷凝器一侧为高压区。

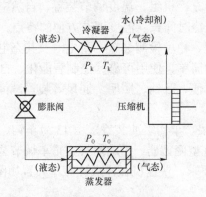

图 4－1－8   机械制冷基本原理示意图

蒸发器是制冷部件，温度低，但低压的液态制冷剂因压强低其汽化点的温度比蒸发器的温度还低，仍能在蒸发器内汽化吸热，使蒸发器温度降低，起到制冷的作用。制冷剂汽化后的低压蒸气，被压缩机吸出并加以压缩，成为高压气体后压入冷凝器。冷凝器是放热部件，温度高，但高压蒸气因压强高其液化点的温度比冷凝器的温度还高，仍能在冷凝器内液化成高压液体，放出热量，由冷却剂吸收。膨胀阀起节流作用，使通过的液体质量与压缩机抽出的蒸气质量相等，保持膨胀阀两端的压强差。高压液体通过膨胀阀后变成低压液体，进入蒸发器重新汽化吸热，循环制冷。

常用的制冷剂中，氨有毒，氟利昂会破坏大气中的臭氧层，它们正逐步被无毒环保的制冷剂取代，以减少对环境的污染和破坏。

4.1.6　易腐货物运输组织

1. 鲜活货物快运组织

长期以来，我国铁路受运力紧张的限制，易腐货物运输速度较低，这在很大程度上制约了铁路冷藏运输的发展。易腐货物运输基本上采用与普通货物相同的运输组织方式，即易腐货物在货运站装车后，挂运到编组站，经编组站编入各种货运列车中，再经过运行到达目的地附近的编组站，解体挂运到到站卸车，这种传统的货物运输组织形式，货物送达速度低，车辆周转时间长，无法满足易腐货物运输市场的快运需求。

通过加强运输组织，开发快运产品，可有效解决易腐货物运送速度低的问题。铁路开发应用的几种冷藏快运产品主要包括（混合式）冷藏快运班列、行包快运专列和行李车冷藏快运。

1）冷链快运班列

铁路的班列快速货运产品的出现，为运能紧张情况下的货运市场带来了新的活力。对于易腐货物冷藏运输，除了要快速，发到时刻的确定性和准时性也十分重要。它不仅有利于铁路的货源组织工作和货物快速集散作业，还有利于货主（收货人）的市场经营行为，增强市场竞争力。

中铁特货公司积极开展冷链快运业务，进行冷冻货物及鲜货的成组运输。运输的货物品类：成都至广州以运输肉类产品为主；昆明至兰州以反季节蔬菜及香蕉为主；海南至东北地区以海南地区的新鲜水果、蔬菜类货物为主。冷链班列形式大大提高了冷藏车的运用周转率（如图 4-1-9 所示）。

图 4-1-9　铁路冷链快运班列

铁路冷链班列全天候运行不受天气影响，铁路可以成为冷链运输的"生命线"通道。同时，铁路采用"BX_{1K}型冷藏集装箱专用平车+冷藏藏箱"模式进行运输，可以实现运输全程制冷，保证冷链货物的运输品质，是居民正常生活的重要保障。

2）行包快运专列

行包快运专列的出现为易腐食品的运输开辟了一条快捷运输方式。行包快运专列是按旅客列车组织形式，整列装载行李包裹的列车，固定列车编组，有确定的发到车站、确定的发到时间，运行安全可靠、方便快捷，价格合理。行包快运专列全列使用棚车，果蔬类产品的运输质量比冷藏车低，但仍能吸引大量易腐货物，这也说明了改进运输组织、加快货物送达速度对易腐货物运输十分重要。

3）行李车冷藏快运

铁路正式使用客运列车行李车运输易腐货物，是在 1999 年至 2003 年期间。由中铁特货运输公司开发的"铁路行包冷藏快运研究"项目，利用铁路客运快速网络、空调动力和人力资源，通过改造行李车、加装冷藏箱，满足特种货物（花卉）保鲜、快速运输的要求，实现门到门一条龙服务。该项目是在昆明至北京的客运列车的行李车上增加冷藏装备运输鲜花。这种方式既能大大加快运输速度，又能提高运输的准时性，而且能满足易腐货物"小批量、多批次、均衡供应"的市场需求，深受客户的欢迎。

2. 易腐货物的运输条件

托运人、收货人和承运人在办理易腐货物运输时，均应遵守《铁路鲜活货物运输规则》（简称《鲜规》）"易腐货物运输条件表"的规定。该表以热状态分类，按顺号对各品类易腐货物的承运质量、承运温度、适用包装、装载方法、运输温度、运输季节、使用车种、运输方式等作了具体规定。冻结货物品类顺号为 1～3 号，冷却货物为 4～7 号，未冷却货物为 8～13 号。

3. 易腐货物的托运与承运

1）按一批托运的规定

（1）不同热状态的易腐货物不得按一批托运。

不同热状态的易腐货物，运输条件区别较大。例如禽蛋中，冰蛋是冻结货物，外温高于 -6 ℃ 就需用冷藏车冷藏运输；冷却蛋是冷却货物，只有外温在 7 ℃ 以上时，才需用冷藏车冷藏运输；鲜蛋是未冷却货物，仅在外温高于 20 ℃ 时，才须使用冷藏车保持 5～12 ℃ 的温度冷藏运输；至于皮蛋、盐蛋等却不一定须按易腐货物办理。另外，易腐货物的热状态不同，对运输成本和货物质量的影响也较大。经冻结和冷却的货物运输时，不但可以减少制冷量，提高货物装载量，降低运输成本，也易于将货温尽快降低到规定的运输温度，有利于保持易腐货物的质量。因此，不同热状态的易腐货物运输条件不同，不得按一批托运。

（2）按一批托运的整车易腐货物，一般限运同一品名。

但不同品名的易腐货物，如在冷藏车内保持或要求的温度上限（或下限）差别不超过 3 ℃ 时，允许拼装在同一冷藏车内按一批托运，托运人应在"托运人记事"栏内记明："车内保持温度按××品名规定的条件办理。"

2）票据填写

（1）货物品名。

托运易腐货物，托运人应在"货物名称"栏内填写具体的货物品名，并注明其品类顺号及热状态。

例如，未冷却的甜椒，"货物名称"栏内应填写：甜椒（顺号 10、未冷却）。

（2）容许运输期限。

货物容许运输期限（$T_容$）是由托运人提出的货物运输时限，承运人据此确定在规定的运到期限内该货物是否可以承运。易腐货物的容许运输期限，必须依据科学实验、实践经验和专门知识，根据货物的品种、性质、采收季节、初始质量、成熟度、加工处理方法、气候、运输工具、运输方式等一系列因素确定。托运易腐货物时，托运人应如实提出并在"托运人记事"栏内注明易腐货物容许运输期限（日）。由于运输过程中存在各种不可控因素有可能导致挂车和运送延误或到站后不能及时送车和卸车，为使货物质量能有更可靠的保证，易腐货物的容许运输期限至少须大于铁路规定的运到期限 3 d 时，发站方可承运。

（3）冷藏车的运输方式。

使用冷藏车运输易腐货物，托运人应按易腐货物运输条件表或按运输协议商定的条件确定运输方式和途中服务要求，在"托运人记事"栏内具体注明"途中控温"、"途中不控温"、"途中通风"或"途中不通风"等字样，以便铁路按要求组织运输。

使用机械冷藏车（包括空车回送和回空代用），应由发站逐级上报铁路总公司调度部门，经铁路总公司调度命令承认后方可使用。车站应将调度命令号码填记在"机械冷藏车装车通知单"中。

（4）押运。

需浇水运输的鲜活植物，托运人须派押运人押运。需通风运输的易腐货物，托运人要求派人押运时，经车站同意，也可派人押运。押运人数除特定者外，每批不应超过 2 人，托运人要求增派时，须经车站承认。托运人应在"托运人记事"栏内注明押运人的姓名、证件名称及号码。

（5）运输标记。

发站承运易腐货物后，应在运单、票据封套上分别填记红色▲标记（表示须快速挂运的货车），以引起各环节运输工作人员的重视，防止易腐货物车辆在途中发生积压或滞留。

3）易腐货物的检疫证明

为防止病虫害的传播，控制疫情的蔓延，经由铁路运输的动植物产品和鲜活植物，应是无病和符合检疫要求的。例如需检疫运输的肉、油脂、内脏、生皮毛、血液、骨、蹄等畜禽产品，稻麦、瓜果、蔬菜的种子和中药材等植物产品，以及苗木、盆景等鲜活植物，应凭检疫合格证明办理运输。

4）易腐货物的质量、温度和包装

托运人托运易腐货物时，货物的质量、温度和包装必须符合《鲜规》"易腐货物运输条件表"和"易腐货物包装表"的规定。

（1）易腐货物的质量、温度和包装要求。

托运的易腐货物应有良好的初始质量，必须品质新鲜。冻肉、冻禽、鱼虾、贝类等动物性易腐货物必须色泽新鲜，气味正常，无腐烂变质现象。植物性易腐货物中，水果必须色泽新鲜，无虫害、破裂、过熟、腐烂等现象；蔬菜必须色泽新鲜，无雨湿、水渍、腐烂等现象，瓜类无破裂。

承运温度是指装车时货物的温度。易腐货物承运时，温度是否达到承运标准，直接影响到冷量消耗和货物质量。承运温度是指装车时货物的温度。提交运输时，易腐货物的温度必须符合规定。冻结货物的承运温度，除冰为 0 ℃外，其他在 −10 ℃以下。冷却货物的承运温度，除冷却的香蕉为 11～15 ℃、菠萝为 7～11 ℃外，其他在 0～7 ℃。

易腐货物的包装分为箱类、筐类和袋类包装，编为 9 个包装号，分别为木箱（1 号）、花格木箱（2号）、纸箱（3号）、钙塑箱（4号）、塑料箱（5号）、竹筐（6号）、条筐（7号）、麻袋（8号）、塑料编织袋（9号）。包装材料应质量良好无污染，结构和规格能适应货物体积、形状的要求，便于装卸、搬运、堆码和装载。包装强度和性能须适应货物的性质，怕挤压的货物，包装必须坚固，能承受货物堆码的压力；需要通风的货物，包装应有适当的缝隙或通风孔；体大坚实的货物，如冻肉（胴体、腔体）、冻鱼和西瓜、哈密瓜等可不要包装。

（2）易腐货物的质量、温度和包装检查。

发站对承运货物的质量、包装及安全防护用品是否符合规定应认真抽样检查，对冻结货物和冷却货物还应抽查货物的温度。使用机械冷藏车装运时，发站应会同机械冷藏车乘务员进行抽查。

检查货物的质量，目前基本上仍采用看、闻、触摸等感官观察的方法，有待研发科学实用的检测仪表，以保证检测的客观性和准确性。检测货物的温度，体大冻结的货物、货件可在货物、货件上钻一深孔，深度以达到货物、货件中心部位为宜，插入并保持 5～6 min 确定温度；松散有缝隙的货物、货件可将温度计直接插入货物、货件中心部位测温。

5）商定条件运输及试运

运输易腐货物必须按易腐货物运输条件表的规定办理，以保证货物的质量。但在实际工作中，因自然条件和作业条件的影响，提交运输的易腐货物有可能不完全符合易腐货物运输条件表的要求。如水果、蔬菜在短途搬运中遭受雨淋，冻肉因缺乏冷藏、保温汽车搬运而使承运时货物的温度高于规定的承运温度等，都会造成货物不能完全符合易腐货物运输条件表的要求。另外，由于鲜活货物的品类繁多，新产品不断出现，易腐货物运输条件表不可能列载出所有的易腐货物品名和运输条件。托运人如要求不按规定条件运输或运输未列名的易腐货物时，应按下列规定办理。

（1）托运人要求不按规定的条件运输易腐货物时，在确认货物不致腐烂变质的条件下，应事先与车站另行商定运输条件，并将商定的条件在"托运人记事"栏内注明。

（2）托运易腐货物运输条件表内未列名的易腐货物，托运人应事先与车站商定运输条件，报铁路局审批后方可试运，并将商定的运输条件在"托运人记事"栏内注明。

（3）不按规定条件运输和组织试运的易腐货物，车站与托运人应签订运输协议。货物质量由托运人负责。使用机械冷藏车时，要通知乘务组，并在乘务报单和机械冷藏车作业单内注明。

4. 车辆的选择和使用

1）车辆选择

托运人应根据货物的种类、热状态、气候条件、运输距离和运输去向等因素选择使用的车辆。选用的车辆必须符合易腐货物运输条件表的规定，规定要用冷藏车运输的，应按规定使用冷藏车，确因冷藏车不足，使用棚敞车时应按"使用棚敞车运输易腐货物的措施"的规定办理。

2）冷藏车使用规定

冷藏车是运输易腐货物的专用车，应用于装运易腐货物。装运需用冷藏车冷藏、保温或加温运输的非易腐货物，或利用冷藏车回空代用，车站应逐级上报铁路总公司，经调度命令承认后，方可使用。冷藏车使用时应做到经济、合理、安全。

（1）无包装的瓜果、蔬菜、卤鱼和能损坏车内设备的易腐货物，不得使用冷藏车装运（西瓜、哈密瓜、南瓜、冬瓜除外）。

（2）冷藏车严禁用于装运能污染和损坏车辆的非易腐货物。

（3）机械冷藏车每个车的装货重量，不准超过车辆的标记载重量。

3）冷藏车装车前准备

（1）车辆检查。

冷藏车装车前装车单位应检查冰箱、排水装置、通风口、车门及车内设备是否齐全良好，车内是否清洁卫生。使用机械冷藏车组装运的，乘务组接到装车通知后，还应检查机组的运转情况。发现车辆状态不适于使用（如冰箱损坏、车体车门破损、离水格子不全或损坏、机械故障等）或是车辆卫生条件不好（如车内有恶臭、污染等现象），应予更换或洗刷除污。不能保证货物质量的车辆严禁使用。

（2）车辆预冷。

车辆预冷有利于货物降温，减少途中冷量消耗，也便于保持车内适宜的运输温度。用冷藏车冷藏运输易腐货物，装车前必须预冷车辆，待车内温度降低后才能装车。

机械冷藏车车内的预冷温度：冻结货物为 $-3\sim0$ ℃；香蕉为 $12\sim15$ ℃，菠萝、柑橘为 $9\sim12$ ℃；其他易腐货物为 $0\sim3$ ℃。

（3）填记机械冷藏车装车通知单。

机械冷藏车装车通知单是车站与机械冷藏车乘务组进行工作联系的书面凭证。使用机械冷藏车运输易腐货物，发站在机械冷藏车到达后，应将装车时间、地点、货物品名、吨数、到站等事项填记在机械冷藏车装车通知单内（见表4-1-3），于装车前12 h交乘务组，作为准备装车的通知。机械冷藏车乘务组接到通知后，应及时按要求做好装车前的各项准备工作，如添加燃料油、润滑油和制冷剂，补充生活物资，预冷车辆等。遇机械冷藏车发生故障，难以在装车前及时修复，导致货物不能在规定时间进行装车时，乘务组应书面通知车站，车站应及时转告托运人妥善处理待装货物，并上报铁路局处理。

表4-1-3　机械冷藏车装车通知单

车号	装车地点	货物品名及热状态	重量/t	到站	计划装车时间	附注
7101611	甲	冻猪肉	40	乙	8:20	专用线自装
7101612	甲	冻猪肉	40	乙	8:20	专用线自装
7101613	甲	冻猪肉	40	乙	8:20	专用线自装
7101614	甲	冻猪肉	40	乙	8:20	专用线自装

注：机械冷藏车装车通知单一式两份，一份交乘务组作为准备装货的通知，一份发站存查。

装车站货运员（签字）站戳

年　月　日

机械长（签字）列车戳

年　月　日

5. 易腐货物的装车

发站应与托运人商定易腐货物进货、装车和车辆取送时间等事项，避免出现货等车或车等货的现象，滞延易腐货物运输。

1）装车注意事项

装车作业应使用不致损坏车体、车内设备的工具。开关车门时，严禁乱砸硬撬。采取保温、防寒、防湿等措施时，不得损坏车体。例如不得在冷藏车内钉草帘、棉被等防寒物，以免损坏车体的隔热结构，使冷藏车的隔热性能及气密性恶化。装车过程中应防止造成易腐货物破裂、折断、压碰、磨损等机械损伤。

经过预冷的冷藏车，应采取措施保持车内温度，避免降低预冷效果，作业过程中必须休息时，应妥善关好车门，以免浪费冷量，使货温升高。冷藏车装车时，货物应堆码在离水格子上，不得直接堆放在车地板上；上层货物距离循环挡板最少应留出 50 mm 的空隙，以免挤压循环挡板，堵塞空气循环通道；货物与车门、车墙可保持一定的距离，以利于传入车内的热量或冷量能被空气吸收而不被货物直接吸收，保证货物质量。

用冷藏车装运需要通风运输的易腐货物时，可以将进向左侧车门开启并固定，开启的车门最外突出部位从车辆纵中心线所在断面起不得超过 1 750 mm。用棚、敞车装运通风运输的易腐货物，可将棚车门窗开启固定，或将敞车侧板吊起，翻转到最大限度用铁线捆绑牢固，并用栅栏将货物挡住，开启的门窗和吊起的侧板最外突出部位不得超限。

2）装卸时间规定

托运人、收货人和承运人应加强装卸车的组织工作，缩短装卸时间。因托运人、收货人的责任超过规定的装卸时间，应核收货车使用费。机械冷藏车装货车为 8 辆以上的，每组装卸车作业时间不得超过 12 h；装货车为 4 辆型的，每组不得超过 6 h。其中每一车的装卸作业时间不得超过 3 h。

3）易腐货物的装载方法

易腐货物装车时，应根据货物的性质、热状态、包装、运输方式以及使用的车种，采用相应的装载方法。易腐货物的装载方法基本上可以分为两类。

（1）紧密堆码装载法。

紧密堆码装载可减少货物间的空隙，减缓货物本身冷量的散失，有利于保证货物质量和有效利用货车装载量，主要适用于冻肉、冻鱼、冰淇淋、雪糕等冻结货物和夹冰鱼虾、贝类等冷却货物。

（2）留通风空隙装载法。

留通风空隙装载法是在货物或货件间留有通风间隙和通风道，以保证空气流通，利于货物散热和车内空气循环，适用于具有包装且有热量散发的冷却货物和未冷却货物。例如，水果、蔬菜采用留空隙的装载方法，可增大货物的散热面积，以利车内冷空气在货件或货物间通畅循环，散发货物的田间热和呼吸热。通风装载方法编成 4 个装载号，分别为"品字形"装载法（1 号）、"一二三、三二一"装载法（2 号）、"井字形"装载法（3 号）、筐口对装法（4 号）等，见表 4-1-4。

以上装载法中，"品字形""一二三、三二一""井字形"装载法适用于木箱、纸箱、钙塑箱、塑料箱等箱类包装货物，筐口对装法则适用于竹筐、条筐等筐类包装货物。未留通风道或仅有纵向通风道的装载方法，较适用于有强制循环装置的机械冷藏车。

4）填写冷藏车作业单

冷藏车作业单是冷藏车运输易腐货物始发、途中、到达作业情况的原始记录，也是分析事故原因，划清托运人、收货人与承运人以及铁路内部相关部门之间责任的依据。

表 4-1-4 易腐货物装载方法表

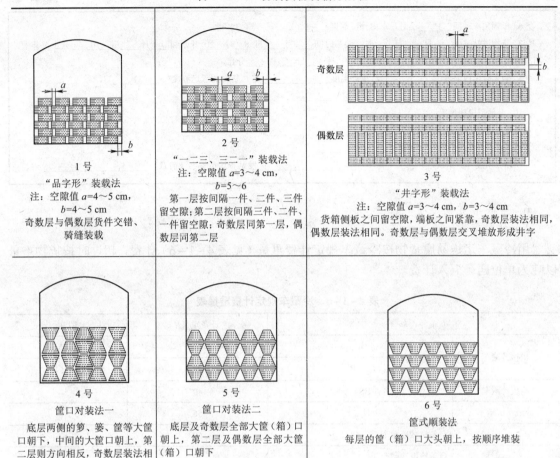

1 号 "品字形"装载法 注:空隙值 a=4~5 cm, b=4~5 cm 奇数层与偶数层货件交错、 骑缝装载	**2 号** "一二三、三二一"装载法 注:空隙值 a=3~4 cm, b=5~6 第一层按间隔一件、二件、三件 留空隙;第二层按间隔三件、二件、 一件留空隙;奇数层同第一层,偶 数层同第二层	**3 号** "井字形"装载法 注:空隙值 a=3~4 cm, b=3~4 cm 货箱侧板之间留空隙,端板之间紧靠,奇数层装法相同, 偶数层装法相同。奇数层与偶数层交叉堆放形成井字
4 号 筐口对装法一 底层两侧的箩、篓、筐等大筐 口朝下,中间的大筐口朝上,第 二层则方向相反,奇数层装法相 同,偶数层相同	**5 号** 筐口对装法二 底层及奇数层全部大筐(箱)口 朝上,第二层及偶数层全部大筐 (箱)口朝下	**6 号** 筐式顺装法 每层的筐(箱)口大头朝上,按顺序堆装

　　使用机械冷藏车时,填写机械冷藏车作业单(见表 4-1-5),对同一到站、同一收货人和同一热状态、要求同一温度的货物可不限车数合填机械冷藏车作业单。装卸车单位、发站、中途站、到站及机械冷藏车乘务组都要认真按实际填写冷藏车作业单,并做好作业单的传递交接工作。

表 4-1-5 机械冷藏车作业单

NO 000000
一、始发站作业记录(示例)

1. 发站　甲　到站　乙　、车种、车型、车号　　　　　　　　　货票号　　　　　　　　。

2. 货物品名、热状态　冻猪肉　　　　　　;包装种类、状态　无包装　　　　。

3. 货物质量抽查情况:　　　　　　　　　　　　　　　　　　　　　　　　　

　　　　　　　　　　　　　　　　　　　　　　　　　　　　　　　　　　　。

4. 货物装载方法　紧密堆码　　　　　　　　　。

5. 商定的运输条件　按规定-12~-9 ℃　　　　　。

6. 车辆预冷时间 __3__ 小时，车内预冷温度 __-2__ ℃。	

7. 货物进站时间___月___日___时。装车时间___月___日 8 时 20 开始到___月___日 10 分止，其中制冷时间___月___日___时___分开始到___月___日___时___分止。

8. 装车时车内温度 __-3__ ℃，车外温度_____℃，货物的承运温度 __-11__ ℃。

9. 试运批准号：_____

10. 其他需说明情况：

托运人或经办人签字（盖章）_____。

机械冷藏车机械长签字（盖章）_____。

铁路专用线（专用铁路）签字（盖章）_____；发站货运员签字（盖章）_____。

6. 冷藏车货物运费

1）计费重量

用冷藏车运送易腐货物按冷藏车规定计费重量（见表 4-1-6）计费，超过时按货物重量以吨为单位四舍五入计费。

表 4-1-6 冷藏车规定计费重量表

车种、车型		计费重量/t	附注
机械冷藏车	B_{10}	44	单节
	B_{22}、B_{23}	48	4 辆装货
冷板冷藏车	BSY	40	
冷藏车改造车	B_{15E}	56	
自备机械冷藏车		60	
自备冷板冷藏车		50	
代替其他货车装运非易腐货物铁路冷藏车		冷藏车标重	

2）运价率的确定

以冷藏车运送货物，按货物运价率表中不同车型的冷藏车运价率（见表 4-1-7）计算运费，特殊情况按下述方法办理：途中不需要加温（或托运人自行加温）或制冷的机械冷藏车按机械冷藏车的运价率减 20% 计费；使用铁路机械冷藏车运输，要求途中保持温度 -12 ℃（不含）以下的货物，按机械冷藏车运价率加 20% 计费；自备冷藏车、隔热车（即无冷源车）和代替其他货车装运非易腐货物的铁路冷藏车，均按所装货物适用的运价率计费。

表 4-1-7 冷藏车运价率

项目	基价 1		基价 2	
机械冷藏车	元/t	20.00	元/（t·km）	0.140

3）其他运费的计算

在温季和热季（按装车时外温确定）使用机械冷藏车装运需要途中制冷运输的未冷却的瓜果、蔬菜，按货物重量核收冷却费。

冷藏车送到装车站后，托运人取消托运，应核收空车回送费。已经预冷的机械冷藏车，还应核收一日的制冷费。

由于托运人（收货人）的责任，机械冷藏车超过规定的装（卸）车时间，在此期间需要制冷时，除核收货车使用费外，还应按日（不足 12 小时按半日）核收制冷费（见表 4－1－8）。

表 4－1－8　冷藏车其他项目费率表

项目		单位	费率
货车延期占用费	1～10 小时	元/车小时	8.00
	11～20 小时		16.00
	21～30 小时		24.00
	31 小时以上		30.00
机械冷藏车制冷费	单节型	元/车日	300.00
	5 辆型	元/车组日	1 020.00
车辆使用服务费	单节型	元/车日	160.00
	5 辆型	元/车组日	660.00

7. 易腐货物车辆挂运

为确保易腐货物的质量，必须加强运输组织，做到快速运输，关键是压缩易腐货物车辆的在站停留时间，尽可能将易腐货物车辆编入高等级列车运行并及时处理运输途中发生的问题。

发站、编组站、区段站要将 ⚠ 符号转记在列车编组顺序表内，对装有易腐货物的车辆应快速编解、取送，及时中转挂运，除中间站装卸车可编入摘挂列车外，均应根据作业计划编入快运列车或直达、直通、区段列车。机械冷藏车组尽量编在列车中部。易腐货物车辆中转停留时间，原则上不得超过车站有关去向的有调中转停留时间。

装有易腐货物的车辆，在运行途中不得保留积压。遇有特殊情况需要保留时，保留站应立即向主管铁路局调度所（中心）报告，及时采取措施转送或采取其他妥善处理办法。

装有易腐货物的车辆，因车辆技术状态不良发生滞留不能继运时，发现站应及时向主管铁路局报告，尽量组织按原运输条件换装。由于气温、技术条件等限制，不能换装又不宜在当地处理的易腐货物，发现站应及时联系托运人、收货人提出处理办法，超过要求时间未接到答复或因等候答复将使货物造成损失时，报主管铁路局提出处理意见。

8. 易腐货物途中作业

1）机械冷藏车控温

机械冷藏车装车完毕，乘务组应及时记录车内温度，车内温度未达到易腐货物运输条件表规定的或运输协议要求的温度之前，应不间断调温。运输未冷却的易腐货物，特别是热季运输未冷却的水果、蔬菜，因货物的田间热和呼吸强度较大，装车后不易将货物温度降到适温范围，极易发生腐烂变质，应尽量在最短时间内把车内温度降到规定或要求的度数。

运输途中，机械冷藏车乘务组应按易腐货物运输条件表的规定或运输协议商定的运输条件保持车内温度。为及时了解温度变化，正确调控车内温度，应每隔 2 h 记录一次各车内的温度，每 6 h 填写一次机械冷藏车作业单（见表 4－1－9）。

表 4-1-9　机械冷藏车作业单

二、机械冷藏车温度记录（示例）

日/时分	10/17:10	10/23:10	11/5:10	11/11:10	11/17:10	11/23:1
外温/℃	28.6	26.5	25.2	29.7	28.3	27.9
车内温度/℃	−9.1	−9.2	−9.6	−9.8	−9.8	−9.5

机械冷藏车机械长（签字）＿＿＿＿＿＿　　列车戳＿＿＿＿＿＿

注：1. 未冷却货物可不填记货物的承运温度。

2. 冷却及未冷却的货物以卸车时车内温度为货物交接温度。

3. 机械冷藏车温度记录填满时，可在本页反面画格填写。

4. "机械冷藏车作业单"一式三份，一份由发站留存，一份随车递送到站保存，一份由机械冷藏车乘务组交配属单位存档。

5. 本作业单保存期为一年。

2）通风作业

全程或部分区段需通风运输的易腐货物，或运输一段距离后需要对车内通风换气的易腐货物，应根据外界气温情况进行适当的通风。通风分为停站通风和在途通风。

（1）机械冷藏车的通风。

机械冷藏车的通风是由车辆的通风装置实现的。停站和在途时，可根据车内所装货物的需要开启车辆两端的进风阀门和车顶中部的排气口，利用循环风机的运转，给车内通风换气。

运输未冷却的水果、蔬菜时，为排除车内不良气体，也可进行自然通风。

（2）棚、敞车的通风。

棚、敞车装运的易腐货物需要停站或在途通风时，可以将车门、车窗开启固定或将敞车侧板吊起并加固。

通风作业需要车站、机械冷藏车乘务员、托运人、押运人的密切配合来完成。通风时，要注意保持货物需要的适宜温度，不能使车内温度升高或降低超出适宜的运输温度范围，进入车内的空气应干净，无水汽、煤烟和尘土，以免污染货物。通风的时机，一般热季宜在夜间或清晨进行，寒季则可在白天进行，雨天、雪天和大雾天气不宜通风，寒季外界温度低于−10℃或车内底层温度降到3℃左右时，应停止通风，以免冻坏货物。

9. 易腐货物到达作业

1）卸车与交付

到达的易腐货物应及时组织卸车交付或送车交接，严禁以车代库。对易腐货物的到卸情况，应重点抽查货物的质量，冷藏车装运的还应抽测货物的温度并检查车内、外温度，以机械冷藏车装运的应会同乘务组进行检测。货场内卸车的易腐货物要注意场地、装卸搬运机具符合卫生要求，严防污染变质，车站应及时联系收货人，采取措施，随卸随搬，减少暂存时间，特别是冻结、冷却货物和寒季保温、加温货物，收货人应准备搬运工具和防护用品，组织直接卸车，防止货物温升过快或发生冷害冻损。卸车时发现事故，应及时妥善处理，防止扩大损失。装运易腐货物的冷藏车，卸后应认真填写冷藏车作业单"到站作业记录"的各项内容（见表4-1-10）。

表 4-1-10 机械冷藏车作业单

三、到站作业记录（示例）
1. 到达车次 20397 次，时间 5 月 12 日 9 时 15 分。
2. 车辆调入时间 5 月 12 日 11 时 35 分开到到 5 月 12 日 14 时 50 至 5 月 12 日 16 时 20 分止，制冷时间 ___月___日___时___分开始到___月___日___时___分止。
3. 卸车时温度：车内温度 -9.2 ℃，车外温度 29.8 ℃。
4. 货物质量：感官观察 正常 ，冻结货物温度 -11 ℃。
5. 车内洗刷情况 符合要求 。
6. 其他需说明情况：
收货人或经办人签字（盖章）_____
机械冷藏车机械长签字（盖章）_____
铁路专用线（专用铁路）签字（盖章）_____；到站货运员签字（盖章）_____

2）货车的清扫、洗刷除污和消毒

卸车单位对卸后空车应负责清扫干净。装过鱼、贝、蟹、虾、肉类以及被其他易腐货物污染的车辆，未经洗刷除污严禁使用或排空，卸车单位必须按规定彻底洗刷除污，使车内没有残留的秽物和污水，必要时按规定或依照卫生防疫部门的要求进行消毒。收货人有洗刷、消毒设备时，由收货人自行洗刷、消毒，无条件可由到站负责洗刷、消毒。收货人及到站均无洗刷条件时，到站应根据调度命令填制特殊货车及运送用具回送清单，并在货车两侧车门及车内明显处各粘贴一张货车洗刷回送标签，向本局管内指定的洗刷站回送。洗刷除污、消毒后的空车应适当通风、晾干。机械冷藏车洗后须经车站和乘务组检查验收，棚车、敞车洗后由车站货运员检查验收。经洗刷除污的货车达到要求时，应撤除货车洗刷回送标签，并在货车两车门内外明显处粘贴洗刷工艺合格证。

【例 4-1-1】A 站 6 月 12 日装洋葱一车到 B 站（运价里程 1 151 km），货物运单"托运人记事"栏内记载容许运到期限 10 日，6 月 17 日该车到达 B 站后，托运人要求变更到 C 站（B 站至 C 站运价里程 258 km）。对于托运人的变更要求 B 站能否受理？为什么？

【解】B 站不能受理。

（1）原货物运到期限 6 日，容许运到期限 10 日；

（2）该车从 6 月 12 日承运至 6 月 17 日到达 B 站实际已发生的运输时间为 5 日；

（3）B 站至 C 站新的运到期限 3 日；

（4）扣除已发生的运输天数，容许运到期限还剩 10-5=5（日），与重新计算的运到期限相差 5-3=2（日）<3（日）。

易腐货物容许运输期限要大于重新计算的运到期限 3 日以上才能办理变更。故 B 站不能受理该车货物的变更。

【例 4-1-2】甲站于 6 月 16 日，使用 B_{22} 型机械保温车装运到丙站冻鸡一组，托运人于 6 月 18 日在中途乙站要求将此组货物变更到新到站丁站。甲站到丙站货物运价里程 1 250 km。乙站到丁站货物运价里程 750 km。托运人在货物运单中记载货物容许运输期限为 10 日。通过计算说明乙站受理托运人提出变更的依据（未给条件部分视为符合运输条件，不考虑）。

【解】（1）实际已发生甲站到乙站的运输时间为 3 日。

（2）乙站到丁站运到期限为：750/250=3（日）

（3）托运人在货物运单中记载货物容许运输期限为 10 日，10−6=4（日），4 日＞3 日。

（4）计算出的数据符合相关规章规定，乙站可受理托运人提出变更到站的要求。

任务训练

1. 农中站根据托运人要求用 P_{64K} 型棚车装运到日照站洋葱一车，其他条件自设，请填写货物运单。

2. 甲站 2018 年 6 月 16 日使用棚车装运到乙站西瓜一车，货物运到期限 6 日，货物运单"托运人记事"栏记明容许运输期限 10 日，该车 6 月 29 日到达乙站并于当日卸车，发现部分货物腐烂，其他条件自设，请按章编制记录。

3. 甲站使用 B_{22} 型机械冷藏车装运冻猪肉，纸箱包装，每箱标记货物净重为 30 kg，装车前进行车辆预冷，当车辆内预冷温度达到 1 ℃时，车站进行装车作业，装载时为运输安全，便于货物的通风，在每行货物间留有 5 cm 空隙，最上层货物距离循环挡板留出 10 mm 的空隙，运输途中温度为−5 ℃。根据以上内容分析不符合规章之处（未给条件部分视为符合运输条件，不考虑）。

4. 2 月 9 日 A 站发 B 站橘子一车，重 60 t，散装运输，托运人要求使用敞车不苫盖篷布装运，车号 C4168452，保价 2 万元。2 月 18 日到达 B 站，收货人要求变更到 C 站，B 站审核收货人出具的变更材料后，同意变更到 C 站，2 月 21 日到达 C 站，当日卸车发现橘子腐烂，经鉴定 60%已无法食用，收货人要求赔偿 3 万元。（1）请依章划责并计算赔款。（2）该货实际价值 5 万元，经法院判决属承运人重大过失造成，请分析是否应按实际赔偿。

5. 甲站发乙站冻鱼一批，重 30 t，使用 B_{10} 型机械冷藏车一辆装运（自装），要求途中保持温度在−12 ℃以下，按快运办理，请计算甲站应核收的费用（甲站—乙站里程 1 594 km，电气化里程 1 456 km）。

任务 **4.2** 铁路活动物运输组织

教学目标

1. 能力目标

能确定活动物办理条件，审核货物运单，组织装车作业，拍发上水预报。

2. 知识目标

掌握活动物的托运受理要求，掌握各种活动物装车作业的相关规定，掌握活动物的调车限制和编组隔离要求。

🚐 工作任务

甲站 2018 年 4 月 10 日使用一辆棚车装运活牛到乙站，车号为 $P_{62A}3321042$，在该站由 45002 次列车挂出。请按规定受理、运输该批货物。

🌐 相关知识

4.2.1 活动物专用车

1. 家畜车

家畜车是运输猪、牛、羊、鸡、鸭、鹅等家畜、家禽的专用车。我国铁路曾使用过的家畜车主要为 J_5、J_6 型，其中 J_6 型是活牛专用车。家畜车主要技术参数见表 4-2-1。

表 4-2-1　家畜车主要技术参数

车型	自重/t	载重/t	有效装载面积/m²	水箱容积/L	车辆最大宽度/mm
J_5	25.5	20	79.5	2 000	3 160
	27	20	104	1 920	3 160
J_6	24.6	16.6	42.77	2 749	3 130
	26.5	16.6	42.8	2 750	

家畜车的车体设置有车墙，车门，两侧、两端的调节窗、端窗，通风器等通风调温装置。车内装货间一般分为 2~3 层，设有押运人员休息室和饲料用具存放架。车上安装水箱、水管等储给水设备，有的还设有饲料槽。活牛专用车分为押运人生活间和装货间两部分。

2. 活鱼车

活鱼车是运输活鱼、鱼苗的专用车。车内设有水槽、水泵循环水流系统和储水箱等设备。使用时，鱼、鱼苗盛放在水槽内。水槽内的水在水泵的作用下，通过水循环装置流动，经水槽上的喷雾器喷入空气再落入水槽，将氧气带入水中，不断循环，给水补氧。

3. 棚车、敞车

棚车、敞车属通用货车。在活动物专用车不足的情况下，可有条件地选用棚、敞车装运活动物。使用时，据需要增设装载装置、装车备品并采取相应的防护措施，可用于装运马、牛、羊、猪等活动物。

4. 动物集装箱

动物集装箱是为装运活动物而特别设计的，设有外置式食槽，能遮蔽阳光直射，具有良好的通风条件，用于装运鸡、鸭、鹅等家禽和马、牛、羊等家畜。

4.2.2 活动物发送作业

1. 活动物的托运与承运

1）活动物运输种类

活动物一般按整车运输。活动物可用活动物专用集装箱运输，但不能用通用集装箱运输。

2）活动物运输证明

为防止动物疫病的传播，保护畜牧养殖业发展和人们的身体健康，运输的活动物（包括家畜、家禽、鱼虾、蟹贝、实验动物、观赏动物、演艺动物、野生动物等）应是健康无病的，必须持有检疫合格证明。

托运活动物，托运人应按国家检疫规定提出检疫证明，在运单"托运人记事"栏内注明检疫证明的名称和号码，车站凭此办理运输。

蜜蜂外运，除应提出检疫证明外，还需要取得到达地农业主管部门签发的放蜂许可证。

3）猛禽、猛兽商定条件运输

托运猛禽、猛兽，必须有坚固可靠的包装容器，确保安全。托运人应与发送铁路局商定运输条件和运输防护方法。跨局运输时，发送局应将商定的事项通知有关铁路局，以便做好接运接卸的准备和防护工作。

4）活动物押运事宜

活动物运输的最大特点是运输过程中要同时进行饲养工作，养运难以分离。装运活动物，托运人必须派熟悉活动物特性的押运人随车押运，并在运单"托运人记事"栏内注明押运人的人数和押运人的姓名、证件名称及号码。

押运人的人数，每车以1~3人为限，托运人要求增派时，须经车站承认，但增派人数一般不得超过5人。鱼苗每车押运人不得超过8人，蜜蜂每车押运人不得超过9人，租用的家畜、家禽车回空时每次准许派2人押运。

押运人携带物品必须符合安全要求，只限于途中生活用品和途中需要的饲料和饲养工具，数量在规定限量内。

5）活动物运输标记

对承运的活动物，发站应在运单、装载清单、票据封套上注明"活动物"字样，以引起各环节运输工作人员的注意，做好沿途服务工作，及时办理运输作业，缩短在途时间。

2. 活动物的装车

装运活动物的车辆能否适合所装活动物生活、生理特点的要求，是运输过程中能否为活动物创设必要的生存环境的重要前提。

1）车辆选用

装运活动物必须选用家畜车、家禽车、活鱼车以及受污染的棚、敞车，但不得使用无车窗的棚车。拨配的车辆是否适合装运活动物一律由托运人检查确定。托运人认为不适合装运时，承运人应给予调换。

（1）装运牛、马、骡、驴、骆驼等大牲畜，不得使用铁底货车，以免因行车、调车冲击、振动，引起大牲畜跌倒、坠落而致残、死亡，甚至造成行车事故。

（2）发往深圳北的活牛，多属供港物资，应用活牛专用车或棚车装运。

（3）装运活鱼、鱼苗必须使用活鱼车、棚车，为方便固定容器和通风给氧，不得使用全钢和车窗不能开启的棚车（采用增氧机运输的除外）。

2）活动物装车

装车前，应认真检查车辆的货运状态、卫生条件是否适合装运活动物。装车时，应按规定的方法和要求装载。

（1）禽、畜可单层或多层装载，每层的装载数量由托运人根据季节、运输距离、活动物的体积、选用的车种及车型等情况确定。马、牛、羊、猪等活动物，一般不应两种以上混装一车，如需混装应采取妥善的安全防护措施。

（2）棚车装活鱼、鱼苗应使用木箱、鱼篓、帆布桶、帆布槽等容器盛装。使用帆布槽盛装时，应用坚固的金属支架支撑，支架的高度不得超过 1.7 m，帆布应牢固、不渗水，装入鱼苗后，槽内水位不得超过 1.5 m。禁止托运人在车体上钻孔安装支架。

活鱼、鱼苗运输中的生存环境，较自然的生长、养殖生态环境不同，在运输中必须不断补充氧气，才能提高存活率。因此，活鱼、鱼苗装载密度不宜过大，鱼与水的比例以 1:10～1:12 为宜，运输用水必须清洁卫生，发现容器中的污物、残饵、死鱼应及时清除和换水。

（3）蜜蜂蜂箱巢门外须安装纱罩，防止蜜蜂逃逸和蜇伤人畜。蜜蜂的装载，应纵向排列，堆码稳固，并留有足够的通风道和押运人休息位置。使用敞车装运时，高度不得超过 600 mm，高出端、侧板的蜂箱要适当起脊堆码、捆绑牢固，避免超限和运行中蜂箱倒塌、坠落，保证安全。

（4）使用棚、敞车装运活动物时，为了通风散热，可开启门窗或吊起侧板，但应采取设置栅栏等措施防止活动物头脚伸出或坠落，避免活动物发生伤残死亡和引发行车事故。棚车开启的车门窗和敞车吊起的侧板不得超限并固定捆绑牢固，敞车上搭盖防晒防雨棚应稳固不超限，以保证安全。

3．活动物车辆的调车限制和编组隔离要求

1）调车限制

（1）鱼苗和外贸出口的禽、畜，装车后应在货车两侧插挂"禁止溜放"货车表示牌，在货物运单、票据封套、装载清单上用红色记明"禁止溜放"字样。

（2）活鱼、蜜蜂和非外贸出口的禽、畜，装车后应在货车两侧插挂"限速连挂"货车表示牌，在货物运单、票据封套、装载清单上用红色记明"限速连挂"字样。

2）编组隔离要求

（1）禽、畜、鱼苗装车后，应在货物运单、票据封套、装载清单上用红色记明编组隔离标记△9，并转记在货车表示牌上。

（2）装运蜜蜂的车辆不得与整车的敌敌畏、1605、1059 等农药车（即标有△的车）编挂在同一列车上。如因车流不足，分别挂运有困难，在列车运行全程内不发生折角转向运行的条件下，可编入同一列车内，但应将蜜蜂车挂在农药车的前部，并隔离 4 辆以上。

（3）蜜蜂车与生石灰车编挂同一列车中时至少应隔离 2 辆。

4．上水预报

对需要途中上水的活动物，发站或上水站应用电报依次向前方上水站进行预报。

4.2.3 活动物途中作业

1）活动物车辆的运行

装有活动物的车辆，车站应及时组织挂运，除在中间站有装卸作业的可编入摘挂列车外，其他站均应编入快运列车或直达、直通列车。在编组站、区段站中转停留的时间，原则上不得超过本站方向别的中转停留时间。将活动物车辆编入快运货物列车、鲜活货物直达列车，更有利于压缩活动物车辆的在途时间。

2）活动物车辆途中上水

活动物供水是一项不可忽视的工作。活动物途中的饮用水如不能及时得到补充和更换，将导致生存环境和生存条件恶化，易造成活动物中暑、缺氧、掉膘、病残、死亡。

活动物在中途上水，由铁路指定的上水站免费供应。上水用具由托运人或押运人自备。车站对挂有活动物车辆的列车，应接入备有上水设备的股道。上水站上水后应按规定用电报依次向前方上水站进行预报。上水预报电文内容和代号如表4-2-2所示。

表4-2-2 上水预报电文内容和代号

内容	开车月、日	车次	车型车号	货物品名	到站	收货人
代号	（1）	（2）	（3）	（4）	（5）	（6）

注: 1. 在电文首部冠以"上水预报"字样。

2. 整列运输时，代号（3）只报车型、车数，不报车号；代号（6）由最后一个上水站向到站预报。

3）押运

活动物车辆由押运人随车押运，负责做好动物的饲养、饮水、换水、洒水、看护、卫生、防疫和处理病残、死亡动物等工作。

运输活动物必须重视卫生防疫和环境保护。途中发现疫情，押运人要及时向车站和当地防疫检疫部门报告，并妥善处理。患有传染病的禽畜和死禽畜，应按防疫部门规定处理，不许出售和随意乱扔。活动物的垫料、粪便、残剩饲料等秽物不得中途清扫、冲洗和随意向车外抛撒，应由押运人在铁路指定站或到站清除。

4）蜜蜂不办理变更到站

蜜蜂外运，需要取得到达地农业主管部门签发的放蜂许可证，托运人根据签证指定的到站托运，承运人凭此办理承运，因此已承运的蜜蜂不能再变更到站。

4.2.4 到达作业

活动物车辆到达后，到站负责卸车的应及时组织卸车和交付，收货人负责卸车的应及时办理送卸和交接。卸车时要采取必要的措施防止活动物发生病残死亡等事故。

装运活动物的车辆卸车后，必须认真进行清扫、洗刷除污，清除活动物残留的秽物和异味。装过病死动物的车辆还应进一步按规定或依照防疫部门的处理意见进行消毒。清除的秽物和洗刷消毒产生的废水，应进行无害化处理，不得污染环境。活动物车辆的洗刷除污、消毒及回送办法，参照易腐货物的相关规定办理。

【例4-2-1】甲站5月2日按整车快运办理承运到乙站活牛一车，使用P_{64}型棚车装运。于5月14日调到卸车地点，由收货人组织卸车，该车在途中上水，加总后货车滞留时间计26 h。计算该货物运到是否逾期？若逾期应如何处理？（运价里程为1 944 km）

【解】（1）该批货物为快运，运到期限$T=T_发+T_运=1+（1\,944/500）=5$（日）

途中上水滞留26/24=1.1（日），按两天计算，即该批货物应该在5月9日调到卸车地点。现在于5月14日调到卸车地点，逾期5日。

（2）到站应向收货人退还全部快运费，再计算按普通运输是否逾期：

按普通运输运到期限 $T=T_发+T_运=1+（1\,944/250）=9$（日），途中上水滞留按 2 日计算，共计 11 日，即该批货物应在 5 月 13 日调到卸车地点。逾期 1 日。应向收货人支付货物运费 10%的违约金。

 任务训练

博兴站根据托运人要求用 P_{64K} 型棚车装运到青岛站活牛一车，其他条件自设，请填写货物运单。

复习思考题

1. 鲜活货物如何分类？
2. 易腐货物的容许运输期限如何确定？
3. 易腐货物的装车方法有哪些？
4. 活动物的装车要求是什么？
5. 活动物的车辆编组隔离限制是什么？

项目 5
铁路危险货物运输组织

项目描述

　　铁路运输企业应当依据有关法律、行政法规和标准以及国务院铁路行业监督管理部门制订公布的铁路危险货物品名等规定，落实运输条件，加强运输管理，确保运输安全。铁路危险货物运输管理，坚持安全第一、预防为主、综合治理的方针。促进铁路危险货物运输法治化、规范化、信息化、科学化。通过本项目的学习，使学生能正确判定危险货物，组织危险货物运输，确保危险货物运输安全。

任务 *5.1* 铁路危险货物判定

🎯 教学目标

1. 能力目标

能通过《铁路危险货物品名表》确定铁危编号、主要特性、包装方法、急救措施及特殊规定；能根据铁危编号确定危险货物的类别、项别、危险程度及运输条件；能根据危险货物的性质判断可能造成的危害后果。

2. 知识目标

掌握危险货物的定义及判定方法，危险货物的分类及性质。

工作任务

某托运人到伏牛溪请求托运一批硫黄，要求使用 60 t 棚车装运。

（1）请判定硫黄的铁危编号、主要特性、包装方法、急救措施及特殊规定。

（2）请确定伏牛溪站能否办理硫黄的运输。

🌐 相关知识

5.1.1 铁路危险货物的定义及分类

在铁路运输中，危险货物具有与一般货物不同的特性，它们除本身具有的主要危险性外，还兼有其他危险性，其中一些货物与其他货物在相互接触后会发生强烈的反应。为了安全地运输这些货物，在铁路运输中，必须严格执行国家和铁路总公司关于危险货物运输的有关规定。

1. 危险货物定义

在铁路运输中，具有爆炸、易燃、毒害、感染、腐蚀、放射性等危险特性，在铁路运输、装卸和储存保管过程中，容易造成人身伤亡、财产毁损或者环境污染而需要特别防护的物质和物品。

一种货物是否属于危险货物必须符合危险货物的定义。该定义的具体内容包括以下三个方面：

① 具有危险特性；

② 可能造成危害后果；

③ 可以采取特别的防护措施。

危险货物的危险性主要取决于货物本身的理化性质，但是与外界的环境条件也密切相关。

只要严格按章办事，以科学的态度掌握危险货物的性质和变化规律，认真做好危险货物的运输、搬运、装卸、保管、防护等各项工作，控制可能导致危险货物发生损失的外界条件，就能实现危险货物的安全运输。

2. 判定危险货物的方法

危险货物的运输条件，比非危险货物要求更严格、更复杂。如果把危险货物误认为普通货物，就会降低危险货物的运输条件，如不采取特殊措施，就有可能酿成事故；如果把普通货物误认为危险货物，在运输过程中就会增加不必要的防护措施，延误货物的运送，影响铁路运输效率。

危险货物的具体判定方法，可按下述步骤进行：

（1）在《铁路危险货物运输管理规则》（简称《危规》）、《铁路危险货物品名表》（简称《品名表》，见表 5−1−1）中列载的品名，均属危险货物（特殊规定可按普通货物运输条件运输的品名除外），均按危险货物运输条件运输。

（2）未列入《品名表》中，但铁路总公司已确定并公布为危险货物的品名，按铁路总公司规定办理。

（3）在《品名表》中未列载的化工原料、化工产品，可按《危规》中新产品的有关条件办理运输。

表 5−1−1　铁路危险货物品名表（摘录）

铁危编号	品名	别名	运输品名	主要特性	包装标志	包装类	包装方法	灭火方法	洗刷除污编号	急救措施	特殊规定	联合国及国标编号
1	2	3	4	5	6	7	8	9	10	11	12	13
41511A	萘	粗萘，精萘，萘饼，工业萘	萘（固）	无色或白色结晶或粉末，有特殊气味，比重1.16，熔点 80 ℃，闪点 79 ℃，易挥发	8	Ⅲ	10，11，13，21，22，24	水、砂土、泡沫、干粉、熔融萘着火不能用水	3		6，29	1334

危险货物品名表由 13 个栏目组成：

第 1 栏：铁危编号，由五位阿拉伯数字及英文大写字母组成。

第 2 栏：品名，为危险货物的正式运输名称及附加条件。

第 3 栏：别名，为危险货物正式运输名称以外的其他名称。

第 4 栏：运输品名，为危险货物运单填写以及货运管理使用名称。

第 5 栏：主要特性，为危险货物的主要物理、化学性质及危险性。

第 6 栏：包装标志，为危险货物包装标志。

第 7 栏：包装类，为按危险货物的危险程度划分的包装类。

第 8 栏：包装方法，为危险货物包装表的包装号及特定的包装方法。

第 9 栏：灭火方法，为推荐的灭火剂及灭火禁忌。

第 10 栏：洗刷除污编号，为洗刷除污方法编号及特殊洗刷除污方法。

第 11 栏：急救措施，为建议的临时急救措施。

第 12 栏：特殊规定，为该品名执行有关铁路危险货物运输特殊规定的顺序号。特殊规定的内容必须认真查看，严格执行。

第13栏：联合国及国标编号，联合国编号为联合国危险货物运输专家委员会《关于危险货物运输的建议书》中该品名的编号（仅供参考用），国标编号是《危险货物品名表》（GB 12268—2012）中的编号。

3. 铁路危险货物的分类

经由铁路运输的危险货物品类繁多、性质复杂，要求运输条件各异。根据《危险货物分类和品名编号》（GB 6944—2012）和《危险货物品名表》（GB 12268—2012），结合铁路运输实际情况，铁路危险货物按其具有的危险性或主要危险性划入9类中的一类；有些类别再分成项别。危险货物类项名称见表5-1-2。

表5-1-2 危险货物类项名称表

类号及名称	项号及名称	铁危编号
一、爆炸品	1.1 有整体爆炸危险的物质和物品	11001~11148
	1.2 有迸射危险，但无整体爆炸危险的物质和物品	12001~12057
	1.3 有燃烧危险并有局部爆炸危险或局部迸射危险或两种危险都有，但无整体爆炸危险的物质和物品	13001~13061
	1.4 不呈现重大危险的物质和物品	14001~14066
	1.5 有整体爆炸危险的非常不敏感物质	15001~15005
	1.6 无整体爆炸危险的极端不敏感物品	16001
二、气体	2.1 易燃气体	21001~21072
	2.2 非易燃无毒气体	22001~22069
	2.3 毒性气体	23001~23077
三、易燃液体	3.1 一级易燃液体	31001~31319
	3.2 二级易燃液体	32001~32158
四、易燃固体、易于自燃的物质、遇水放出易燃气体的物质	4.1 易燃固体（一级易燃固体）	41001~41074
	（二级易燃固体）	41501~41559
	4.2 易于自燃的物质（一级自燃物品）	42001~42052
	（二级自燃物品）	42501~42537
	4.3 遇水放出易燃气体的物质（一级遇水易燃物品）	43001~43057
	（二级遇水易燃物品）	43501~43510
五、氧化性物质和有机过氧化物	5.1 氧化性物质（一级氧化性物质）	51001~51087
	（二级氧化性物质）	51501~51530
	5.2 有机过氧化物	52001~52123
六、毒性物质和感染性物质	6.1 毒性物质 一级毒性物质（剧毒品）	61001~61205
	二级毒性物质（有毒品）	61501~61941
	6.2 感染性物质	62001~62004
七、放射性物质	六种形式：易裂变物质、低弥散放射性物质、低比活度放射性物质、表面污染体、特殊形式放射性物质、其他形式放射性物质	71001~71030
八、腐蚀性物质	8.1 酸性腐蚀性物质（一级）	81001~81135
	（二级）	81501~81647
	8.2 碱性腐蚀性物质（一级）	82001~82041
	（二级）	82501~82526
	8.3 其他腐蚀性物质（一级）	83001~83030
	（二级）	83501~83515
九、杂项危险物质和物品	9.1 危害环境的物质	91001~91021
	9.2 高温物质	92001、92002
	9.3 经过基因修改的微生物或组织，不属感染性物质，但可以非正常地天然繁殖结果的方式改变动物、植物或微生物物质	93001

不属于上述 9 类危险货物，在铁路运输过程中易引起燃烧、需采取防火措施的货物，属易燃普通货物。易燃普通货物品名见表 5-1-3。

表 5-1-3　易燃普通货物品名表

顺号	品　名
1	《铁路危险货物品名表》规定之外的籽棉，皮棉，黄棉花，废棉，飞花，破籽花
2	《铁路危险货物品名表》规定之外的各种麻类和麻屑
3	麻袋（包括废、破麻袋），各种破布，碎布，线屑，乱线，化学纤维
4	牧草，谷草，油草，蒲草，羊草，芦苇，荻苇，玉米棒（去掉玉米的），玉蜀黍秸，豆秸，秫秸，麦秸，蒲叶，烟秸，甘蔗渣，蒲棒，蒲棒绒，芒杆，亚麻草，烤烟叶，晒烟叶，棕叶以及其他草秸类
5	葵扇（芭蕉扇），蒲扇，草扇，棕扇，草帽辫，草席，草帘，草包，草袋，蒲包，草绳，芦席，芦苇帘子，笤帚以及其他芦苇、草秸的制品
6	干树皮，干树枝，干树条，树枝（经脱叶加工），带叶的竹枝，薪柴（劈柴除外），松明子，腐朽木材（喷涂化学防火涂料的除外）
7	刨花，木屑，锯末
8	纸屑，废纸，纸浆，柏油纸，油毡纸
9	炭黑，煤粉
10	粮谷壳，花生壳，笋壳
11	羊毛，驼毛，马毛，羽毛，猪鬃以及其他禽兽毛绒
12	麻黄，甘草

注：1. 用敞、平、砂石车装运易燃普通货物时，应用篷布苫盖严密，在调车或编入列车时，应进行隔离。但对干树皮、干树枝、干树条和带叶的竹枝，由于干湿程度、带叶多少不同应否苫盖篷布由发站根据气温和运输距离在确保运输安全的原则下负责确定。

2. 腐朽木材喷防火涂料或采取其他防火措施后，可不苫盖篷布。

3. 本表未列的品名，是否属于易燃普通货物，由发站报铁路局确定。

4. 以易燃材料做包装、捆扎、填塞物，以竹席、芦席、棉被等苫盖的非易燃货物，以及用木箱、木桶、铁桶包装的易燃普通货物，均按普通货物运输。以敞车装运时，是否应苫盖篷布，由托运人根据货物的运输安全情况负责确定，并在货物运单托运人记事栏内注明。

4. 铁路危险货物的编号和分级（简称铁危编号）

铁危编号是判断货物是否为危险货物的重要标志，是办理承运、配放、确定运输条件的主要依据，还是发生事故时判定货物性质、采取施救措施的依据。

铁危编号由 5 位阿拉伯数字及英文大写字母组成。第 1 位数字表示该危险货物的类别；第 2 位数字表示该危险货物的项别；后 3 位数字表示该危险货物品名的顺序号。其中类别和项别的号码顺序并不完全代表货物的危险程度顺序，后 3 位顺序号 001～500 为一级，501～999 为二级（第三类二级除外）。

如萘的铁危编号为 41511A，第一位"4"表示该物品为危险货物的第四类，第二位"1"表示该物品为第四类中的第一项，"511"表示萘在该项的顺号为 511。

同一品名编号具有不同运输条件时，在数字编号后用英文大写字母（如 A、B、C 等）表示。如：焦油（编号 31292A）又称煤膏，是煤干馏过程中得到的一种黑色或黑褐色黏稠状液体，具有特殊臭味，可燃并有腐蚀性。密度通常在 0.95～1.10 g/cm³，闪点 100 ℃，是一种高芳香度的碳氢化合物。限使用钢制企业自备罐车装运或钢桶包装的可用敞车运输。

煤焦油（编号 31292B）是黑色黏稠液体，有特殊臭味，相对密度小于 1，闪点 15.6～25 ℃。能刺激皮肤，有毒，易燃。限使用钢制企业自备罐车装运或钢桶包装的可用敞车运输。

松焦油（编号 31292C）是黑色黏稠液体，有特殊臭味，相对密度小于 1，闪点 15.6～25 ℃。能刺激皮肤，有毒，易燃。限使用钢桶包装的可用敞车运输。

5.1.2 危险货物的性质

1. 爆炸品

在国防建设、开山筑路、房屋爆破等方面都要大量用到爆炸品，因此，掌握爆炸品的性质，确保爆炸品的运输安全具有重要的意义。

按引起爆炸的原因可分为化学爆炸、物理爆炸和核爆炸三种。原子弹、氢弹的爆炸属于核爆炸；装有压缩气体的钢瓶受热爆炸属于物理爆炸；炸药及爆炸性药品的爆炸、可燃性气体（石油液化气）与空气混合达到爆炸极限时遇明火发生的爆炸、可燃性粉末（面粉厂粉尘）与空气混合遇明火发生的爆炸等属于化学爆炸。危险货物中爆炸品的爆炸一般都属于化学爆炸。

1）爆炸品的定义

爆炸品是指受到高热、摩擦、撞击、震动或其他外界作用，能迅速发生剧烈化学反应，瞬间产生大量气体和热量，形成巨大的压力而发生爆炸，对周围环境造成破坏的物品。

2）爆炸品的性质

（1）爆炸性。

爆炸品的爆炸具有反应速度快、释放大量热量、产生大量气体的特点。

例如，1 kg TNT 炸药完全爆炸仅需 10^{-5} s，放出热量 3 997 kJ，生成气体 690 L，爆速为 6 990 m/s，气体被加热到 2 000～3 000 ℃，压力达到 10.1～40.5 GPa。所以，爆炸品一旦发生爆炸，会对周围的环境造成严重破坏。

爆炸的反应速度通常用爆炸速度（简称爆速）表示，爆速一般以 8 000 m/s 为界限，高于此限的为烈性炸药，低于此限的为一般炸药。

（2）敏感性。

在外界能量作用下，炸药发生爆炸的难易程度，称为炸药的敏感度。由于各种炸药的成分不同，其敏感度也不一样。敏感度一般以引起炸药爆炸所需要的最小外界能量来度量，这种能量称为起爆能。炸药的起爆能越小，其敏感度越高。在铁路运输中，炸药遭受撞击、摩擦、加热、遇火、遇光都有可能引起炸药爆炸，所以在炸药的保管、列车运行、调车作业及炸药的装卸作业过程中必须按章办事，防火花、防撞击、防摩擦，同时还要防止杂质（如砂石、金属屑等物）混入炸药，以免提高炸药的敏感度。

过分敏感或反应性很强以致可能产生自发反应的爆炸性物质禁止运输。

2. 气体

气体通常应以耐压的气瓶装运，部分沸点高于常温的气体，可用安瓿瓶或质量良好的玻璃、塑料、金属容器盛装，个别气体也可采用特殊容器装运。它们在受热、撞击等作用时易引起爆炸，加之这些气体具有易燃、助燃、有毒等特性，在运输中应当引起高度重视。

1）气体的定义

本类气体是指符合下述两种情况之一的物质：

（1）在 50 ℃时，蒸气压大于 300 kPa 的物质；

（2）在 20 ℃及 101.3 kPa 标准压力下完全是气态的物质。

本类气体包括：压缩气体、液化气体、溶解气体、冷冻液化气体、气体与其他类别物质的蒸气的混合物、充有气体的物品和烟雾剂。

对一定量的气体，在温度不变的条件下，对其加压越大它的体积就会变得越小，利用气体的这个特性人们通常用高压的方式把气体压缩到钢瓶内储运。如果钢瓶内装有一定的气体，这个钢瓶内的气体压力会随着温度的升高而增大，当钢瓶内气体的压力增大到超过钢瓶所能承受的程度，这时就会发生钢瓶的胀裂或爆炸，这就是为什么装有气体的钢瓶严禁接触火种、热源的道理。

处于压缩状态的气体叫作压缩气体。如果对压缩气体继续施压，压缩气体就会转化为液体，这就是铁路运输中的液化气体。但是有些气体仅仅使用加压的办法并不能使其变为液体，还必须在加压的同时降低其温度。例如氧气，必须把温度降到 -118.8 ℃，施加 5.04 MPa 的压力，才能液化。若温度未达到此值，无论施加多大的压力都不能使其液化。这个能使气体液化的最高温度叫作临界温度。不同气体，其临界温度也不相同。在临界温度时，使气体液化所需要的最小压力叫作临界压力。

2）气体的危险性质

（1）气体受热膨胀。

压缩气体和液化气体使用高压和低温压缩与液化，气体分子处于压缩状态，存在很大动能。充装在钢瓶内的气体当其温度升高时，压力将随之增大。这种压力大至超过钢瓶所能承受的程度时，就会导致钢瓶爆炸。例如，一个氧气钢瓶的爆炸威力相当于 5 t TNT 炸药的爆炸威力。

（2）容器为压力容器。

因为货物的性质盛装压缩气体和液化气体的容器为压力容器，具有很大的危险性，如爆炸则具有杀伤性。安全帽、阀门、气嘴安装、关闭不到位时易折断，造成货物外泄。

（3）货物具有易燃、毒性和窒息性。

易燃气体和一些毒性气体很容易燃烧，如氢气、甲烷气、磷化氢等，遇火即能燃烧。

有些气体是剧毒气体，如氰化氢气体、氯气、氨气等，对人、牲畜都有很大的毒害性。当空气中含有 0.01%～0.02% 的氯化氢气体时，吸入人体内即能引起人体中毒。当充装有毒气体的钢瓶泄漏时，有毒气体就会扩散到空气中，造成大面积的空气污染，由于多数有毒气体比空气重，短时间内不易扩散到高空，被污染的空气长时间与人接触，将会引起人体中毒甚至死亡。

当有大量的不燃气体（如二氧化碳）扩散到空气中时，有可能使人体因缺氧而窒息死亡。

3. 易燃液体

易燃液体均为有机化合物，其中不少属于石油化工产品。该类货物除具有一般液体的性质外，还具有易燃、易爆、易挥发等性质。

1）易燃液体的定义

易燃液体是指闭杯闪点不高于 60.5 ℃或开杯闪点不高于 65.6 ℃的液体或液体混合物，或在液体及悬浮液中含有固体的液体。

易燃液体在常温下易挥发，其蒸气与空气混合能形成爆炸性混合物，部分易燃液体还具有毒性或麻醉性。某些易燃液体，易自行聚合，放出热量和气体，导致容器胀裂。

易燃液体的闪点是用闪点测定仪器测定的。在盛有易燃液体的容器中，液体表面上的蒸气和空气形成的混合物与火焰接触初次发生蓝色火焰时的温度，即为该液体的闪点。根据测定仪器的不同，闪点又分为开杯闪点和闭杯闪点两种。开杯闪点是将易燃液体放在敞开的容器中加热所测定（称开杯法）的闪点；闭杯闪点是将易燃液体放在一个特定的密闭容器中加热所测定（称闭杯法）的闪点。

2）易燃液体的性质

（1）高度的易燃性。

易燃液体的沸点较低，如汽油、醇、苯等在常温下能不断地挥发蒸气，挥发程度随温度的升高而增大，这些蒸气一旦接触明火甚至与火焰相隔一定距离就会燃烧，甚至爆炸。易燃液体的易燃程度通常用闪点来表示，闪点越低，其液体越易燃烧，危险性越大。

（2）蒸气的易爆性。

由于易燃液体都有很强的挥发性，当其挥发的蒸气和空气混合达到一定比例范围时，遇明火或火花后就会发生爆炸，这种比例范围称为该液体的爆炸极限。爆炸极限通常用蒸气在混合物中的体积百分比来表示，能引起燃烧爆炸的最低浓度，称为爆炸下限，能引起燃烧爆炸的最高浓度，称为爆炸上限。如乙醇的爆炸极限为 3.3%～19%，环氧氯丙烷的爆炸极限为 5.2%～17.5%等。下限越低，爆炸极限范围越大，其危险性越大。几种易燃液体的闪点和蒸气爆炸极限见表 5-1-4。蒸气的浓度低于或高于爆炸极限浓度范围，都不会发生爆炸。

易燃液体除上述主要特性外，还具有高度的流动扩散性、较大的蒸气压、遇强酸及氧化剂等能发生剧烈反应而引起燃烧等特性。有的易燃液体还具有毒性，如甲醇、苯、二硫化碳等，人体吸入较多后能引起急性中毒。大多数易燃液体不溶于水，且比重小于 1，所以在灭火中不应使用水扑救。

表 5-1-4 几种易燃液体的闪点和蒸气的爆炸极限

液体名称	闪点/℃	蒸气的爆炸极限		
		下限/%	上限/%	爆炸范围/%
乙醚	-45	1.85	36.5	34.65
二硫化碳	-30	1.3	50	48.7
苯	-11	1.3	7.1	5.8
甲醇	11.11	6.7	36	29.3
煤油	>37.78	0.7	5.0	4.3
苯乙烯	31.1	1.1	6.1	5.0

4. 易燃固体、易于自燃的物质、遇水放出易燃气体的物质

和其他类危险货物相比，该类货物运量较小，由于易燃固体中的金属粉末燃烧时温度高，与空气混合达到爆炸极限时容易引起粉尘爆炸。易于自燃的物质，特别是黄磷，不少经办站都发生过自燃着火。遇水放出易燃气体的物质在受潮、雨淋或遇水接触过程中会带来燃烧甚至爆炸，和一般货物的性质有根本区别，所以应该引起足够的重视。

本类物品易于引起和促成火灾，按其燃烧特性可分为易燃固体、易于自燃的物质、遇水放出易燃气体的物质三项。

1）易燃固体

（1）易燃固体的定义。

燃点低，对热、撞击、摩擦均较敏感，易被外部火源点燃，燃烧迅速，并可散发出有毒烟雾或气体的固体。

本项包括：在运输环境和条件下容易燃烧或由于摩擦可能引燃或助燃的固体；可能发生强烈放热反应的自反应物质；不充分稀释可能发生爆炸的固体退敏爆炸品。

（2）易燃固体的性质。

易燃固体主要有含磷化合物、硝基化合物、易燃金属粉末等，此外，它们之中有的是含过量水分或小包装的爆炸性物品。其主要特性有以下几方面。

① 燃点低，在高热、明火、摩擦作用下易燃烧。易燃固体的着火点都比较低，一般都在 300 ℃ 以下，在常温下只要有能量很小的着火源与之作用即能引起燃烧。如镁粉、铝粉只要有 20 mJ 的点火能即可点燃；硫黄、生松香只需 15 mJ 的点火能即可点燃，有些易燃固体在储存、撞击等外力作用时也能引发燃烧。例如，赤磷、闪光粉等受摩擦、震动、撞击等也能起火燃烧甚至爆炸。所以易燃固体在储存、运输、装卸过程中，应当注意轻拿轻放，避免摩擦、撞击等外力作用。

② 遇酸、氧化剂易燃易爆。绝大多数易燃固体具有还原性，与酸、氧化剂接触，尤其是强氧化剂，能够立即引起着火或爆炸。如 H 发孔剂与酸性物质接触能立即起火，萘与发烟硫酸接触反应非常剧烈，甚至引起爆炸。红磷与氯酸钾、硫黄与过氧化钠或氯酸钾相遇，都会立即引起着火或爆炸。

③ 可分散性。固体具有可分散性，一般来讲，物质的颗粒越细，其比表面积越大，分散性就越强。当固体粒度小于 0.01 mm 时，可悬浮于空气中，这样能充分与空气中的氧接触，发生氧化作用。易燃固体中的金属粉末如铝粉、镁粉等，燃烧时不仅温度很高，而且粉尘极易飞扬，与空气混合达到爆炸极限时，遇明火引起粉尘爆炸。

④ 热分解性。某些易燃固体受热后不熔融，而是发生分解现象。有的受热后边熔融边分解。一般来说，热分解的温度高低直接影响危险性的大小，受热分解温度越低的物质，其火灾爆炸危险性就越大。

⑤ 毒害性。许多易燃固体有毒，或燃烧产物有毒，或有腐蚀性。如二硝基苯、二硝基苯酚、硫黄、五硫化二磷等。

2）易于自燃的物质

（1）易于自燃的物质的定义。

自燃点低，在空气中易于发生氧化反应，放出热量，而自行燃烧的物质。

本项包括：发火物质和自热物质。

（2）易于自燃的物质的性质。

① 极易氧化。自燃的发生是由于物质的自行发热和散热速度处于不平衡状态而使热量积蓄的结果。自燃物品多具有空气氧化、分解的性质，且燃点较低。在未发生自燃前，一般都经过缓慢的氧化过程，同时产生一定热量，当产生的热量越来越多，积热使温度达到该物质的自燃点时，便会着火燃烧。

凡能促进氧化的一切因素均能促进自燃。空气、受热、受潮、氧化剂、强酸、金属粉末等能与自燃物品发生化学反应或对氧化反应有促进作用，它们都是促使自燃物品自燃的因素。例如油布、油纸等在常温、潮湿的环境中能缓慢氧化，并且不断放出热量，当积热不散，达到一定温度时，也会引起自燃。

② 易分解。某些自燃物质的化学性质很不稳定，在空气中会自行分解，积蓄的分解热也会引起自燃，如硝化纤维素胶片、赛璐珞等。

3）遇水放出易燃气体的物质

（1）遇水放出易燃气体的物质的定义。

遇水或受潮时发生剧烈化学反应，放出大量的易燃气体和热量的物质。

本项物质与水接触或受潮可能放出易燃气体，这种气体与空气混合能够形成爆炸性混合物。这种混合物极易被引燃，所产生的冲击波和火焰可能对人和环境造成危害。

（2）遇水放出易燃气体的物质的性质。

① 遇水易燃易爆。遇水后发生剧烈的化学反应使水分解，夺取水中的氧与之化合，放出可燃气体和热量。当可燃气体在空气中达到燃烧范围时，或接触明火，或由于反应放出的热量达到引燃温度时就会发生着火或爆炸。如金属钠等遇水反应剧烈，放出氢气多，产生热量大，能直接使氢气燃爆。

遇水后反应较为缓慢，放出的可燃气体和热量少，可燃气体接触明火时才可引起燃烧。电石、碳化铝等遇湿易燃物质盛放在密闭容器内，遇湿后放出的乙炔或甲烷及热量逸散不出来而积累，致使容器内的气体越积越多，压力越来越大，当超过了容器的强度时，就会胀裂容器以致发生化学爆炸。

② 遇氧化剂和酸着火爆炸。遇湿易燃物质除遇水能反应外，遇到氧化剂、酸也能发生反应，而且比遇到水反应得更加剧烈，危险性更大。有些遇水反应较为缓慢，甚至不发生反应的物质，当遇到酸或氧化剂时，也能发生剧烈反应。如锌粒在常温下放入水中并不会发生反应，但放入酸中，即使是较稀的酸，反应也非常剧烈，放出大量的氢气。这是因为遇水易燃物质都是还原性很强的物质，而氧化剂和酸类等物质都具有较强的氧化性，所以它们相遇后反应更加强烈。

③ 毒害性和腐蚀性。有一些遇水易燃物质与水反应生成的气体是易燃有毒气体，如电石放出的乙炔气。碱金属及其氢化物类、碳化物类与水作用生成强碱，都具有很强的腐蚀性，还必须注意防腐。

5. 氧化性物质和有机过氧化物

氧化性物质和有机过氧化物是化学性质比较活泼的一类物质，在工农业生产中常常用到，不少人错误地认为其危险性较爆炸品要小，所以在作业过程中，往往未能引起注意，反而成了危险货物中最容易发生事故的一类货物。因此必须了解它的性质，保证该类货物的安全运输。

氧化性物质和有机过氧化物具有强氧化性，易引起燃烧、爆炸，本类物质按其组成分为氧化性物质和有机过氧化物两项。

1）氧化性物质

（1）氧化性物质的定义。

氧化性物质是指易分解并产出氧和热量的物品，其本身不一定可燃，但能导致可燃物的燃烧，与粉末状可燃物能组成爆炸性混合物，对热、震动或摩擦较敏感。

（2）氧化性物质的性质。

① 很强的氧化性。氧化剂中的无机过氧化物均含有过氧基，很不稳定，易分解放出原子氧，其余的氧化剂则分别含有高价态的氯、溴、氮、硫、锰、铬等元素，这些高价态的元素都有较强的获得电子的能力。因此，氧化剂最突出的性质是遇易燃物品、可燃物品、有机物、还原剂等会发生剧烈化学反应引起燃烧爆炸。

② 遇热分解性。氧化剂遇高温易分解出氧和热量，极易引起燃烧爆炸。

③ 撞击、摩擦敏感性。许多氧化剂如氯酸盐类，硝酸盐类等对摩擦、撞击、振动极为敏感。储运中要轻装轻卸，以免增加其爆炸性。

④ 与酸作用分解。大多数氧化剂，特别是碱性氧化剂，遇酸反应剧烈，甚至发生爆炸。例如，过氧化钠（钾）、氯酸钾、高锰酸钾等，遇硫酸立即发生爆炸。这些氧化剂不得与酸类接触，也不可用酸碱灭火剂灭火。

⑤ 与水作用分解。有些氧化剂，特别是活泼金属的过氧化物，如过氧化钠（钾）等，遇水分解出氧气和热量，有助燃作用，使可燃物燃烧，甚至爆炸。这些氧化剂应防止受潮，灭火时严禁用水、酸碱、泡沫、二氧化碳灭火扑救。

⑥ 毒性和腐蚀。有些氧化剂具有不同程度的毒性和腐蚀性。例如铬酸酐、重铬酸盐等既有毒性，又会烧伤皮肤；活性金属的过氧化物有较强的腐蚀性。操作时应做好个人防护。

⑦ 强氧化剂与弱氧化剂之间的反应。有些氧化剂与其他氧化剂接触后能发生复分解反应，放出大量热而引起燃烧、爆炸。如亚硝酸盐、次亚氯酸盐等，遇到比它强的氧化剂时显示还原性，发生剧烈反应而导致危险。因此，氧化剂也不能混储、混运。

2）有机过氧化物

（1）有机过氧化物的定义。

有机过氧化物是指分子组成中含有过氧基（—O—O—）的有机物质，属热不稳定物质，可能发生放热自加速分解等，主要特性有：可能发生爆炸性分解；迅速燃烧；对碰撞或摩擦敏感；与其他物质起危险反应；损害眼睛。

有些有机过氧化物在常温下会自行加速分解，所以必须控温运输；有的则需要加入一定的稳定剂方能运输。如过氧化二苯甲酰干品极不稳定，受撞击易燃爆炸，运输中要求含水量不少于30%。

（2）有机过氧化物的性质。

① 分解爆炸性。由于有机过氧化物都含有过氧基，而过氧基是极不稳定的结构，对热、

震动、冲击或摩擦都极为敏感，所以当受到轻微的外力作用时即分解。如过氧化二乙酰，纯品制成后存放 24 h 就可能发生强烈的爆炸；过氧化二苯甲酰当含水量在 1% 以下时，稍有摩擦即能爆炸；过氧化二碳酸二异丙酯在 10 ℃ 以上时不稳定，达到 17.22 ℃ 时即分解爆炸；过氧乙酸（过醋酸）纯品极不稳定，在 −20 ℃ 也会爆炸，浓度大于 45% 时就有爆炸性，作为商品制成含量为 40% 的溶液时，在存放过程中仍可分解出氧气，加热至 110 ℃ 时即爆炸。不难看出，有机过氧化物对温度和外力作用是十分敏感的，其危险性和危害性比其他氧化剂更大。

② 易燃性。有机物一般都易燃而有机过氧化物更容易燃烧，如过氧化叔丁醇的闪点为 26.67 ℃，过氧化二叔丁酯的闪点只有 12 ℃，闪火即可燃烧。有机过氧化物受热或与杂质（如酸、重金属化合物、胺等）接触或摩擦、碰撞而发热分解，产生有害或易燃气体，当封闭受热时迅速由燃烧转为爆炸。所以扑救有机过氧化物火灾时应特别注意爆炸的危险性。

③ 人身伤害性。过氧化物容易伤害人的眼睛，如过氧化环己酮、过氧化氢叔丁基、过氧化二乙酰等都对眼睛有伤害作用，其中某些过氧化物即使与眼睛短暂地接触，也会对角膜造成严重的伤害。因此，应避免眼睛接触过氧化物。

6. 毒性物质和感染性物质

该类物质不仅是化工生产的重要原料与产品，而且是农业生产中不可缺少的重要物资（如农药等）。然而，毒性物质在危险货物品名中所占比例较大，也是铁路运输中造成人、畜中毒的主要物质，是车辆污染的主要污染源。因而搞好毒性物质的安全运输，意义重大。

本类货物分为毒性物质和感染性物质两项。

1）毒性物质

（1）毒性物质的定义。

毒性物质是指进入人体后累积达到一定的量，能与体液组织发生生物化学作用或生物物理变化，扰乱或破坏肌体的正常生理功能，引起暂时性或持久性的病理状态，甚至危及生命安全的物质和物品。

毒性物质在吞食、吸入或与皮肤接触后可能损害人类健康、造成严重损伤甚至死亡。

毒性物质毒性的大小通常用半数致死量（用 LD_{50} 表示）或半数致死浓度（用 LC_{50} 表示），其含义是指在一群实验动物中，一次染毒后引起半数动物死亡的剂量（mg/kg）或浓度（mg/L）。

毒性物质包括：急性经口毒性 $LD_{50} \leqslant 200$ mg/kg 的固体和 $LD_{50} \leqslant 500$ mg/kg 的液体；急性皮肤接触毒性 $LD_{50} \leqslant 1\,000$ mg/kg 的物质；急性吸入毒性 $LC_{50} \leqslant 10$ mg/L（蒸气、粉尘或烟雾）的物质。

本项划分为一级毒性物质（剧毒品）和二级毒性物质（有毒品），见表 5−1−5。

表 5−1−5　毒性物质分级表

分级	经口摄取半数致死量 LD_{50}/（mg/kg）	经皮肤接触 24 小时半数致死量 LD_{50}/（mg/kg）	粉尘、烟雾或蒸气吸入半数致死浓度 LC_{50}/（mg/L）
一级毒性物质（剧毒品）	≤50	≤200	≤2
二级毒性物质（有毒品）	固体：50～500 液体：50～2 000	200～1 000	2～10

（2）毒性物质的性质。

① 毒害性。毒害性主要表现为对人体及其他动物的伤害，引起人体及其他动物中毒的主要途径是呼吸道、消化道及皮肤三个方面。

呼吸道中毒：在毒害品中，挥发性液体的蒸气和固体粉尘最容易通过呼吸道进入人体，尤其在工作现场，接触毒品时间较长，很容易引起呼吸道中毒。如氢氰酸、苯胺、1605、西力生、赛力散、三氧化二砷等。进入人体后，随着血液循环还可以扩大中毒。

消化道中毒：毒害品侵入人体消化道引起的中毒。主要是在进行毒品作业后，未经漱口、洗手、更换工作服等就喝水、饮食、吸烟，或操作中误将毒品服入消化器官，进入胃肠引起中毒、溶解被人体吸收后引起人身中毒。

皮肤中毒：一些能溶解于水或脂肪的毒物接触皮肤后侵入人体内引起中毒。如1605、1059、硝基苯等。尤其通过皮肤破裂的地方侵入人体，并随着血液循环而迅速扩散。特别是氰化物的血液中毒，导致很快死亡。此外，氯苯乙酮等对眼角膜等人体的黏膜有较大的危害。

② 易燃性。在毒害品中，约89%都具有火灾的危险性。无机毒害品中的金属氰化物和硒化物大都本身不燃，但都有遇水、遇湿易燃性（如氰化钠、氰化钾等），它们遇水、遇湿后放出极毒的氰化氢气体是易燃气体；锑、汞、铅等金属氧化物、硝酸铊、硝酸汞、五氧化二钒等大都本身不燃，但都有氧化性，能在500℃以下分解，当与可燃物接触时易引起着火或爆炸。

③ 易爆性。毒害品中的叠氮化钠，芳香族含2、4位两个硝基的氯化物，苯酚，酚钠等化合物，遇热撞击等都能引起爆炸，并分解出有毒气体。如2，4–硝基氯化苯，毒性大，遇明火和受热至150℃以上即可以燃烧或爆炸。

2）感染性物质

含有病原体的物质，包括生物制品、诊断制品、基因突变的微生物、生物体和其他媒介，如病毒蛋白等。

感染性物质少量误服、吸入或皮肤接触后，能与体液和组织发生生物化学作用或生物物理变化，扰乱或破坏肌体正常生理功能，引起暂时性或持久性的病理状态，甚至危及生命。

7. 放射性物质

1）放射性物质的定义

在托运货物中，任何含有放射性核素并且其活度和比活度均高于国家规定的豁免值者属于放射性物品（物质）。

此类物质能自发地、不断地放出α、β、γ射线或中子流，具有不同的穿透能力，过量的射线照射对人体细胞有杀伤作用。有些放射性物质还具有易燃、易爆、腐蚀和毒害等危险性。

A_1、A_2 是 A 型包装中容许装入的放射性活度限值。

2）射线特性

（1）α射线。

α射线是带正电的粒子流，带两个单位的正电荷，电离能力强；射程很短，在空气中一般不超过 2～12 cm；穿透能力很弱，用一张纸、衣服或几十厘米的空气就能"挡住"。但因其电离能力强，一旦进入体内，会引起较大的伤害。

（2）β射线。

β射线是高速运动的电子流，由于它的速度高，所以能量也较大，穿透能力较强，但可被几毫米厚的铝片、塑料板"挡住"。β射线的电离能力较弱。

（3）γ射线。

γ射线是一种波长较短的电磁波（即光子流），不带电，而以光速在空间传播。射线穿透能力很强，而电离能力很弱。

（4）中子流。

中子流是不带电的中性粒子束。在自然界里，中子并不单独存在，只有在原子核分裂时才能从原子核里释放出来。中子流的穿透能力很强，容易被含有很多氢原子的物质和碳氢化合物所吸收，如水、石蜡、水泥。相反却能通过很重的物质，如铁、铅等。

各种射线的特性比较见表5-1-6。

表5-1-6 各种射线的特性比较

射线种类	带电性质	速度	空气中射程	穿透能力	电离能力	主要照射方式	防护材料
α射线	带正电的粒子流	2万 km/s	10多厘米	最弱	强	内照射	塑料、铝
β射线	带负电的粒子流	20万 km/s	20多米	较强	较弱	外、内照射	塑料、铝
γ射线	不带电的光子流	30万 km/s	几百米	强	只能间接电离	外照射	铁、铝
中子流	不带电的粒子流	与γ射线相似	与γ射线相似	强		外照射、内照射	水、石蜡

3）半衰期和放射性活度

（1）半衰期。

放射性元素因放出射线而变成另一种新元素的有规律的核变化，称为放射性元素的衰变。放射性物质的原子数因衰变减少到原来一半所需要的时间，称为半衰期。每一种放射性元素都有一定的半衰期，如镭^{226}的半衰期是1620年，碘^{131}的半衰期是8.04天，在铁路运输中，通常把半衰期少于15天的放射性元素称为"短寿命"放射性物品。

（2）放射性活度。

放射性活度是放射性物质放出射线强弱的一种物理量，其单位为Bq（贝可）。

在铁路货物运输中，常用"放射性比活度"表示单位物质中所含放射性的强弱。其含义是：单位重量（或单位体积）的固体物质中所具有的放射性活度，常用单位有Bq/kg、kBq/kg。

4）剂量当量及剂量当量率

剂量当量是人体对一切射线所吸收能量的剂量，单位为Sv（希沃特）。单位时间内所受到的剂量当量，称为剂量当量率，国际单位制规定为Sv/s，常用单位为mSv/h。

5）放射性物品的形式

放射性物品有下列 6 种形式。

（1）低比活度放射性物质（LSA），此类物质放射性比活度较低，包括Ⅰ类、Ⅱ类和Ⅲ类低比放射性物质。

（2）表面污染物体（SCO）。包括Ⅰ类和Ⅱ类表面污染物体。

（3）带有放射性物质的仪器或仪表等制品。

（4）放射性同位素。

（5）易裂变物质，包括 ^{235}U、^{233}U、^{238}Pu、^{239}Pu 和 ^{241}Pu。

（6）其他放射性物质，不包括在上述 5 种形式内的放射性物质。

8. 腐蚀性物质

硫酸、硝酸、盐酸、烧碱等腐蚀性物质，是化工生产的基本产品，也是化学工业的重要原料。在铁路运输中与其他危险货物相比，也是运量较大的一类危险货物。

1）腐蚀性物质的定义

腐蚀性物质是指与完好皮肤组织接触不超过 4 h，在 14 d 的观察期中发现引起皮肤全厚度损毁，或在 55 ℃时，对 S235JR+CR 型或类似型号钢或无覆盖层铝的表面均匀年腐蚀率超过 6.25 mm/年的物质。

腐蚀性物质可通过化学作用使生物组织接触时造成严重损伤，在渗透时会严重损害甚至毁坏其他货物和运载工具。有些腐蚀性物质挥发出的蒸气能刺激眼睛、黏膜，吸入后会中毒；有些腐蚀性物质受热或遇水会形成有毒烟雾；有些无机酸性腐蚀性物质具有较强氧化性，接触可燃物易引起燃烧；有些有机腐蚀性物质具有易燃性。

2）腐蚀性物质的性质

腐蚀品的化学性质比较活泼，能与金属、有机物及动植物机体发生化学反应，并具有毒害性及易燃性。

（1）腐蚀性。

腐蚀品对人体造成灼伤。如硝酸、硫酸等对人的皮肤、眼睛及黏膜具有破坏作用；酸、碱都能与金属材料发生不同程度的反应，对金属容器、货物包装、车辆、仓库地面等造成腐蚀，如硫酸与铁发生反应，使铁质包装造成锈蚀；氢氧化钠与铅发生反应生成铅酸钠和氢气等。此外，酸、碱对棉、麻、纸张、木材等发生作用，使它们脱水碳化，从而失去使用价值。

（2）氧化性。

有些酸类具有很强的氧化性。有的自身分解，释放出氧气；有的在与其他物质作用时，可以从其他物质中获得电子，将其氧化。如硝酸置于空气中，就会分解放出氧气。

（3）毒害性。

腐蚀性物质中的一些强酸还具有不同程度的毒性。如发烟硝酸、发烟硫酸、氢氟酸等易挥发出有毒气体，能引起人体的局部或全身中毒。

（4）易燃性。

有些有机腐蚀性物质本身易燃烧，如甲酸、乙酸等接触火源时，会立即引起燃烧。

9. 杂项危险物质和物品

本类物质和物品是指第 1 类至第 8 类未包括的物质和物品。如干冰（CO_2 固体），按其性质归纳在前 8 类中任何一类都是不恰当的。还有其他一些物质如锂电池组、多卤联苯或多卤三联苯（液体和固体）和石棉类等。这些物质都是对环境有害的。随着我国和世界各国对环境保护认识的提高，各种公害事件不断发生，血的教训唤起了人们对环境的重视。为了自身的生存和发展，维持正常的生态平衡变得非常重要。因此，增设第 9 类，共列 9.1 项、9.2 项和 9.3 项，都是对生态和环境有害的物质和物品。

1）危害环境的物质

凡是能对地球生物生存环境（如温度、大气成分、水质、土壤、声音强度等）造成危害的物质，都可以称作危害环境的物质。如 CO_2 是联合国环境规划署列为全球最有害的化学品之一。在产生温室效应加剧的原因中 CO_2 占 56%，氯氟烃占 24%，CH_4 占 11%，N_2O 占 6%。

全球气候变暖所带来的后果是十分严重的，全球增温，两极冰帽融化，水因升温膨胀，海平面将上升，沿海城市和海岛将淹没，全球 1/3 的人口受到影响。气候变暖会使温度带和降水带移动，使生态环境受到影响。变暖的气候有利于病菌、霉菌和有毒物质的生长，导致食物受污染或变质，气候变暖甚至会引起全球疾病的流行，严重威胁人类的健康。

石棉的微粒是大气和室内空气非常有害的物质，吸入体内，积累后危害极大，具有强致癌作用。此外，锂电池组及多卤联苯等对水质的污染也非常严重，对坏境造成很大的破坏。

2）高温物质

这些物质是温度≥100 ℃的液体（包括熔融金属和熔融盐）和≥240 ℃的固体。高温物质出事故后会直接伤害人体和各种生物体，直接影响周围环境。如改质的煤焦沥青，原来煤焦沥青中的有害成分已改变，软化点在 100 ℃以上，经鉴定不属于前八类危险货物，但超过 100 ℃运输时，按第九类危险货物办理。

3）经过基因修改的微生物或组织

经过基因修改的微生物或组织，不属感染性物质，但可以非正常地天然繁殖结果的方式改变动物、植物或微生物物质。

这类物质会影响生物体的遗传混乱引起变异，破坏生态平衡。

5.1.3　铁路危险货物办理限制

各种危险货物具有不同的危险性质，为了完成危险货物的运输任务，应在危险货物运量较大及具备安全运输条件的地方设立危险货物办理站，并配备必要的专用仓库、车辆、装卸工具等运输设备。

1. 铁路危险货物办理站

危险货物办理站（简称办理站）是站内或接轨的专用线（含专用铁路）办理危险货物发送（含换装）、到达业务的车站。按类型分为三种。

① 站内办理站：仅在站内办理危险货物业务的车站。

② 专用线接轨站：仅在接轨的专用线办理危险货物业务的车站。

③ 兼办站：在站内和接轨的专用线均办理危险货物业务的车站。

办理站除应执行铁路货场、专用线一般规定外，还应符合铁路危险货物办理站、专用线货运安全设备设施有关技术条件等相关规定以及有关法律、法规、规章对危险货物运输安全管理、安全作业、安全培训和应急处置等要求。

2. 铁路危险货物专用线

专用线（专用铁路）运输时应与设计时办理危险货物运输内容一致，装运和接卸危险货物运输品类，要有专门附属设施和安全防护设备等。铁路危险货物运输常见主要装卸设备为装卸作业线、起重装载设备、栈桥、鹤管、输送管道、轨道衡、消防设施、安全检查及报警设备、防雷防静电设备等。

1）装卸设备

液体类、气体类危险货物的装卸，常见的设备设施有栈桥、鹤管、移动泵及输送管道。此类设施作为专用线主要附属设备设施，生产、安装、施工必须由具备国家相关资质的单位承担，装卸机具必须具有防爆功能，接地良好，日常要加强设备设施的维护检修工作，装卸作业前必须检查设施的完好性，并在装卸作业区及储存区增设可燃气体检测报警仪、火灾报警仪等。

气体类危险货物的装卸，在充装前必须对空车进行检衡，充装后对重车进行复检，办理气体类危险货物的运输单位必须配置轨道衡，轨道衡必须经过国家轨道衡计量站检验合格后方可投入使用。

2）消防、安全设施

专用线应配置与办理危险货物性质相符合的消防、安全防护设施和器材，并设有安全防护标志。消防设备设施应经当地公安消防部门验收合格并出具验收意见书，消防通道应保持通畅。运输单位应根据危险货物的运量、品类等，配备如具备防静电功能的防护服、防护手套、防毒面具等防护用品，以及必要的应急救援药品和器材。

3）防雷防静电设施

专用线库房、栈桥等设施，应安装防雷保护装置，并经当地气象部门验收，验收合格并出具合格证书，每年进行复检。

爆炸品仓库应采用独立避雷针或架空避雷线（网），使被保护的建筑物处于接闪器的保护范围内。

具有火灾爆炸危险的场所，易燃、易爆危险货物储存、装卸作业区，泵房（棚）、压缩机房（棚）等的入口处，应设人体导除静电装置，储运设备、操作工具等，有可能产生和积聚静电而造成静电危害时，应采取静电接地措施，铁路罐车和装卸栈桥，应设静电专用接地线，对爆炸、火灾危险场所内可能产生静电危险的设备和管道，均应采取静电接地措施，输送具有火灾危险性的液体或固体管道在下列部位，应设静电接地设施。

危险货物专用线和共用单位名称变更的，铁路局应查验工商部门出具的企业名称变更核准通知书等企业名称变更的有关证明。

3. 办理限制

1）铁路办理站危险货物办理限制

铁路局应根据相关规定和要求，确认批准《铁路办理站危险货物办理限制》（简称办理限制）中管内增加或修改内容，并报总公司运输局公布。新增爆炸品、剧毒品、放射性物质（物品）和气体类危险货物办理限制时，由铁路局确认后将安全评估报告等相关材料报总公司运输局批准公布。

站内办理时，办理限制包括办理站名称，发送、到达品名及相应的装运方式。

危险货物办理站站名表（见表 5－1－7），规定站内办理危险货物的发到品类。

表 5－1－7　危险货物办理站站名表（摘录）

局别	序号	站名	类别类型	发送品名	到达品名	备注
哈尔滨	1	冯屯	一类		鞭炮	
	2	哈尔滨	五类	漂白粉		
			六类	敌敌畏		
			八类	消毒剂		
	3	海拉尔	一类		炸弹	
			八类		烧碱	
	4	拉古	一类		鞭炮	

危险货物集装箱办理站站名表（见表 5－1－8），规定站内办理危险货物集装箱发到站名及允许的箱型。

表 5－1－8　危险货物集装箱办理站站名表（摘录）

局别	序号	站名	箱型类型	发送品名	到达品名	备注
上海	1	无锡南	非标箱	黄磷	黄磷	

剧毒品办理站站名表（见表 5－1－9），规定站内、专用线剧毒品发到的品名。

表 5－1－9　剧毒品办理站站名表（摘录）

局别	序号	站名	顺号	专用线	共用单位	发送品名			到达品名			轨道衡		起重条件	
						灌装	非灌装	集装箱	灌装	非灌装	集装箱	动态	静态	起重能力	设备类型
郑州	1	长治	1	站内			氰化钠								
	2	郑州东	1	沙隆达郑州农药有限公司专用线			氧乐果			氧乐果					

办理站需按《铁路危险货物运输基础管理信息化档案目录》（见表 5－1－10）的内容要求，结合本站危险货物运输办理情况，建立信息化档案并实行分类管理。铁路局应把信息化档案管理纳入安全管理检查考核内容。

表 5－1－10　铁路危险货物运输基础管理信息化档案目录

序号	档案名称	档案内容
1	法律、法规、规章	《中华人民共和国铁路法》《中华人民共和国安全生产法》《危险化学品安全管理条例》《铁路安全管理条例》《铁路危险货物运输安全监督管理规定》等
2	文电	① 总公司相关文电
		② 铁路局相关文电

续表

序号	档案名称	档案内容
2	文电	③ 站段相关补充规定
		④ 试运批准电报
3	协议	① 专用线运输协议
		② 危险货物运输安全协议
		③ 危险货物专用线共用协议
		④ 托运危险货物安全协议
		⑤ 试运安全运输协议
		⑥ 危险货物过轨运输协议
4	技术报告	① 安全评价报告
		② 包装检验报告
		③ 新品名鉴定报告
		④ 安全评估报告或安全评估意见
5	应急预案	① 总公司危险货物运输应急预案
		② 铁路局危险货物运输应急预案
		③ 车站危险货物运输应急预案
		④ 托运人危险货物运输应急预案
6	托运人材料	① 营业执照
		② 生产，经营，使用等许可证或其他证明
		③ 轨道衡年检合格证
		④ 包装检测合格证明
		⑤ 其他材料
		⑥ 托运人登记表
7	办理站设备技术档案	① 办理站接轨的专用线技术设备登记表
		② 办理站站内技术设备登记表
		③ 洗刷除污登记表
8	危险货物新品名	① 铁路货物运输技术说明书
		② 危险货物新品名登记表
9	危险货物新包装	① 新运输包装申请表
		② 新运输包装登记表
10	押运管理	① 押运员登记表
		② 全程押运签认登记表
11	重大危险源	重大危险源登记表
12	查堵记录	危险货物匿报、谎报查堵记录表

序号	档案名称	档案内容
13	检查、整改记录	① 自检自查工作记录表
		② 整改措施
14	危险货物运输安全统计及事故记录	① 危险货物运输安全状况统计表
		② 危险货物运输事故分析报告
		③ 危险货物运输事故记录
15	铁路职工培训	① 铁路货运人员危险货物运输业务培训登记表
		② 铁路装卸人员危险货物运输业务培训登记表
16	违章处理记录	违章处理记录登记表
17	罐车充装记录	危险货物罐车充装记录（计量单）
18	危险货物作业签认单	① 铁路危险货物发送作业签认单
		② 铁路危险货物途中作业签认单
		③ 铁路危险货物到达作业签认单
		④ 铁路剧毒品发送作业签认单
		⑤ 铁路剧毒品途中作业签认单
		⑥ 铁路剧毒品到达作业签认单
		⑦ 危险货物罐车发送作业签认单（气体类）
		⑧ 危险货物罐车途中作业签认单（气体类）
		⑨ 危险货物罐车到达作业签认单（气体类）

2）专用线办理限制

接轨的专用线办理时，办理限制包括接轨站、专用线名称，发送、到达品名及相应的装运方式；专用线共用时，还应包括共用单位名称，发送、到达品名及相应的装运方式等。

铁路危险货物运输办理站（专用线、专用铁路）办理限制（见表 5-1-11），规定铁路罐车、集装箱、整车装运危险货物发到的品名，与车站衔接的专用线、专用铁路产权单位名称、共用单位名称，轨道衡计量以及集装箱（罐）作业条件（起重能力、起重设备类型）等。

表 5-1-11　铁路危险货物运输办理站（专用线、专用铁路）办理限制（摘录）（哈）

序号	办理站名称	顺号	专用线（专用铁路）名称	共用单位名称	发送品名			到达品名			轨道衡		起重条件	
					灌装	非灌装	集装箱（罐）	灌装	非灌装	集装箱（罐）	动态	静态	起重能力	设备类型
1	2	3	4	5	6			7			8		9	
33	哈尔滨东	58	哈尔滨市液化石油气公司		甲醇、液化石油气			甲醇、液化石油气						
		67	松江罐头厂专用线					盐酸、氢氧化钠溶液						

3）危险货物办理条件安全评估

铁路局确认办理限制前，应组织对危险货物办理条件进行安全评估，并形成安全评估报告或安全评估意见，不符合安全要求的不得批准。铁路局应制定相关评估办法。安全评估应包括以下内容。

（1）危险货物储运库房、装卸站台、堆场、雨棚等专用设施以及装卸机具、设备是否与所办理危险货物的品类和运量相适应。

（2）危险货物作业场所的安全距离、消防、防雷、防静电、计量、安全检测、防护、储存、装卸、载运工具、污水（污物）处理等设施、设备以及专用线接轨方式、线路作业条件等铁路运输安全基本设施、设备，是否符合法律、法规、规章和标准等规定。

（3）管理人员、货运作业人员、装卸作业人员、运输经办人员和押运人员等是否经过铁路危险货物运输业务知识培训合格，是否熟悉本岗位的相关危险货物知识，是否掌握铁路危险货物运输规定。

（4）是否建立健全危险货物受理、承运、装卸、储存保管、消防、劳动安全防护等安全作业及管理制度。

（5）是否制定完善的铁路危险货物运输事故应急预案，是否配备应急救援人员和必要的救援器材、设备。

经国铁过轨运输的非国家铁路控股的合资铁路、地方铁路（已委托铁路局管理的除外）办理危险货物业务的，铁路局应首先核对其所属铁路运输企业是否按照《铁路危险货物运输安全监督管理规定》要求，向社会公布办理危险货物的车站名称、作业地点、办理品名、装运方式等信息；然后与其所属铁路运输企业签订危险货物过轨运输协议，交换上述有关信息；按照约定的交接地点、方式、内容、条件和安全责任等，与其所属铁路运输企业办理危险货物交接。

在专用线办理危险货物运输时，产权单位应与办理站（货运中心）签订专用线运输协议和危险货物运输安全协议。危险货物运输需要共用专用线时，应由产权单位、共用单位、办理站（货运中心）签订危险货物专用线共用协议。

危险货物运输安全协议、危险货物专用线共用协议每年签订一次。首次签订协议应在办理限制公布之后、正式运输前进行；办理限制内容发生变化时，应在办理限制公布之后、运输实施前重新签订协议。

危险货物运输安全协议、危险货物专用线共用协议有效期到期前 1 个月，办理站（货运中心）应通知相关单位按规定签订新协议。逾期未签订新协议的单位，由办理站（货运中心）、铁路局逐级上报总公司运输局在办理限制中取消。

4. 危险货物可按普通货物运输的限制条件

（1）以容量不超过 2 L 的安瓿瓶盛装时，可按普通货物运输。含氮量≤12.6%、含水或其他润湿剂＜32%的硝化纤维素，限按整车办理，并仅限使用停止制动作用的棚车装运。

（2）含氨 12%以下、比重 0.88 的氨溶液，内包装每瓶 0.5 kg 及以下、每箱净重 20 kg 时，可按普通货物运输。

（3）医用安瓿瓶包装，每盒 5×0.2 mL，每箱 300 盒时，可按普通货物运输。

（4）含碘小于 50%的稀碘酒，每瓶 20 mL，10 瓶装一纸盒，外包装可使用瓦楞纸箱按普通货物条件运输。每箱不超过 16 kg。

（5）涂油蜡的篷布，可按普通货物运输。

（6）动、植物油含量在 3% 以下的可按普通货物运输。

（7）含量≤3%的过氧化氢（双氧水）和含有效氯<10%的可按普通货物运输。

（8）医药用的四氯乙烯（61580）可按普通货物运输。

（9）含量<3.5%的溴水，内包装≤1 kg，每箱净重≤20 kg 的，可按普通货物运输。

（10）41552 棉花等、42521 活性炭、42522 碳、42523 废氧化铁、42524 椰肉、42525 种子油（粕）饼等、42526 鱼粉等、91006 石棉、91008 蓖麻籽、81507 氯铂酸、81509 硫酸氢钾等、81513 三氯化铁等、82502 铝酸钠、83504 氯化锌等、83506 镓、91005 模塑化合物［呈现揉塑团、薄片或挤压出的绳索状，会放出易燃气体］、91011 救生设备［自动膨胀式，装备中含有危险物品］、91012 非自动膨胀式救生设备［装备中含有危险物品］、91017 化学品箱等、91018 熏蒸过的装置、91019 机器中的危险货物等经铁路局批准，可按普通货物运输，要求使用棚车装运，装车后货物距车顶部应留有适当空间，防止积热。

【例 5-1-1】已知某危险货物（铁危编号：31261）的主要特性为：无色液体，比重 0.77～0.80，沸点 107～117 ℃，闪点 3～16 ℃，爆炸下限 3.1%，微溶于水。LD_{50}=30～40 mg/kg。请据此分析该危险货物的主要危险性及应急施救注意事项。

【解】（1）闪点很低，极易燃烧；

（2）爆炸下限低，故易达到爆炸的浓度范围，蒸气易爆；

（3）LD_{50}值低，故有毒性，要防止误食、吸入或接触皮肤；

（4）沸点低，易挥发，遇高热可能放出有毒气体，所以施救时要注意防毒；

（5）易燃液体，比重小于 1，故不可用水灭火。

【例 5-1-2】某年 5 月 27 日，华东某站承运发往西南某站 1 车"麻绳"，5 月 29 日 19 时 15 分，该车编挂于 81523 次货物列车机后第 23 位，列车运行到中原某局某中间站时，接车人员发现该车冒烟，立即甩车施救，使用 1211 干粉灭火器将火扑灭。这起火灾造成车门口及其两侧的 60 件"麻绳"烧损。经查这起"麻绳"火灾事故中，承运的货物实际上均为含有动植物油的纤维麻丝即油麻丝（铁危编号 42509）。请分析事故发生原因及防范措施。

【解】1. 事故原因

油麻丝属于二级易于自燃的物质。油麻丝由植物纤维素、半纤维素、木质素等组成。麻本身具有遇潮湿膨胀发热的特性，植物纤维素中的半纤维素、木质素又会遇高温而分解放热，在集热不散的情况下自燃。发生这起油麻丝自燃火灾事故的主要原因是托运人匿报货物品名。

2. 防范措施

（1）认真审核办理限制，务必对照《品名表》检查运单填写的实际品名；对性质不明的货物必须进行技术鉴定，确定其运输条件，否则不予承运；注意品名所包含的浓度、危险成分限量、含水量等限定条件。

（2）根据《品名表》的"特殊规定"，确认危险货物可按普通货物条件运输的限制条件。

（3）根据《品名表》的"特殊规定"，确认禁止运输的货物。

任务训练

1. 确定下列危险货物的铁危编号、类项名称、灭火方法及使用车型。

顺号	品　　名	铁危编号	类项名称	灭火方法	使用车型
1	电引爆雷管（爆破用）				
2	环三亚甲基三硝胺（减敏的）				
3	丙烯				
4	无水氨				
5	汽油（闪点≤23 ℃），航空汽油				
6	硫，熔融硫黄				
7	碳化钙				
8	苯酚（固态）				
9	硫酸				
10	氢氧化钠（固态）				

2. 2 月 5 日托运人××物流有限责任公司在兰州局兰州西站托运硅铁一车（成分是：硅 44%～48%，铝 7%～12%，钙 6%～8%，钡 16%～20%），塑料编织袋包装，收货人为××钢铁股份有限公司，到站郑州局安阳西站。

（1）判定这批硅铁是否属于危险货物。

（2）如果这批硅铁是危险货物，请确定铁危编号及类项名称。

（3）确定该批货物发站、到站、专用线及办理危险货物的品名是否符合办理限制的相关规定。

任务 5.2 铁路危险货物运输

教学目标

1. 能力目标
能正确组织危险货物的发送作业、途中作业和到达作业。

2. 知识目标
掌握危险货物运输设备，掌握危险货物包装要求，掌握危险货物发送、途中、到达作业的相关规定。

工作任务

托运人在丹江站托运电石一车，收货人为某物资再生利用公司，到站安龙站。

请按《危规》等货运规章的相关规定办理这批电石的铁路运输工作。

（1）确定这批货物的办理限制；

（2）确定这批货物的包装及标志；

（3）填写运单相关内容及加盖特殊标记；

（4）装车作业注意事项；

（5）核算制票承运工作；

（6）途中交接检查；

（7）审查押运人工作；

（8）及时正确填写"危险货物运输作业签认单"。

相关知识

5.2.1 铁路危险货物运输条件

危险货物仅办理整车和集装箱运输。

总公司运输局归口管理国家铁路危险货物运输工作。铁路局是管内铁路危险货物运输管理的责任主体，各相关单位（部门）应落实领导负责制、专业负责制、岗位负责制、逐级负责制，确保铁路危险货物运输安全。

铁路危险货物运输各相关单位（部门）应建立健全铁路危险货物运输事故应急预案和信息网络，完善预警预防应急措施，定期组织应急演练，有效处置铁路危险货物运输突发事故，最大限度地减少人员伤亡、财产损失、环境污染和社会负面影响。

铁路危险货物运输各相关单位（部门）应加强危险货物运输从业人员的技术业务培训，切实提高危险货物运输人员的技术管理水平和技术业务素质，保证危险货物运输专业技术管理人员的稳定。

铁路危险货物运输各相关单位（部门）应积极推进铁路危险货物运输现代科技手段的开发和应用，充分运用铁路危险货物运输安全监控系统实现危险货物运输源头控制、过程控制、在途控制、综合管理和风险控制。

铁路危险货物运输各相关单位（部门）应建立健全危险货物运输安全例会制度，针对存在问题，制定整改措施，不断提高危险货物运输管理水平。应建立和完善安全责任追究制度，对危险货物运输中发生的各种问题，按照"事故原因未查清不放过，事故责任者未处理不放过，整改措施未落实不放过，事故教训未吸取不放过"的原则，查明原因，追究责任，吸取教训，防微杜渐。

1. 运输条件

运输危险货物应当在符合法律、行政法规和标准规定，具备相应品名办理条件的车站、专用铁路、铁路专用线间发到。

铁路运输企业应当将办理危险货物的车站名称、作业地点（货场、专用铁路、铁路专用线名称）、办理品名及编号、装运方式等信息及时向社会公布。发生变化的，应当重新公布。

运输危险货物应当依照法律、行政法规和国家其他有关规定使用专用的设施设备。依法应当进行产品认证、检验检测的，经认证、检验检测合格方可使用。

2. 安全生产条件安全评价

运输单位应当按照国家有关规定,对本单位危险货物装卸、储存作业场所和设施等安全生产条件进行安全评价。

法律、行政法规规定需要委托相关机构进行安全评价的,运输单位应当委托具备国家规定资质条件且业务范围涵盖铁路运输、危险化学品等相关领域的机构进行。

新建、改建危险货物装卸、储存作业场所和设施,在既有作业场所增加办理危险货物品类,以及危险货物新品名、新包装和首次使用铁路罐车、集装箱、专用车辆装载危险货物的,应当进行安全评价。

5.2.2　铁路危险货物载运工具

危险货物主要通过棚车、罐车、集装箱(罐)等运载工具运输,少部分危险货物在一定条件下可采用敞车运输。其中货车按产权划分为危险货物自备货车和铁路产权货车。

装载和运输危险货物的铁路车辆、集装箱和其他容器应当符合下列条件:

① 制造、维修、检测、检验和使用、管理符合标准和有关规定;

② 牢固、清晰地标明危险货物包装标志和警示标志;

③ 铁路罐车、罐式集装箱以及其他容器应当封口严密,安全附件设置准确、起闭灵活、状态完好,能够防止运输过程中因温度、湿度或者压力的变化发生渗漏、洒漏;

④ 压力容器应当符合国家特种设备安全监督管理部门制订并公布的《移动式压力容器安全技术监察规程》《气瓶安全技术监察规程》等有关安全技术规范要求,并在经核准的检验机构出具的压力容器安全检验合格有效期内;

⑤ 法律、行政法规、安全技术规范和标准规定的其他条件。

1. 棚车装运的危险货物

(1)危险货物限使用棚车装运(铁路危险货物品名表"特殊规定"栏有特殊规定的除外)。装运时,同一车限同一品名、同一铁危编号。

(2)爆炸品、硝酸铵、氯酸钠、氯酸钾、黄磷和钢桶包装的一级易燃液体应选用 P_{64}、P_{64A}、P_{64AK}、P_{64AT}、P_{64GK}、P_{64GT}、P_{70} 等竹底棚车或木底棚车装运,并应对门口处金属磨耗板,端、侧墙的金属部分采用非破坏性措施进行衬垫隔离处理。如使用铁底棚车时,应经铁路局批准。

(3)含氮量≤12.6%、含水或其他润湿剂<32%的硝化纤维素,限按整车办理,并仅限使用停止制动作用的棚车装运。

(4)毒品专用车不足时,经铁路局批准可使用铁底棚车装运(剧毒品除外)。铁路局应指定毒品专用车保管(备用)站。

2. 敞车装运的危险货物

使用敞车运输的危险货物数量较少,具体品名及特殊要求如下:

(1)经铁路局批准可使用厚 8 mm、容积 2 m³ 的铝罐装敞车运输。铝罐封口应气密不漏并稳固地装入敞车内。

(2)进口散装硫黄经铁路局批准后可用敞车运输,但车内四周及车地板应铺设衬垫物并苫盖自备篷布。

(3)如棚车不足造成豆粕等积压问题,允许在棚车不足的情况下,使用敞车装运豆粕。规定如下:装车前应冷却在 40 ℃以下;货物包装应是一次性的;包装应由包装检验机构检测合格，并按规定标明所属类项的包装标志和储运图示标志；装车前应对车辆进行清扫，车内需保持干燥，不得残留氧化剂、锯末、碳屑等有机可燃物；严格按规定装载加固，并按规定苫盖篷布及篷布绳网，确保货物运输安全；使用敞车装运时，应由托运人自愿提出申请，并经铁路局批准。

（4）部分地区硅系铁合金产量大、棚车数量不足，需敞车代用并采用吨袋包装运输的，应符合以下要求方可办理运输。

① 装运品名仅限于硅系铁合金中的硅铁（43505）。硅钙合金、硅钡合金、硅铝合金、硅钡铝合金和硅钙钡铝合金一律不得敞车代用。

② 托运人采用敞车代装硅铁前，应持硅铁"产品质量保证书"，到当地省、自治区生产主管部门或铁合金行业主管部门进行审查确认。

③ 托运人应与发站签订"硅铁敞车运输安全责任书"，明确敞车代用棚车装运硅铁的安全责任主体和责任关系，建立相应安全管理制度和事故预防预警应急预案等。

④ 吨包装袋应是国家质检部门指定的企业生产，材质应是涂塑聚乙烯、聚丙烯材料，具有防潮湿、防磨、防腐、防老化性能，并取得包装检验机构进行的包装检验和包装试验合格证明。

⑤ 敞车装运时，应按货物装载加固规定合理装载，并采取苫盖篷布和篷布绳网等技术措施，不得超载或偏载。

⑥ 符合上述 5 项要求的，应由发站报铁路局（青藏铁路公司，下同）批准后按试运办理运输。

（5）《铁路危险货物品名表》"特殊规定"栏规定可用敞车运输的，如：可用敞车运输；经铁路局批准，可用敞车苫盖篷布运输；钢桶包装的可用敞车运输；散装运输时，应使用全钢敞车，车内必须干燥。

3. 集装箱装运的危险货物

危货箱同一车限装同一品名、同一铁危编号的危险货物。装箱应采取安全防护措施，防止货物在运输中倒塌、窜动和撒漏。运输时只允许办理一站直达并符合办理限制要求。铁路通用箱仅办理二级易燃固体、二级氧化性物质、腐蚀性物质中二级酸性腐蚀性物质、二级碱性腐蚀性物质、二级其他腐蚀性物质。自备危货箱可以办理铁路通用箱规定的品类及二级毒性物质。

危货箱装运铁路通用箱、自备危货箱规定的品类以外的危险货物，以及使用罐式集装箱装运危险货物的，由所属铁路局组织研究提出安全运输条件建议（罐式箱还应提出框架静强度及冲击试验合格报告），报总公司运输局。总公司运输局组织专家进行技术审查，通过技术审查后公布安全运输条件。

自备危货箱投入运用前，铁路局应按《铁路危险货物集装箱编号登记簿》进行登记并编号，编号方式如：哈 TWX0001、京 TWX0001、上 TWX0001。

5.2.3　危险货物运输包装及标志

危险货物运输包装应符合国家有关法律、法规、标准和《铁路危险货物运输管理规则》的要求，并与内装物的性质、特点相适应。根据其内装物的危险程度，包装划分为三种类别。

Ⅰ类包装：盛装具有较大危险性的货物，包装强度要求高。

Ⅱ类包装：盛装具有中等危险性的货物，包装强度要求较高。

Ⅲ类包装：盛装具有较小危险性的货物，包装强度要求一般。

包装不得重复使用（盛装气体类危险货物的钢瓶除外）。

1. 铁路危险货物运输包装性能试验

根据有关国家标准和铁路运输具体条件，除第 2 类和第 7 类以外的其他各类铁路危险货物运输包装进行性能试验。

1）包装试验准备

（1）内装物为固体时，应装到试验容器总容量的 95%以上，如用模拟物代替内装物进行试验时，模拟物应与其具有相同的物理性质（如密度、形状、粒度等）。内装物为液体时，应装到试验容器总容量的 98%以上，如用模拟物代替内装物进行试验时，模拟物应与其具有相似的密度和黏度。

（2）瓦楞纸箱、钙塑瓦楞纸箱、纤维板箱、胶合板箱、硬纸板箱（桶）、纸袋，试验前应置于相对湿度 65%±2%和温度 20 ℃±2 ℃的环境中至少 24 小时，并立即进行试验。

（3）塑料箱、塑料桶、塑料罐、塑料材料复合包装（带有塑料内包装的组合包装，准备盛装固体的塑料袋除外）、钢塑复合桶、钙塑瓦楞纸箱及其内装物的温度降至 −18 ℃以下时，方可进行跌落试验，内装物为液体，应始终保持液态；塑料箱、塑料桶、塑料罐、塑料材料复合包装（带有塑料内包装的组合包装，准备盛装固体的塑料袋除外）、钢塑复合桶、钙塑瓦楞纸箱及其内装物的温度应升至 40 ℃以上，方可进行堆码试验。

（4）留有通气孔的容器，做液压、气密试验时，应将通气孔封闭。

（5）为确定塑料容器与所装物的化学相容性，应将塑料容器内装满该种货物，静置 6 个月以上，再对该容器进行跌落、液压、气密和堆码试验。

2）包装试验要求

（1）各项试验须符合《铁路危险货物运输包装性能试验要求和合格标准》。

（2）盛装固体的桶可不做液压试验。若盛装的固体受潮不致产生危险反应时，该桶也可不做气密试验。

（3）除上述试验外，托运人还应按铁路主管部门的规定，根据货物的性质和包装容器的特点，做必要的其他试验。如：包装材料与内装物的相容性试验，玻璃容器的热稳定性试验，盛酸容器的耐酸度试验，瓦楞纸箱的防潮试验，塑料容器的老化试验，纸袋、塑料袋、塑料编织袋和复合塑料编织袋的性能试验以及喷雾罐的性能试验等。

2. 危险货物运输包装要求

包装和内包装应按铁路危险货物品名表及《包装表》的规定确定，同时还应符合下列要求：

（1）包装材料材质、规格和包装结构应与所装危险货物性质和重量相适应。包装材料不得与所装物产生危险反应或削弱包装强度。

（2）充装液态货物的包装容器内至少留有 5%的余量（罐车及罐式集装箱装运的液体危险货物应符合《铁路危险货物运输管理规则》第十二章有关要求）。

（3）包装封口应根据内装物性质采用严密封口、液密封口或气密封口。装有通气孔的容器，其设计和安装应能防止货物流出和杂质、水分进入。

（4）包装应坚固完好，能抗御运输、储存和装卸过程中正常的冲击、振动和挤压，并便于装卸和搬运。

（5）包装的衬垫物不得与所装货物发生反应而降低安全性，应能防止内装物移动和起到减震及吸收作用。

（6）包装表面应保持清洁干燥，不得黏附所装物质和其他有害物质。

采用集装化运输的危险货物，包装应符合本规则的要求，使用的集装器具应有足够的强度，能够经受堆码和多次搬运，并便于机械装卸。

包装应由取得工业产品生产许可证（列入国家实行生产许可证制度工业产品目录的包装）的企业生产，除符合国家有关标准外，还应符合《铁路危险货物运输包装性能试验规定》和《铁路危险货物运输包装性能试验要求和合格标准》，并经国家质量监督检验检疫部门认定的检验机构（简称包装检验机构）检验合格，出具包装检验报告。包装检验机构对检验结果负责。

放射性物质（物品）运输包装容器应符合《放射性物品运输安全管理条例》和《放射性物质安全运输规程》（GB 11806—2004）的相关规定。压力容器应当符合国家特种设备安全监督管理部门制定并公布的《移动式压力容器安全技术监察规程》《气瓶安全技术监察规程》等有关安全技术规范要求，并在经核准的检验机构出具的压力容器安全检验合格有效期内。

3. 危险货物包装标志

为了迅速明确危险货物的性质，保证装卸、搬运、储存、保管、送达的安全，保证一旦发生事故能尽快判定危险货物的性质，采取相应的施救方法。货物包装上应牢固、清晰地标明《危险货物包装标志》（简称《包装标志》）和《包装储运图示标志》（简称《储运标志》）中相应的包装标志和储运标志。

进出口危险货物在国内段运输时应粘贴或拴挂、喷涂相应的中文危险货物包装标志和储运标志。

1）包装标志

危险货物包装标志分为标记（见表 5-2-1）和标签（见表 5-2-2）。标记 4 个；标签 26 个，其图形分别标示了 9 类危险货物的主要特性。每种危险货物包装件应按其类别粘贴相应的标志。但如果某种物质或物品还有属于其他类别的危险性质，包装上除了粘贴该类标志作为主标志以外，还应粘贴表明其他危险性的标志作为副标志，副标志图形的下角不标危险货物的类项号。

表 5-2-1　标记

序号	标记名称	标记图形
1	危害环境物质和物品标记	（符号：黑色，底色：白色）

续表

序号	标记名称	标记图形
2	方向标记	（符号：黑色或正红色，底色：白色） （符号：黑色或正红色，底色：白色）
3	高温运输标记	（符号：正红色，底色：白色）

（1）标记的使用要求。

除另有规定外，根据《危险货物品名表》确定的危险货物正式运输名称及相应编号，应标示在每个包装件上。如果是无包装物品，标记应标示在物品上、其托架上或其装卸、储存或发射装置上。

要求的所有包装件标记：

① 应明显可见而且易读；

② 应能够经受日晒雨淋而不显著减弱其效果；

③ 应标示在包装件外表面的反衬底色上；

④ 不得与可能大大降低其效果的其他包装件标记放在一起。

表 5-2-2　标签

爆炸性物质或物品
对应的危险货物类项号
1.1、1.2、1.3
（符号：黑色，底色：橙红色）

爆炸性物质或物品
对应的危险货物类项号 1.4
（符号：黑色，底色：橙红色）

爆炸性物质或物品
对应的危险货物类项号 1.5
（符号：黑色，底色：橙红色）

爆炸性物质或物品
对应的危险货物类项号 1.6
（符号：黑色，底色：橙红色）

易燃气体
对应的危险货物类项号 2.1
（符号：黑色，底色：正红色）

易燃气体
对应的危险货物类项号 2.1
（符号：白色，底色：正红色）

非易燃无毒气体
对应的危险货物类项号 2.2
（符号：黑色，底色：绿色）

非易燃无毒气体
对应的危险货物类项号 2.2
（符号：白色，底色：绿色）

毒性气体
对应的危险货物类项号 2.3
（符号：黑色，底色：白色）

易燃液体
对应的危险货物类项号 3
（符号：黑色，底色：正红色）

易燃液体
对应的危险货物类项号 3
（符号：白色，底色：正红色）

易燃固体
对应的危险货物类项号 4.1
（符号：黑色，底色：白色红条）

易于自燃的物质
对应的危险货物类项号 4.2
（符号：黑色，底色：上白下红）

遇水放出易燃气体的物质
对应的危险货物类项号 4.3
（符号：黑色，底色：蓝色）

遇水放出易燃气体的物质
对应的危险货物类项号 4.3
（符号：白色，底色：蓝色）

氧化性物质
对应的危险货物类项号 5.1
（符号：黑色，底色：柠檬黄色）

有机过氧化物
对应的危险货物类项号 5.2
（符号：黑色，底色：红色和柠
檬黄色）

有机过氧化物
对应的危险货物类项号 5.2
（符号：白色，底色：红色和柠
檬黄色）

毒性物质
对应的危险货物类项号 6.1
（符号：黑色，底色：白色）

感染性物质
对应的危险货物类项号 6.2
（符号：黑色，底色：白色）

续表

 一级放射性物质 对应的危险货物类项号 7A （符号：黑色，底色：白色， 附一条红竖条） 黑色文字，在标签 下半部分写上： "放射性" "内装物_____" "放射性强度_____" 在"放射性"字样之后应有 一条红竖条	 二级放射性物质 对应的危险货物类项号 7B （符号：黑色，底色： 上黄下白，附两条红竖条） 黑色文字，在标签 下半部分写上： "放射性" "内装物_____" "放射性强度_____" 在一个黑边框格内写上： "运输指数" 在"放射性"字样之后应有 两条红竖条	 三级放射性物质 对应的危险货物类项号 7C （符号：黑色，底色：上黄下白， 附三条红竖条） 黑色文字，在标签 下半部分写上： "放射性" "内装物_____" "放射性强度_____" 在一个黑边框格内写上： "运输指数" 在"放射性"字样之后应有 三条红竖条	 裂变性物质 对应的危险货物类项号 7E （符号：黑色，底色：白色） 黑色文字，在标签 上半部分写上： "易裂变" 在标签下半部分的一个黑边框 格内写上："临界安全指数"
 腐蚀性物质 对应的危险货物类项号 8 （符号：黑色，底色：上白下黑）	  杂项危险物质和物品 对应的危险货物类项号 9 （符号：黑色，底色：白色）		

（2）标签的使用要求。

① 储运的各种危险货物性质的区分及其应标打的标签，应按《危险货物分类和品名编号》《危险货物品名表》及有关国家运输主管部门相关规定选取，出口货物的标志应按我国执行的有关国际公约（规则）办理。

② 标签是表现内装货物的危险性分类标签规定。但表明包装件在装卸或贮藏时应加小心的附加标记或符号（例如，用伞作符号表示包装件应保持干燥），也可在包装件上适当标明。

③ 表明主要和次要危险性的标签应与表中所示的所有式样相符。"爆炸品"次要危险性标签应使用带有爆炸式样标签图形。

④ 每一标签应：

● 在包装件尺寸够大的情况下，与正式运输名称贴在包装件的同一表面与之靠近的地方；

● 贴在容器上不会被容器任何部分或容器配件或者任何其他标签或标记盖住或遮住的地方；

- 当主要危险性标签和次要危险性标签都需要时，彼此紧挨着贴；
- 当包装件形状不规则或尺寸太小以致标签无法令人满意地贴上时，标签可用结牢的签条或其他装置挂在包装件上；
- 标签应贴在反衬颜色的表面上。

2）包装标志尺寸

标志尺寸见表5-2-3。

表5-2-3　标志尺寸表　　　　　　　　　　　　　　　　（单位：mm）

尺寸号别	长	宽
1	50	50
2	100	100
3	150	150
4	250	250

注：如遇特大或特小的运输包装件，标志的尺寸可按规定适当扩大或缩小。

5.2.4　危险货物运输业务办理

禁止运输法律、法规禁止生产和运输的危险物品、危险性质不明以及未采取安全措施的过度敏感或者能自发反应而产生危险的物品。

凡性质不稳定或由于聚合、分解在运输中能引起剧烈反应的危险货物，托运人应采用加入稳定剂或抑制剂等方法，保证运输安全。如：乙烯基甲醚、乙酰乙烯酮、丙烯醛、丙烯酸、醋酸乙烯、甲基丙烯酸甲酯等，并在货物运单"托运人记事"栏内填写"已加入稳定剂或抑制剂"字样。

1. 危险货物托运

托运人托运危险货物时，应如实表明收货人名称、货物的名称、性质、重量、数量等，不得匿报、谎报品名、性质、重量，不得在普通货物中夹带危险货物。禁止运输法律、法规禁止生产和运输的危险物品、危险性质不明以及未采取安全措施的过度敏感或者能自发反应而产生危险的物品。

凡性质不稳定或由于聚合、分解在运输中能引起剧烈反应的危险货物，托运人应采用加入稳定剂或抑制剂等方法，保证运输安全。如：乙烯基甲醚、乙酰乙烯酮、丙烯醛、丙烯酸、醋酸乙烯、甲基丙烯酸甲酯等，并在货物运单"托运人记事"栏内填写"已加入稳定剂或抑制剂"字样。

铁路危险货物品名表"特殊规定"栏规定符合按普通货物运输条件的，铁路局应在其包装方法和包装标志满足危险货物要求，并使用整车或集装箱装载单一品名的情况下，批准其可按普通货物条件运输。托运人应在货物运单"托运人记载事项"栏内注明"×××（铁危编号），可按普通货物运输"。

下列物品禁止运输：浓度大于72%的高氯酸（11026）；无机高锰酸盐中的高锰酸铵（51053）；无机亚硝酸盐类中的亚硝酸铵（51071）；铵盐和无机亚硝酸盐混合物（51074）；冷

冻液态氢（21002）。

1）对货物进行符合运输需求的包装

为了保证货物的运输安全，充分利用货车的载重量和容积，便于货物的装卸作业，托运人托运货物时，应根据货物的性质、重量、运输种类、运输距离、气候状况以及货车装载等条件，使用符合运输要求的包装。

货物运单包装栏应按《铁路危险货物包装表》（见表 5-2-4）的规定填写相应的外包装和内包装名称。

表 5-2-4　铁路危险货物包装表（摘录）

包装号	包 装 要 求		单位包装件限制质量或容量	备　注
	外 包 装	内 包 装		
1	钢质气瓶 钢质气瓶的设计、制造、充装、运输、储存必须符合国家质量技术监督检验检疫总局颁布的《气瓶安全技术监察规程》。盛装乙炔气的气瓶应符合原劳动部颁布的《溶解乙炔气瓶安全监察规程》。 钢质气瓶气阀完好，安全阀与瓶身配套旋紧。有防护罩的钢质气瓶，安全帽不得超出护罩。瓶身外套两只防震胶圈。钢质气瓶瓶肩或护罩上，应有制造和检验钢印标记。钢印标记必须准确、清晰。检验钢印标记上，还应按检验年份涂检验色标。检验色标的颜色和形状应符合《气瓶安全技术监察规程》的规定。钢质气瓶外表面的颜色和字样，应符合《气瓶颜色标志》（GB/T 7144—2016）的规定		钢质气瓶每瓶总质量不得超过 1 000 kg。超过时应征求发到站的意见	① 20 L 以下的钢质气瓶应外加坚固木箱，每箱总重不超过 50 kg。 ② 装有液化石油气的气瓶（即液化石油气罐）禁止铁路运输

2）备齐证明文件

托运人托运需凭证明文件运输的货物，必须在托运货物前备齐相应的证明文件。托运爆炸品或烟花爆竹时，托运人须相应出具运达地县级人民政府公安部门核发的《民用爆炸物品运输许可证》或《烟花爆竹道路运输许可证》，均应在货物运单"托运人记事"栏内注明许可证名称和号码，并在货物运单右上角用红色戳记相应标明"爆炸品"或"烟花爆竹"字样。

3）向车站提交货物运单

托运人托运危险货物时，应在货物运单"货物名称"栏内填写危险货物品名和铁危编号，在货物运单的右上角用红色戳记标明类项名称（如图 5-2-1 所示），并在货物运单"托运人记事"栏内填写经办人身份证号码，对派有押运员的还需填写押运员姓名、身份证号码。

托运爆炸品或烟花爆竹时，托运人须相应出具运达地县级人民政府公安部门核发的《民用爆炸物品运输许可证》或《烟花爆竹道路运输许可证》，均应在货物运单"托运人记事"栏内注明许可证名称和号码，并在货物运单右上角用红色戳记相应标明"爆炸品"或"烟花爆竹"字样。

第一类　爆炸品

1.1　整体爆炸品

1.2　进射爆炸品

1.3　燃烧爆炸品

1.4　无重大危险爆炸品

1.5　整体爆炸不敏感物质

1.6　极端不敏感爆炸品

爆炸品

烟花爆竹

第二类　气体

2.1　易燃气体

2.2　非易燃无毒气体

2.3　毒性气体

第三类　易燃液体

3.1　一级易燃液体

3.2　二级易燃液体

第四类　易燃固体、易于自燃的物质、遇水放出易燃气体的物质

4.1　易燃固体

4.2　易于自燃物质

4.3　遇水易燃物质

第五类　氧化性物质和有机过氧化物

5.1　氧化性物质

5.2　有机过氧化物

第六类　毒性物质和感染性物质

6.1　毒性物质

6.2　感染性物质

第七类　放射性物质

7　放射性物质（物品）

第八类　腐蚀性物质

8.1　酸性腐蚀性物质

8.2　碱性腐蚀性物质

8.3　其他腐蚀性物质

第九类　杂项危险物质和物品

9.1　危害环境物质

9.2　高温物质

9.3　基因修改微生物或组织

注：戳记字体采用 2 号黑体字，宽度 1.5 cm，长度根据字体数量确定。

图 5-2-1　危险货物类项名称戳记

2. 办理站受理危险货物
1）托运危险货物安全协议

铁路局应与托运人每年签订托运危险货物安全协议，并将托运人名称、托运品名范围、协议有效期（起止日期）等上报总公司运输局备案，总公司运输局在危险货物托运人名称表中公布。

签订托运危险货物安全协议时，铁路局应查验托运人提供的下列相关材料。

（1）托运品名范围。

（2）营业执照。

（3）危险化学品安全生产许可证，安全使用许可证，经营许可证或工业产品生产许可证。

办理民用爆炸物品、烟花爆竹业务的，提供民用爆炸物品生产许可证或烟花爆竹安全生产许可证；办理民用液化石油气、天然气业务的，提供燃气经营许可证；办理放射性物质（物品）业务的，提供辐射安全许可证等。

对于列入《铁路危险货物品名表》或经鉴定为危险货物，但未列入国家实行生产许可证制度的工业产品目录或《危险化学品目录》的货物品名，在办理危险货物运输时，可不提交相应的生产许可证或经营许可证等。

危险化学品建设项目试生产（使用）期间办理危险货物运输时，应符合《危险化学品建设项目安全监督管理办法》相关规定。

（4）办理气体类危险货物运输的，提交轨道衡年检合格证。

（5）铁路危险货物运输事故应急预案。

（6）包装检验合格证明文件。

（7）法律、法规、规章规定的其他材料。

不符合规定的，不得签订托运危险货物安全协议。托运危险货物安全协议的有效期应在上述相应证照文书有效期内。

托运危险货物安全协议有效期到期前 1 个月，铁路局应通知托运人按规定签订新协议。逾期未签订新协议的托运人，由铁路局上报总公司运输局在危险货物托运人名称表中取消。

铁路局应将要求的相关材料的扫描件或彩色照片存档，填写托运人登记表，建立托运人材料信息化档案。

托运人的名称、办理的危险货物品名等发生变化以及换发证照文书时，应及时向铁路局提供新的证照文书等材料，重新签订托运危险货物安全协议，变更托运人材料信息化档案。

托运人的证照文书未按规定换证以及被依法暂扣或吊销的，托运人应及时、如实向铁路局说明，铁路局应及时在托运人材料信息化档案中予以注明，通知办理站不再受理业务，并上报总公司运输局备案公布。托运人未及时或如实向铁路局说明的，托运人应承担违约责任。铁路局未及时或如实向总公司运输局上报、造成不良后果的，铁路局应承担责任。

2）办理站受理危险货物

办理站受理危险货物时，应符合下列规定。

（1）托运人名称与危险货物托运人名称表相统一。

（2）国家对生产、经营、储存、使用等实行许可管理的危险货物，发站还应查验收货人提供的相关证明材料并留存备查；必要时，到站应进行复查。

（3）经办人身份证与货物运单记载相统一。

（4）货物运单记载的品名、类项、编号等内容与《铁路危险货物品名表》的规定相统一，并核查《铁路危险货物品名表》中"特殊规定"栏有无铁路危险货物运输特殊规定（简称特殊规定）。

（5）发到站、办理品名、装运方式与办理限制相统一。

（6）货物品名、重量、件数与货物运单记载相统一。

（7）经办人具有培训合格证明。

（8）托运人具有包装检验合格证明文件。

（9）货物运单右上角用红色戳记标明编组隔离、禁止溜放或限速连挂等警示标记。

（10）其他有关规定。

3）填写运单相关内容

针对危险货物运输，承运人应重点填写运单右上角的以下内容。

（1）针对货物查《危规》的危险货物特殊规定第12栏规定停止制动作用的货车，在运单右上角用红色记明"停止制动作用"的字样。

（2）针对货物查《危规》的铁路车辆禁止溜放和限速连挂表，在运单右上角用红色戳记标明"禁止溜放"或"限速连挂"的字样。

（3）针对货物查《危规》的铁路车辆编组隔离表，在运单右上角用红色戳记标明规定的三角标记。

（4）派有押运人的成组危险货物车辆，运单右上角注明"成组连挂，不得拆解"。

4）受理完毕，在铁路危险货物发送作业签认单上签字

5）高原铁路危险货物运输

青藏线格拉段等海拔超过3 000 m的高原铁路办理危险货物运输，还应符合以下规定。

（1）装运车辆符合高原铁路运输的相关规定。

（2）办理站、托运人根据高原铁路运输危险货物的具体品名，制定专项事故应急预案和环保应急处理预案。

（3）所有有人值守的车站均应配备危险货物运输应急救援器材和安全防护设备。

（4）运输需要押运的危险货物时，应配备适应高原缺氧环境、符合环保要求的押运车辆。押运人员应接受高原体检和健康教育，合格后方可执行押运任务。押运时应配备必要的药品和应急备品。

（5）运输气体、放射性物质（物品）、危害环境的物质、高温物质等性质特殊的危险货物时，由总公司组织进行试验论证研究，确定安全运输条件。

铁路轮渡不办理危险货物运输。遇特殊需求时，应按国家有关规定执行。

3. 危险货物装车作业

1）危险货物存放

危险货物装卸、储存场所和设施应当符合下列要求。

（1）装卸、储存专用场地和安全设施设备封闭管理并设立明显的安全警示标志。设施设

备布局、作业区域划分、安全防护距离等符合规定。

（2）设置有与办理货物危险特性相适应，并经相关部门验收合格的仓库、雨棚、场地等设施，配置相应的计量、检测、监控、通信、报警、通风、防火、灭火、防爆、防雷、防静电、防腐蚀、防泄漏、防中毒等安全设施设备，并进行经常性维护、保养，保证设施设备的正常使用。

（3）装卸设备符合安全要求，易燃、易爆的危险货物装卸设备应当采取防爆措施，罐车装运危险货物应当使用栈桥、鹤管等专用装卸设施，危险货物集装箱装卸作业应当使用集装箱专用装卸机械；危险货物的储存方式、方法以及储存数量、隔离等应当符合规定。仓库、雨棚、储罐等专用设施，应当由专人负责管理。剧毒品以及储存数量构成重大危险源的其他危险货物，应当单独存放，并实行双人收发、双人保管制度。

危险货物存放时要求按类、项区别，专库专用，如不同类项的危险货物确需同库混合存放，应符合《铁路危险货物配放表》（简称《配放表》，见表 5-2-5）的规定。

2）危险货物装车作业

危险货物装车作业前，应对车辆和仓库进行必要的通风和检查，向装卸工组说明货物品名、性质、作业安全事项并准备好消防器材和安全防护用品。对车辆采取防溜、防护措施。作业时要轻拿轻放，堆码整齐稳固，防止倒塌，严禁倒放、卧装（钢瓶等特殊容器除外）。

危险货物运输装载加固以及使用的铁路车辆、集装箱、其他容器、集装化用具、装载加固材料或者装置等应当符合国家标准、行业标准、技术规范和安全要求。不得使用技术状态不良、未按规定检修（验）或者达到报废年限的设施设备，禁止超设计范围装运危险货物。

货物装车（箱）不得超载、偏载、偏重、集重。货物性质相抵触、消防方法不同、易造成污染的货物不得同车（箱）装载。禁止危险货物与普通货物混装运输。装车作业要求如下。

（1）检查车辆。

检查车种车型与规定装运货物相符，查看门窗状态、进行透光检查，确认车辆状况良好。

（2）检查货物。

检查货物品名、包装、件数与货物运单填写是否一致，以及货物包装是否符合规定。

（3）装车作业。

传达安全注意事项及装载方案，检查消防器材和安全防护用品。装载货物（含国际联运换装）不得超过车辆（含集装箱，下同）标记载重量及罐车允许充装量，严禁增载和超装、超载。

（4）装车后工作。

检查堆码及装载状态，查验门窗是否关闭良好，做好施封加锁工作等。

具有易燃易爆性质的危险货物装卸作业使用的照明设备及装卸机具应具有防爆性能，并能防止由于装卸作业摩擦、碰撞产生火花。

表 5-2-5　铁路危险货物配放表

危险货物的种类和品名		品名编号	配放号	1	2	3	4	5	6	7	8	9	10	11
气体	易燃气体	21001~21061, 21063~21064	1	1										
	非易燃无毒气体（氧、空气、一氧化二氮及氧气空钢瓶不得与油脂在同库配放）	22001, 22003, 22017	2	△	2									
	其他非毒气体	22005~22016, 22019~22055	3			3								
	有毒气体（液氯及液氨不得在同库配放）	23001~23061	4				4							
易燃液体		31001~31055, 31058, 31101~31302, 31319, 32001~32150, 32152	5					5						
易燃固体、易于自燃的物质、遇水放出易燃气体的物质	易燃固体（发孔剂H不得与酸性腐蚀性物质及有毒危险物品配放）	41001~41062, 41501~41554	6				×		6					
	一级易于自燃的物质	42001~42040	7	×	×	×	×	×	×	7				
	二级易于自燃的物质	42501~42526	8	△	△		△	×	×		8			
	遇水放出易燃气体的物质（不得与含水液体货物在同库配放）	43001~43051, 43501~43510	9	×	△	△	△	△	△	△	△	9		
氧化性物质和有机过氧化物	过氧化氢	51001, 51501	10	×	×	×	×	×	×	×	×	×	10	
	氧化性物质、亚硝酸盐、亚氯酸盐、氯酸盐、次（亚）氯酸盐（注2）（注5）	51043~51046, 51071~51074, 51087, 51509, 51525	11	△	△	△	△	×	△	△	×	△	×	11

说明:

一、配放号
1. 无配放号表示可以配放;
2. △表示可以配放,堆放时应至少隔离2 m;
3. ×表示不可以配放;
4. 有"注1""注2"等注释时按注释规定办理。

二、注释
1. 除硝酸盐(如硝酸钠、发烟硝酸可以混存或硝酸铵等,其他情况皆不可混存)与硝酸可以混存;
2. 氧化性物质不得与粉状可燃物(如煤粉、焦炭、发黑、糖、淀粉、锯末等)混存;
3. 饮食品、粮食、饲料、药品、药材类、食用油脂及活动物不得与贴有毒性气体、腐蚀性物质、感染性物质包装标志的物品,以及有恶臭能使货物污染异味的物品(包括碎皮)、生毛皮、骨、蹄、角、鬃等物品混存;
4. 饮食品与按普通货物运输的化工原料、化学试剂、香精、香料应隔离1 m以上;
5. 漂白粉与食用油脂应隔离2m以上;饮食品、气饮品、粮食、饲料、药材类、食用油脂、非食用油脂应隔离2m以上;
6. 贴有易燃液体包装标志的液态农药不得与氧化性物质和有机过氧化物混存。

续表

危险货物		名称	配装号	序号	12	13	14	15	16	17
氧化性物质和有机过氧化物	氧化性物质	其他氧化性物质（配放号 13 所列品名除外）	51002~51042，51047~51067，51069，51080~51083，51502~51508，51510~51524，51526，51527	12	△					
	有机过氧化物	硝酸肌、高氯酸醋酐溶液、过氧化氢尿素、二氯异氰尿酸、三氯异氰尿酸、四硝基甲烷等有机过氧化物	51068，51075~51079，52001~52103	13	×	×				
毒性物质	氰化物	氰化物	61001~61005	14	×	×	×			
	其他毒性物质（注 6）		61006~61205，61501~61520，61551~61941	15	×	×	×	△		
腐蚀性物质		溴	81021	16	×	×	△	△	△	
	酸性腐蚀物质	发烟硝酸、硝酸、硝化酸混合物、废硝酸、发烟硫酸、硫酸、废硫酸、含铬硫酸、淤渣硫酸、氯磺酸	81001~81004，81006~81009，81023	17	注 1	×	×	△	△	△

续表

危险货物/普通货物	名称	编号	配放号	1	2	3	4	5	6	7	8	9	10	11	12	13	14	15	16	17	18	19	20	21	22	23	24
危险货物 腐蚀性物质	酸性腐蚀性物质 其他酸性腐蚀性物质	81005、81010、81020、81022、81024～81135、81501～81647	18	△			△			△		△	△	△	△	△	×	△		△	△						
	碱性腐蚀性物质（水不得与氧合肼、氢化性物质和有机过氧化物质和有机物配放）其他腐蚀性物质	82001～82041、82501～82526、83001～83030、83501～83514	19									△								×							
普通货物	易燃普通货物		20	×			×						△			△			△	×	×						
	饮食品、粮食、饲料、药品、药材类、食用油脂（注3）（注4）		21	△			×	×	△	×			△							×	△	△					
	非食用油脂		22										△							×	×						
	活动物（注3）		23				×	△	△	×			×	△	△	△	×	×	×	×	×	×	△	△			
	其他（注3）（注4）		24																								
			配放号	1	2	3	4	5	6	7	8	9	10	11	12	13	14	15	16	17	18	19	20	21	22	23	24

4. 车辆的编挂要求及特殊防护事项

根据危险货物特殊性质，在调车作业和运输编组隔离、车辆技术检查、整备、检修等技术作业中需采取特殊防护事项，要有明确规定，并须书面通知有关单位和人员。

1）车辆编组隔离的确定

由于挂有危险货物的车辆的列车在运行中接触的外界条件复杂，编入同一列车的危险货物性质也各不相同，列车中除了货物以外还有乘务人员，为保证人身、货物安全以及发生事故易于施救，因此，危险货物车辆在编入列车时需用普通货物车辆进行隔离。为了指导编组、调车作业，制定了《铁路车辆编组隔离表》（见表 5-2-6），在车辆编组时，应认真按表中的规定执行。

表 5-2-6　铁路车辆编组隔离表

货物种类（品名编号）	隔离对象	隔离标记	距牵引的内燃、电力机车，推进运行或后部补机及使用火炉的车辆	距乘坐旅客的车辆	距装载雷管及导爆索（11001，11002，11007，11008）的车辆 ⑦	距装载除雷管及导爆索以外爆炸品的车辆 ⑧	距装载易燃普通货物的敞车、平车	距装载高出车帮易窜动货物的车辆	备注
气体（含空罐车）	易燃气体 非易燃无毒气体 毒性气体	①	4	4	4	4	2	2	运输气体类危险货物重、空罐车时，每列编挂不得超过 3 组。每组间的隔离车不得少于 10 辆
一级易燃液体 一级易燃固体 一级易于自燃的物质 一级氧化性物质 有机过氧化物 一级毒性物质（剧毒品） 一级酸性腐蚀性物质 一级碱性腐蚀性物质 一级其他腐蚀性物质		②	2	3	3	4	2		运输原油时，与机车及使用火炉的车辆可不隔离。 运输硝酸铵时，与机车及使用火炉的车辆隔离不少于 4 辆
放射性物质（物品）（矿石、矿砂除外）		③	2	4	×	×	2	1	×标记表示不能编入同一列车
七〇七	一级	④	4	4	4	4	4	2	一级与二级编入同一列车时，相互隔离 2 辆以上，停放车站时相互隔离 10 m 以上，严禁明火靠近
	二级	⑤	4	4	4	4	4	2	
敞车、平车装载的易燃普通货物及敞车装载的散装硫黄		⑥	2	2	2	2			装载未涂防火剂的腐朽木材的车辆，运行在规定的区段和季节须与牵引机车隔离 10 辆，如隔离有困难时，各铁路局与邻局协商规定隔离办法
爆炸品	雷管及导爆索（11001，11002，11007，11008）	⑦	4	4		4	2	2	
	除雷管及导爆索以外的爆炸品	⑧	4	4	4		2	2	

2）停止制动

铁路车辆的制动是通过闸瓦与车辆轮箍的摩擦产生的摩擦力来阻止车辆的运行，车辆制动因摩擦冒出的火星产生高温，严重时可将轮箍烧红，烧坏车地板。有些危险货物对火和热非常敏感，为保证货物完整和行车安全，在特殊规定中，规定装有电引爆雷管、导爆索、三硝基甲苯等有整体爆炸危险的物质和物品，限使用停止制动作用的棚车，规定含氮量≤12.6%，含水或其他润湿剂＜32%的硝化纤维素，限按整车办理，并仅限使用停止制动作用的棚车装运。全列车中停止制动的货车辆数不得大于6%。

装运需停止制动作用的货车时，车站应书面通知所在地货车车辆段，由货车车辆段组织相关运用作业场派员关闭截断塞门并施封，封上应有"停止制动"字样，车站在货票上注明"停止制动"。到站卸车后，车站应书面通知所在地货车车辆段，由货车车辆段组织相关运用作业场派员拆封，并确认铁路货车自动制动机技术状态良好后开启截断塞门。

3）禁止溜放和限速连挂

调车作业是铁路运输过程中的一个重要环节。调车连挂速度的高低、冲击力大小对货物安全有密切关系，装有危险货物的车辆尤为重要，若把所有装有危险货物的车辆一律禁止溜放或限速连挂，就会大大降低作业效率，延缓货物的送达。

《铁路车辆禁止溜放和限速连挂表》（见表5-2-7），详细规定了禁止溜放的品类和品名、限速连挂的物质和物品。

表5-2-7 铁路车辆禁止溜放和限速连挂表

顺号	种类	禁止溜放 （调动这些车辆时禁止溜放和由驼峰上解体）	限速连挂 （溜放或由驼峰上解体调车， 车辆连挂速度不得超过2 km/h）
1	爆炸品	有整体爆炸危险的物质和物品；有进射危险，但无整体爆炸危险的物质和物品；有燃烧危险并有局部爆炸危险或局部进射危险，或这两种危险都有，但无整体爆炸危险的物质和物品	不呈现重大危险的物质和物品； 有整体爆炸危险的非常不敏感物质； 无整体爆炸危险的极端不敏感物品
2	气体	罐车（含空罐车）和钢质气瓶装载的易燃气体、毒性气体	① 非易燃无毒气体 ② 钢质气瓶以外其他包装装载的气体类危险货物
3	易燃液体	乙醚，二硫化碳，石油醚，苯，丙酮，甲醇，乙醇，甲苯	① 除禁止溜放栏内规定以外的装入玻璃或陶瓷容器的易燃液体 ② 汽油
4	易燃固体、易于自燃的物质、遇水放出易燃气体的物质	硝化纤维素，黄磷，硝化纤维胶片	三硝基苯酚［含水≥30%］，六硝基二苯胺［含水≥75%］，三乙基铝，浸没在煤油或密封于石蜡中的金属钠、钾、铯、锂、铷、硼氢化物
5	氧化性物质和有机过氧化物	过氧化氢，过氧化钠，过氧化钾，氯酸钠，氯酸铵，高氯酸钠、高氯酸钾、高氯酸铵，硝酸胍，漂粉精和有机过氧化物	除禁止溜放栏内规定以外的装入玻璃容器的氧化性物质和有机过氧化物
6	毒性物质和感染性物质	玻璃瓶装的氯化苦、硫酸二甲酯、四乙基铅（包括溶液）、一级（剧毒）有机磷液态农药、一级（剧毒）有机锡类、磷酸三甲苯酯、硫代膦酰氯	① 禁止溜放栏内的货物装入铁桶包装时； ② 除禁止溜放栏内规定以外的装入玻璃或陶瓷容器的毒害性物质
7	放射性物质 （物品）	二、三级运输包装或气体的放射性货物	

续表

顺号	种类	禁 止 溜 放 （调动这些车辆时禁止溜放和由驼峰上解体）	限 速 连 挂 （溜放或由驼峰上解体调车， 车辆连挂速度不得超过 2 km/h）
8	腐蚀性物质	罐车装载以及玻璃或陶瓷容器盛装的发烟硝酸、硝酸、发烟硫酸、硫酸、三氧化硫、氯磺酸、氯化亚砜、三氯化磷、五氯化磷、氧氯化磷、氢氟酸、氯化硫酰、高氯酸、氢溴酸、溴	除禁止溜放栏内规定以外的装入玻璃或陶瓷容器的腐蚀性物质
9	特种车辆	非工作机车，轨道起重机，机械冷藏车，大型的凹型和落下孔车，空客车及特种用途车（发电车、无线电车、轨道检查车、钢轨探伤车、电务试验车、通信车），检衡车	
10	特种货物	按规定"禁止溜放"的军用危险货物和军用特种货物	
11	其他车辆	搭乘旅客的车辆，总公司临时指定的货物车辆	乘有押运人员的货车
12	贵重、精密货物	由发站和托运人共同确定的贵重的以及高级的精密机械、仪器仪表	电子管、收音机、电视机以及装有电子管的机械
13	易碎货物	易碎的历史文物，易碎的展览品，外贸出口的易碎工艺美术品，易碎的涉外物质（各国驻华使、领馆公用或个人用物品，外交用品，国际礼品，展品，外侨及归国华侨的搬家货物）	鲜蛋类，生铁制品，陶瓷制品，缸砂制品，玻璃制品以及用玻璃、陶瓷、缸砂容器盛装的液体货物
注		除顺号 1、2、9、10、11 "禁止溜放"外，其他"禁止溜放"的货物车辆可向空线溜放	

4）特殊防护事项

根据危险货物特殊性质，在调车作业和运输编组隔离、车辆技术检查、整备、检修等技术作业中需采取特殊防护事项，要有明确规定，并应书面通知有关单位和人员。有关运输单据和货车上的表示方式见特殊防护事项表（见表 5－2－8）。

表 5－2－8　特殊防护事项表

特殊防护事项	货车上的表示	运输单据上的表示
《铁路车辆禁止溜放和限速连挂表》中规定禁止溜放和限速连挂的货车	在货车两侧插挂"禁止溜放"或"限速连挂"的货车表示牌	在货物运单右上角、票据封套上用红色记明"禁止溜放"或"限速连挂"的字样
《铁路技术管理规程（普速铁路部分）》中规定编组需要隔离的货车	① 在货车表示牌上要记明三角标记； ② 未限定"禁止溜放"或"限速连挂"的货车可用货车表示牌背面记明三角标记，并插于货车两侧	在货物运单右上角、票据封套上用红色记明规定的三角标记
《铁路危险货物品名表》"特殊规定"栏中规定停止制动作用的货车	在货车表示牌上记明"停止制动作用"字样	在货物运单右上角、票据封套上用红色记明"停止制动作用"的字样

5. 危险货物车辆的挂运

危险货物应快装、快卸、快取、快送、优先编组、优先挂运。站内停放危险货物车辆时，应采取安全防护措施，对需要看护的重点危险货物，由车站派员看守并报告铁路公安部门。

6. 制票承运工作

整车危险货物在装车完毕后，集装箱危险货物在验收完毕后，托运人应向车站货运室交付运输费用，并办理制票和承运作业。

整车货物按重量计费　运费 ＝（基价 1 ＋基价 2 × 运价里程）× 计费重量

集装箱货物　　　　　运费 ＝（基价 1 ＋基价 2 × 运价里程）× 箱数

规定计费重量 GY_{95S}，GY_{95}，GH_{40}，GY_{40}，$GY_{95/22}$，$GY_{95/22}$（石油液化气罐车）为 65 t；GY_{100S}，GY_{100}，GY_{100-I}，GY_{100-II}（石油液化气罐车）为 70 t。

一级毒害品（剧毒品）按运价率加 100%；爆炸品、一级易燃液体（代码表 02 石油类除外）、一级易燃固体、一级易于自燃的物质、一级遇水发出易燃气体的物质、一级氧化性物质和有机过氧化物、二级毒性物质、感染性物质、放射性物质按运价率加 50%。罐式集装箱按"铁路货物运价率表"中规定的运价率加 30% 计算。装运一级毒害品（剧毒品）的集装箱按"铁路货物运价率表"中规定的运价率加 100% 计算；装运爆炸品、气体、一级易燃液体（代码表 02 石油类除外）、一级易燃固体、一级易于自燃的物质、一级遇水发出易燃气体的物质、一级氧化性物质和有机过氧化物、二级毒性物质、感染性物质、放射性物质的集装箱按"铁路货物运价率表"中规定的运价率加 50% 计算。装运危险货物的集装箱适用两种加成率时，只适用其中较大的一种加成率。

承运后发现托运人匿报、错报货物品名填写运单，致使货物运费减收或危险货物匿报、错报货物品名按一般货物运输时，按批核收全程正当运费 2 倍的违约金，不另补收运费差额。

派有押运员的成组危险货物车辆，要求成组连挂，不得拆解；发站应在该组车辆每一张货物运单上注明"成组连挂，不得拆解"，并将该组票据单独装入封套（剧毒品除外），封套上注明"成组连挂，不得拆解"。

5.2.5 危险货运输签认

爆炸品、硝酸铵、剧毒品（非罐装、《铁路危险货物品名表》"特殊规定"栏有第 67 条特殊规定的）、气体类和其他另有规定的危险货物运输作业实行签认制度。作业应按规定程序和作业标准进行并签认。要对作业过程内容的完整性、真实性负责，严禁漏签、代签和补签。签认单保存期半年。

运输签认制度的有关要求按《铁路危险货物运输作业签认单》办理。

货检站未产生货检作业时，可不进行签认。

5.2.6 危险货物押运

运输危险货物时，托运人应当配备必要的押运人员和应急处理器材、设备和防护用品，并使危险货物始终处于押运人员监管之下。

铁路运输企业应当告知押运注意事项，检查押运人员、备品、设施及押运工作情况，并为押运人员提供必要的工作、生活条件。

押运人员应当遵守铁路运输安全规定，检查押运的货物及其装载加固状态，按操作规程使用押运备品和设施。

1. 押运基本要求

运输爆炸品（烟花爆竹除外）、硝酸铵、剧毒品（《铁路危险货物品名表》"特殊规定"栏有第 67 条特殊规定的）、罐车装运气体类（含空车）危险货物实行全程押运。装运剧毒品的罐车和罐式箱不需押运。其他危险货物需要押运时按有关规定办理。

发站要对押运工具、备品、防护用品以及押运间清洁状态等进行严格检查，不符合要求的禁止运输。

车辆在检修时，要严格按有关规程加强对押运间检查、修理。在接到押运员的故障报告后要及时修理。押运管理工作实行区段签认负责制。货检人员应与押运员在所押运的车辆前签认，签认内容见《全程押运签认登记表》。托运人再次办理运输时（含应押运的气体类罐车返空）应出具此登记表，并由车站保留 3 个月。对未做到全程押运的，再次办理货物托运时车站不予受理。

运输时发现押运备品不符合要求，押运员身份与携带证件不符或押运员缺乘、漏乘时应及时甩车，做好登记，并通知发站或到站联系托运人、收货人补齐押运员或押运备品，编制普通记录后方可继运。

2. 押运员要求

押运员应当掌握所押运危险货物的性质、危害特性、包装容器、载运工具的使用特性和发生意外的应急措施。押运员押运时应携带培训合格证明，并符合下列规定。

（1）押运员在押运过程中应遵守铁路运输的各项安全规定，并对自身安全和所押运货物的安全负责。

（2）押运员应了解所押运货物的特性，押运时应携带所需安全防护、消防、通信、检测、维护等工具以及生活必需品，应按规定穿着印有红色"押运"字样的黄色马甲，不符合规定的不得押运。押运员执行押运任务期间，严禁吸烟、饮酒及做其他与押运工作无关的事情。

（3）押运员在途中要严格执行全程押运制度，认真进行签认，严禁擅自离岗、脱岗。严禁押运员在区间或站内向押运间外投掷杂物。对押运期间产生的垃圾要收集装袋，到沿途有关站后，可放置车站垃圾存放点集中处理。

（4）押运员应熟悉应急预案及施救措施，在运输途中发现异常现象时，应及时采取应急措施并向铁路部门报告。

押运间仅限押运员乘坐，不允许闲杂人员随乘。运行时，押运间的门不得开启。押运间内应保持清洁，严禁存放易燃易爆物品及其他与押运无关的物品。对未乘坐押运员的押运间应锁闭，车辆在沿途作业站停留时，押运员应对不用的押运间进行巡检，发现问题，及时处理。

3. 同一托运人、同一到站押运方式、车辆及人数规定

（1）气体类 6 辆重（空）罐车（含带押运间车辆）以内编为 1 组，每组押运员不得少于 2 人。每列编挂不得超过 3 组。每组间的隔离车不得少于 10 辆（原则上需要用普通货物车辆隔离）。

（2）剧毒品（《铁路危险货物品名表》"特殊规定"栏有第 67 条特殊规定的）4 辆（含带押运间车辆）以内编为 1 组，每组 2 人押运；2 组以上押运人数由铁路局确定。

（3）硝酸铵 4 辆以内编为 1 组，每组 2 人押运；2 组以上押运人数由铁路局确定。

（4）爆炸品（烟花爆竹除外）每车 2 人押运。

上述车辆编组隔离还应符合《铁路技术管理规程（普速铁路部分）》关于铁路车辆编组隔离的规定。

派有押运员的车辆，成组挂运时，途中不得拆解。

新造出厂的和洗罐站洗刷后送检修地点的及检修后首次返空的气体类危险货物罐车不需押运，但应在货物运单、货票注明"新造车出厂"、"洗刷后送检修"或"检修后返空"字样。

5.2.7　到达作业

对到达的货物要及时通知收货人，做到及时交付货物，及时取送车辆。货位清空后，需及时清扫、洗刷干净。对撒漏的危险货物及废弃物，应及时通知收货人进行处理。对危险性大、撒漏严重的，要会同安监、卫生防疫、环保、消防等部门共同处理。

1. 卸车作业

1）检查车辆

车辆状态及施封检查，核对票据与现车，确定卸车及堆码方法。

2）卸车作业

传达安全作业注意事项及卸车方案，检查消防器材和安全防护用品。

3）卸车后工作

在收货人清理车辆残存废弃物后，对受到污染的车辆，及时回送洗刷所洗刷除污。清理车辆残存废弃物交由收货人负责处理。因污染、腐蚀造成车辆损坏的，要按规定索赔。

具有易燃易爆性质的危险货物装卸作业使用的照明设备及装卸机具应具有防爆性能，并能防止由于装卸作业摩擦、碰撞产生火花。

2. 洗刷除污

铁路局应按照管内货车自局洗刷、减少空车长距离回送洗刷和环保达标的要求，新建或升级改造货车洗刷所。

装过危险货物的货车，卸后应清扫干净。下列情况应进行洗刷除污：装过剧毒品的毒品车；发生过撒漏、受到污染（包括有刺激异味）的货车；回送检修运输过危险货物的货车。

1）铁路货车洗刷除污

（1）铁路货车洗刷除污方法。

货车洗刷除污工艺应符合《铁路货车洗刷除污方法》，洗刷除污编号见表5-2-9。

表5-2-9　洗刷除污编号

编　号	1	2	3	4	5
洗　刷除污剂	水	稀盐酸（浓盐酸用水稀释20倍）	碱水（烧碱或纯碱用50倍水溶解）	硫代硫酸钠（用20倍水溶解）	肥皂水

（2）洗刷除污工艺。

① 洗车作业前要先打开车门、车窗进行通风；

② 检查货车污染状况，对重点处做出标志；

③ 用水压不低于0.6 MPa的清水冲洗；

④ 对需用药剂消除污染的车辆，应根据《铁路危险货物品名表》的规定使用相应的药剂对污染部位浸泡30分钟；

⑤ 用50~60 ℃热水及扫帚、刷子洗刷；

⑥ 将残留水扫净，再通风，吹干车体；

⑦ 撤除"货车洗刷回送标签"，并在货车两侧车门外部及车内明显处粘贴"洗刷工艺合格证"各一张；

⑧ 对洗刷合格的货车进行登记。

（3）检查方法和要求。

① 检查方法：用眼看、鼻嗅，必要时可用试纸或小动物试验。对放射性货物污染的车辆，洗后用仪器测定。

② 经过洗刷除污的货车，必须达到水清无白点水泡，无秽物，无恶臭异味，无污染痕迹。被放射性物质（物品）污染的货车，洗刷后应符合要求。

2）洗刷除污的货车回送

回送洗刷除污的货车，应在"特殊货车及运送用具回送清单"内注明品名及编号，并在货车两车门内外明显处粘贴"铁路货车洗刷回送标签"（见表 5-2-10）各一张。

表 5-2-10　铁路货车洗刷回送标签

车种车号：	
此车　　月　　日	站装过货物品名：
我站卸车后未洗刷，经铁路局	号命令
回送	站洗刷。严禁排空和调配放货。
	卸车站
	年　　月　　日

规格：180 mm × 120 mm

注：1. 此标签在货车两车门内外明显处所各粘贴一张；

　　2. 中间粗斜线印红色。

货车经洗刷除污达到要求后应撤除货车洗刷回送标签，并在货车两车门内外明显处粘贴"铁路货车洗刷除污工艺合格证"（见表 5-2-11）各一张，并填写《洗刷除污登记表》。

未经洗刷除污合格的货车严禁使用或排空。

表 5-2-11　铁路货车洗刷除污工艺合格证

	洗刷工艺合格
车种车号：	已按规定洗刷
	×××站
	洗刷组（签章）
	货运员（签字）
	年　　月　　日

规格：180 mm × 120 mm

注：此标签在货车两车门内外明显处所各粘贴一张。

装过放射性物质（物品）的货车、苦盖的篷布及有关用具，卸后应由省级人民政府环境保护部门认定的有资质的辐射监测机构（以下简称辐射监测机构）对 α、β、γ 发射体的污染水平进行监测，监测结果应低于规定的限值，达到要求后方可排空使用。

对装过性质特殊、缺乏有效洗刷除污手段的货车，洗刷所应通知卸车站，要求收货人提供有效的洗刷除污方法和药物，再次洗刷处理。

3）洗刷除污应具备的条件

（1）洗车台位数、洗车线的数量和长度应达到洗刷除污的能力需求。

（2）洗刷除污的废水、废物处理技术条件应符合《铁路货车洗刷废水处理技术条件》（TB/T 1797—1987）和《铁路货车洗刷固体废物处理技术规定》（TB/T 2321—1992）等的要求。

（3）洗刷除污后的废水、废物的排放应达到环保部门的有关标准。

5.2.8 危险货物集装箱运输

危货箱同一车限装同一品名、同一铁危编号的危险货物；包装应与《危规》要求一致。装箱应采取安全防护措施，防止货物在运输中倒塌、窜动和撒漏。运输时只允许办理一站直达并符合办理限制要求。

危货箱的堆码存放应符合《配放表》的有关规定。

托运人托运危货箱时，应在货物运单"托运人记事"栏内填写箱内所装危险货物品名和铁危编号。

车站办理危货箱时，应对品名、包装、标志、标记等进行核查，防止匿报、谎报危险货物或在危货箱中夹带违禁物品。严禁在站内办理危货箱的装箱、掏箱作业。

托运人应根据危险货物类别在箱体上拴挂相应包装标志。拴挂位置：箱门把手处（罐式箱在装卸料设施适当位置）各1枚，箱角吊装孔各1枚，共计6枚，需拴挂牢固，不得脱落。标志采用塑料双面彩色印刷，规格为：100 mm×100 mm。

危货箱装卸车作业前，货运员应向装卸工组说明货物性质及作业安全事项，作业时应做到轻起轻放，不得冲撞、拖拉、刮碰。

收货人应负责危货箱的洗刷除污，并负责撤除拴挂的危险货物标志。无洗刷能力时，可委托铁路部门洗刷，费用由收货人负担。洗刷除污相关要求比照《危规》第十章有关条款办理。

办理罐式箱运输时，托运人、收货人、发到站、专用线、货物品名等应与办理限制相符。限使用集装箱专用平车（含两用平车）运输。

【例题5-2-1】办理爆破用雷管的运输

【解】雷管分为爆破用电雷管［11001］、爆破用非电雷管［11002］，它们的运输要求相同。煤矿井下均采用电雷管。爆破用电雷管是由电能转化成热能而引发爆炸的装置，由纸、塑料或金属管内装起爆药和猛性炸药组成。

（1）铁危编号：11001。

（2）包装标志：

（3）包装类：Ⅱ。

包装方法：① 雷管用纸盒或塑料桶等盛装塞紧，再放入木箱中塞紧，以雷管不发生摇动为准。木箱上、下部各应有箱挡两条，两端须具有握柄。箱板厚度应为 15 mm。

② 装入纤维板箱，板厚不小于 3 mm，木框宽 50 mm、厚 15～18 mm。单位包装净重不超过 25 kg。

运单填写要求：运单右上角用红色戳记标明"1.1 整体爆炸品""禁止溜放""停止制动作用"字样及隔离标记⚠。在"托运人记事"栏除填写《托运人资质证书》、经办人身份证和《培训合格证》号码、押运员姓名、身份证和《培训合格证》号码有关内容信息外，还须注明《民用爆炸物品运输许可证》名称和号码。

（4）编组隔离要求：见表 5-2-12。

表 5-2-12　电雷管编组隔离要求

隔离标记	距牵引的内燃、电力机车，推进运行或后部补机及使用火炉的车辆	距乘坐旅客的车辆	除雷管及导爆索以外的爆炸品 ⚠8	距装载易燃普通货物的敞车、平车	距装载高出车帮易窜动货物的车辆
⚠7	4	4	4	2	2

（5）调车要求：禁止溜放。

（6）灭火方法：水，禁用砂土。

（7）洗刷除污编号：1；洗刷除污剂：水。

（8）其他运输要求：

① "特殊规定"第 3 条要求：托运人须出具到达地县级人民政府公安部门批准的"民用爆炸物品运输许可证"。

② "特殊规定"第 4 条要求：仅限使用停止制动作用的棚车。

③ 爆炸品专库存放。

④ 实行全程押运。

（9）运输费用计费规定：运输品类大类代码为"15"（化工品—爆炸品），整车运价号为 6 号，运价率加 50%计费。

【例题 5-2-2】A 站发 B 站赛璐珞（铁危编号：41547）一车，1 200 件，木箱包装，使用棚车 P_{64GK}3474521 装运，施封 2 枚。该车 10 月 16 日编 21012 次列车于 15 时 08 分到达某编组站，停留 6 道，15 时 30 分货检员发现车角处冒白烟，即编普通记录甩车处理。于当日 21 时 23 分送货车整装停留线 11 道，22 时 50 分调出存 8 道，次日 7 时 26 分发现该车起火，7 时 30 分报警，市消防队出动 5 辆消防车扑救，于 9 时 13 分扑灭。货物 158 件不同程度烧毁，186 件损坏、撒漏、湿损，损失达 11 万元以上。

经会同有关部门勘查，起火原因为货车透光、高温天气下大雨所致。请正确处理这批货物火灾事故并阐述发生火灾后的处理过程。

【解】（1）正确的处理方法是：

① 立即报告有关人员，要求甩车送安全地点；

② 及时了解货物性质，组织有关人员前来处理；

③ 采取相应的安全措施，准备足够的消防材料；

④ 编制普通记录并拍发交接电报；

⑤ 及时进行倒装整理，避免扩大损失，货物有损失时，编制货运记录附票据内送到站。

（2）发生火灾后的处理过程：

① 马上设立警戒防护区，迅速通知消防部门组织扑救，组织人员向逆风方向疏散；

② 保护现场，及时向铁路公安机关报案并会同处理；准备足够的消防器材；

③ 协同公安、消防部门整理事故现场，检查起火部位、被烧毁货物装载位置、货物损失程度、车辆防火板及定检施修等技术状态、可能造成起火的各种迹象等；

④ 在火灾事故发生后 24 h 内，拍发货运事故速报并编制货运记录，填记有关台账；

⑤ 正确妥善处理事故车辆和货物。原车不能继续运行，将货物换装至另一棚车。

任务训练

1. 办理 TNT 炸药的运输。

2. 办理电石的运输。

3. 办理硝酸铵的运输。

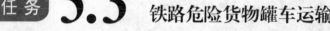
任务 5.3 铁路危险货物罐车运输

教学目标

1. 能力目标

能正确组织铁路危险货物罐车运输的发送作业、途中作业和到达作业。

2. 知识目标

掌握危险货物罐车构造，掌握危险货物罐车充装要求，掌握危险货物罐车运输发送、途中、到达作业的相关规定。

工作任务

某托运人在甲站托运一车液氨（液氨液体相对密度为 0.8），到站：乙站，使用 GY_{70} 自备罐车装运。

请按《危规》等货运规章的相关规定办理该批危险货物运输组织工作（其他未设条件自拟）：

（1）正确确定罐车充装量；

（2）确定这批货物的办理限制；

（3）填写运单相关内容及加盖特殊标记；

（4）途中交接检查；

（5）审查押运人工作；

（6）及时正确填写"危险货物运输作业签认单"。

相关知识

5.3.1　铁路罐车的用途及分类

1. 罐车用途

铁路罐车是用来装运各种液体、液化气体和粉末状货物的特种车辆。铁路罐车在铁路运输中占有重要的地位，约占我国货车总数的18%。

危险货物罐车装卸作业应在专用线内办理。铁路产权罐车限装品名为原油、汽油、煤油、航空煤油、柴油、石脑油、溶剂油、轻质燃料油及非危险货物的重油、润滑油。对擅自涂改铁路产权罐车标记装运限定之外品名的，要立即扣车处理，同时追查有关责任单位、责任人的责任。厂、段修过期车辆不得装车运用。

自备罐车装运危险货物，品名范围及车种要求应符合《铁路危险货物品名表》"特殊规定"栏的特殊规定。未做规定的，由所属铁路局组织研究提出安全运输条件建议，报总公司运输局。安全运输条件建议应包括事故应急预案和环保应急处理预案。总公司运输局组织专家进行技术审查，通过技术审查后公布安全运输条件。

危险货物自备货车过轨运输应按照《自备铁路车辆经国家铁路过轨运输管理办法》实行协议制管理。

2. 铁路罐车的分类

1）按罐车所有权分类

按罐车所有权可分为企业自备罐车和铁路产权罐车（如图5-3-1所示）。

（a）企业自备罐车　　　　　　　　　（b）铁路产权罐车

图5-3-1　按罐车所有权分类

2）按罐体材质分类

按罐体材质可分为钢罐车、铝或铝合金罐车、橡胶或特制塑料衬里的钢罐车（如图5-3-2所示）。

图 5-3-2 钢罐车

3）按使用压力分类

按使用压力分为常压罐车、压力罐车（如图 5-3-3 所示）。

4）按保温功能或加温形式分类

按保温功能或加温形式分为有保温功能或带加温装置罐车、普通罐车（如图 5-3-4 所示）。

（a）常压罐车 （b）压力罐车

图 5-3-3 按使用压力分类

（a）有保温功能或带加温装置罐车 （b）普通罐车

图 5-3-4 按保温功能或加温形式分类

5）按装卸方式分类

按装卸方式分为上装上卸式罐车、上装下卸式罐车（如图 5-3-5 所示）。

（a）上装下卸式罐车

（b）上装上卸式罐车

图 5-3-5　按装卸方式分类

6）按用途分类

按用途可分为轻油罐车（用来运送汽油、煤油等黏度较小的石油产品及其他液体货物）、黏油罐车（用来运送石油、润滑油等黏度较大的货物）、酸碱类罐车、液化气体罐车等（如图 5-3-6 所示）。

（a）轻油罐车

（b）黏油罐车

图 5-3-6　按用途分类

3. 各类罐车的特点

1）轻油罐车

轻油罐车用于运送汽油、煤油等黏度较小的油类。由于轻油的渗透能力很强，容易渗漏，故一般利用虹吸原理采用上卸方式卸油。轻油罐车罐体均涂成银灰色，以减少阳光照射产生的液体挥发。由于轻油罐车所运石油产品密度较小（约 $0.69 \sim 0.88$ t/m³），所以 50 t 车实际载重 42 t，60 t 车实际载重 52 t 左右。

所谓虹吸原理：就是连通器的原理。而虹吸管里灌满水，没有气，来水端水位高，出水口用手掌或其他物体封闭住。此时管内压强处处相等。一切安置好后，打开出水口，虽然两边的大气压相等，但是来水端的水位高，压强大，推动来水不断流出出水口。

2）黏油罐车

黏油罐车用于运送原油、润滑油等黏度较大的油类。黏油在冬季或寒冷地区容易凝固，卸货不便，为此，在罐体下半部设有夹层式加温套，两侧设进气管。卸货时将蒸汽从进气管送入整个加温套，使油融化，然后用下卸式排油装置排油。运送原油的罐车，罐体外表涂成黑色，运送成品油涂成黄色。

3）酸碱类罐车

酸碱类罐车专门用于运送浓硫酸、浓硝酸、液碱（氢氧化钠）等货物。由于酸碱类化工产品具有较强的腐蚀作用且比重较大，所以罐体的容积比较小，而且要有耐腐蚀性。一般要求在罐体内壁衬以橡胶、铅、塑料等抗腐蚀材料，也有一些罐体采用铝合金、不锈钢及玻璃钢等耐酸碱腐蚀的材料制作。酸碱类罐车一般也设有加温套，当酸碱凝结时，可加温使其融化以便从上部卸出。图5-3-7所示为GS_{70}浓硫酸罐车。

图5-3-7　GS_{70}浓硫酸罐车

4）液化气体罐车

液化气体罐车用于运输液氨、液氯及丙烷等液化气体。图5-3-8所示为23 t轴重液氨罐车。

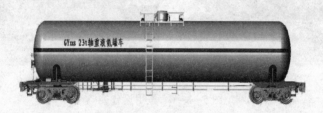

图5-3-8　23 t轴重液氨罐车

5）粉状货物罐车

粉状货物罐车是用来装运氧化铝粉、散装水泥和粉煤灰等粉状货物，并通过压缩空气将物料流态化后再输送到指定地点的罐车。按卸料方式分为上卸式粉状货物罐车和下卸式粉状货物罐车（如图5-3-9所示）。

（a）上卸式粉状货物罐车　　　　　（b）下卸式粉状货物罐车

图5-3-9　粉状货物罐车

5.3.2   危险货物自备罐车的罐体标记

装运酸、碱类的罐车罐体本底色为全黄色，罐体两侧纵向中部应涂装有一条宽 300 mm 的黑色水平环形色带；装运煤焦油、焦油的罐车罐体本底色为全黑色，罐体两侧纵向中部应涂装有一条宽 300 mm 的红色水平环形色带。装运黄磷的罐车罐体本底色为银灰色，罐体中部无环形色带，在罐体中部喷涂 9 号自燃物品标志 13 号剧毒品标志。

装运其他危险货物罐车罐体本底色应为银灰色，罐体两侧纵向中部应涂装有一条宽 300 mm 表示货物主要特性的水平环形色带：红色表示易燃性，绿色表示氧化性，黄色表示毒性，黑色表示腐蚀性。环带上层 200 mm 宽涂蓝色，下层 100 mm 宽涂红色或黄色时，分别表示易燃气体或毒性气体；环带 300 mm 为全蓝色时表示非易燃无毒气体，如图 5−3−10 所示。

图 5−3−10   危险货物自备罐车的罐体标记

罐体两侧水平环形色带中部（有扶梯时在扶梯右侧）以分子、分母形式涂装有货物名称及其危险性，如苯：$\dfrac{苯}{易燃、有毒}$。对遇水会剧烈反应，事故处理严禁用水的货物，还应在分母内涂装有"禁水"二字，如硫酸：$\dfrac{硫酸}{腐蚀、禁水}$。在罐体两端头两侧环形色带下方喷涂相应危险货物包装标志，规格：400 mm × 400 mm。

苯、粗苯、甲苯、乙苯、二甲苯可用罐体涂打"苯类"字样的自备罐车运输；汽油、煤油、航空煤油、柴油、石脑油、溶剂油、轻质燃料油可用罐体涂打"轻油类"字样的自备罐车运输。危险货物自备罐车罐体标识见表 5−3−1。

表 5−3−1   危险货物自备罐车罐体标识

罐体本底色		水平环形色带颜色 罐体两侧纵向中部涂装有一条宽 300 mm 表示货物主要特性的水平环形色带
一般	银灰色	红色表示易燃性
		绿色表示氧化性
		黄色表示毒性
		黑色表示腐蚀性
		环带 300 mm 为全蓝色时，表示非易燃无毒气体

罐体本底色		水平环形色带颜色 罐体两侧纵向中部涂装有一条宽 300 mm 表示货物主要特性的水平环形色带
一般	银灰色	环带上层 200 mm 宽涂蓝色，下层 100 mm 宽涂红色时，表示易燃气体
		环带上层 200 mm 宽涂蓝色，下层 100 mm 宽涂黄色时，表示毒性气体
特殊	全黄色（装运酸、碱类）	黑色
	全黑色（装运煤焦油、焦油）	红色
	银灰色（装运黄磷）	不涂打环形色带，在罐体中部喷涂 9 号自燃物品标志和 13 号剧毒品标志

5.3.3　危险货物罐装运输设施

采用自备货车运输危险货物的，要有危险货物专用线（或共用专用线）及专用储运附属设备设施，运输的品类和业务范围应与设计内容一致。

1. 罐车附属结构操作

1）助开式人孔

人孔装配主要由人孔座、人孔盖、密封垫、紧固件和助开器五部分组成。人孔装配示意图如图 5－3－11 所示。

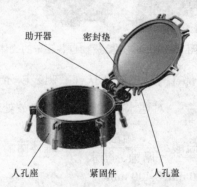

图 5－3－11　人孔装配示意图

罐车装卸介质时，需使用扳手逆时针旋扭螺母，将螺栓转至如图 5－3－12（b）所示的位置。将人孔盖缓慢抬起。使用完毕后，将人孔盖合上，使用扳手顺时针旋紧螺母。

（a）旋扭螺母　　　　　　　（b）旋扭螺栓　　　　　　　（c）打开人孔盖

图 5－3－12　罐车装卸介质方法

2）GHB$_{70}$ 型黄磷罐车装卸装置

GHB$_{70}$ 型黄磷罐车（如图 5-3-13 所示）装卸装置主要包括加温装置（如图 5-3-14 所示）及人孔（如图 5-3-15 所示）。

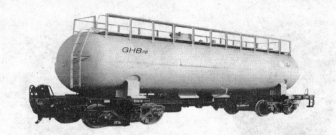

图 5-3-13　GHB$_{70}$ 型黄磷罐车

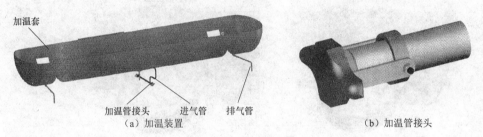

（a）加温装置　　　　　　　　　　（b）加温管接头

图 5-3-14　加温装置示意图

图 5-3-15　人孔结构

（1）装车作业。

① 依次打开人孔盖和安装于人孔内的充磷孔盖。

② 由人孔注入热水，水温应为 50~60 ℃。调节罐内覆盖水 pH 酸碱度在 7~8，高度在 300~400 mm。

③ 将充磷管由人孔插入罐体内液面以下，慢慢注入黄磷，注意液面上升情况，不允许水面超过规定高度，即黄磷重量不得超过 66 t。

④ 待罐内黄磷冷却凝固后，关闭充磷孔盖，打开铁路货车两端的洗罐孔盖，通过充氮球阀向罐内充入氮气，充氮压力不得大于 0.01 MPa。

⑤ 充氮完成后，充氮球阀应关闭，充磷孔盖、抽磷孔盖等处应严格密封。应保证洗罐孔、人孔等处紧固件完整齐全、密闭紧固。

装车作业程序如图 5-3-16 所示。

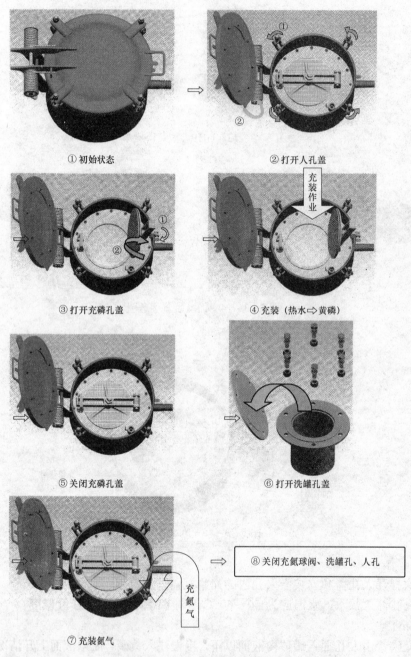

① 初始状态　　　　　　② 打开人孔盖

③ 打开充磷孔盖　　　　④ 充装（热水⇨黄磷）

⑤ 关闭充磷孔盖　　　　⑥ 打开洗罐孔盖

⑦ 充装氮气　　　　　　⑧ 关闭充氮球阀、洗罐孔、人孔

图 5-3-16　装车作业程序

（2）卸车作业。

① 依次打开人孔盖、安装于人孔内的充磷孔盖和抽磷孔法兰盖。

② 打开加温管接头端盖，接通加温套蒸汽主管，对罐体内的黄磷加热。进汽管路静压力不得超过 0.49 MPa，黄磷加热温度为 50～60 ℃。若环境温度低于 0 ℃，加热完毕后，须用压缩空气或干饱和蒸汽吹净内加温管路中的冷凝水，以防冷凝水冻结而堵塞管路。

③ 将虹吸管插入车体顶部中央抽磷管中，开始抽卸。

④ 抽卸完成后，关闭抽磷孔、充磷孔，然后通过充氮球阀向罐体内充装氮气，充氮压力不得大于 0.01 MPa。

⑤ 充氮完成后，抽磷孔盖、充磷孔盖等处应严格密封。应保证洗罐孔、人孔等处紧固件完整齐全、密闭紧固。

卸车作业程序如图 5-3-17 所示。

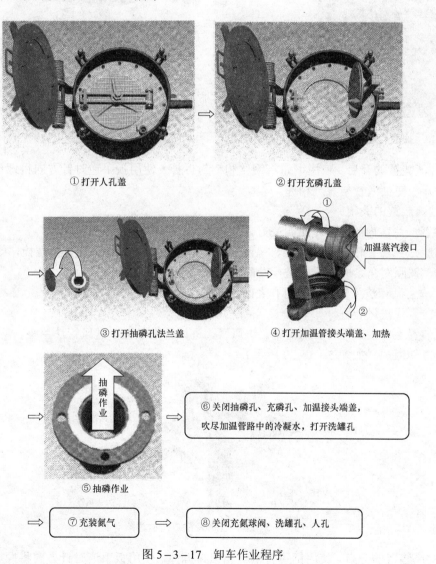

图 5-3-17　卸车作业程序

3）铁路罐车抽液、进风装置

部分铁路罐车根据装卸作业需要在其罐体上设有抽液、进风装置，抽液、进风装置在车体上布置如图5-3-18所示，抽液管延伸到罐体底部，进风管焊接在罐体上部。在卸车作业时，必须按照先开启进风装置法兰盖，再开启抽液装置法兰盖的顺序进行操作。

（1）防盗式抽液装置。

抽液装置主要由抽液管座、抽液管、抽液管法兰、抽液管法兰座、抽液管法兰盖、防盗销、紧固件、钢丝、铅封、密封垫等零件组成（如图5-3-19所示）。

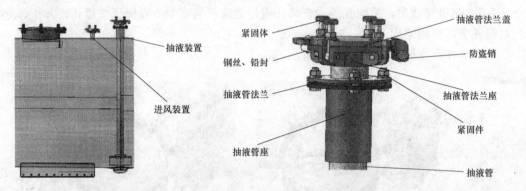

图5-3-18　抽液、进风装置在车体上布置示意图　　　图5-3-19　抽液装置结构示意图

① 抽液装置的开启。使用钢钳将钢丝和铅封拆掉，使用扳手逆时针方向将螺母松开，将法兰盖打开，使抽液管与大气相通。

② 抽液装置的关闭。

● 检查法兰盖内的密封垫是否完好，正位。

● 盖上法兰盖，依次组装螺栓、垫圈、螺母，用扳手顺时针方向拧紧螺栓，螺栓紧固时用力均匀，按照对角紧固的原则进行，确保抽液装置密封良好。

● 在法兰盘和法兰盖上下铅封孔之间组装钢丝和铅封。

（2）防盗式进风装置。

进风装置主要由紧固件、防盗销、进风管、进风管法兰盖、进风管法兰座、钢丝、铅封、密封垫等零件组成（如图5-3-20所示）。

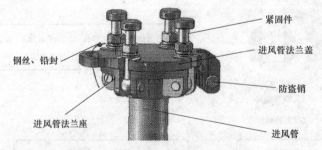

图5-3-20　进风装置结构示意图

① 进风装置的开启。使用钢钳将钢丝和铅封拆掉，使用扳手逆时针方向将螺母松开，将法兰盖打开，使进风管与大气相通。

② 进风装置的关闭。

● 检查法兰盖内的密封垫是否完好，正位。

● 盖上法兰盖，依次组装螺栓、垫圈、螺母，用扳手顺时针方向紧固螺栓，螺栓紧固时用力均匀，按照对角紧固的原则进行，确保进风装置密封性能良好。

● 在法兰盘和法兰盖上下铅封孔之间组装钢丝和铅封。

防盗式的抽液、进风装置涉及车型为 GS_{70}、GH_{70A}、GH_{70B} 型罐车，其结构和布置略有不同，但开启和关闭操作方法均相同。

4）罐车外加温套

罐车外加温套加热装置由加温套和加温管路组成（如图 5-3-21 所示）。加温套由加温套支铁、支撑筋板、排汽口和加温套板等组焊在罐体底部外表面。加温管路由加温管进汽接头装配、主管、进汽管和排水管等组成（如图 5-3-22 所示），与加温套进汽管座连接成一体。

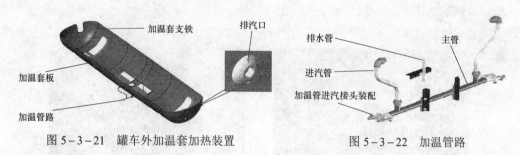

图 5-3-21　罐车外加温套加热装置　　　　图 5-3-22　加温管路

（1）检查。

卸车时如需加热，应首先对排水管口及排汽口进行检查，必须保证畅通，否则不能通汽，以防加温套受压过大而变形或破裂。

（2）打开进汽接头。

检查完毕后，打开进汽接头。逆时针旋转螺栓，然后打开接头盖，将地面蒸汽源管路接头与车体上加温管路的进汽接头进行连接。

（3）加热。

将加温管路的进汽接头与地面固定蒸汽源连接好后，缓慢打开地面蒸汽源阀门，通过加温套对罐内介质进行加热。当排汽口排出的蒸汽较多时，应适当关小地面蒸汽源阀门。加热到一定时间后（用户应根据介质凝固的具体状况，来确定加热时间），方可卸载介质。

（4）加热结束。

加热结束时，必须缓慢关闭地面蒸汽源阀门。解除地面蒸汽接头连接，确保进汽接头和排水口处无冷凝水流出后，拧紧接头盖或盖好接头盖并拧紧螺栓。

2. 罐装运输危险货物的储存、装卸作业设备设施

罐装运输危险货物的储存、装卸作业设备设施包括储罐、栈桥、鹤管、装卸泵（压缩机）和泵（压缩机）房（棚）、装卸作业线等。

1）储罐

储罐的种类有压力储罐、半冷冻式储罐、全冷式储罐和常压储罐（如图 5-3-23 所示）。

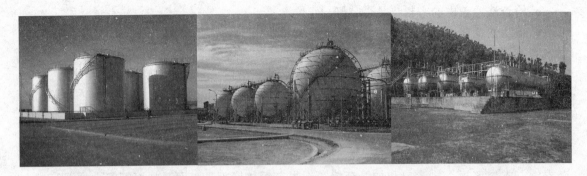

图 5-3-23 储罐

2）栈桥、鹤管

栈桥、鹤管如图 5-3-24、图 5-3-25 所示。

图 5-3-24 栈桥　　　　　　　　　　图 5-3-25 鹤管

3）装卸泵和泵房

装卸泵和泵房如图 5-3-26 所示。

图 5-3-26 装卸泵和泵房

危险货物储存、装卸作业场所等应设置消防砂、消防桶、消防钩、消防锹、消防斧等灭火器材及劳动安全防护设施。

5.3.4　液化气体铁路罐车

1. 液化气体铁路罐车的用途

液化气体铁路罐车适用于运输液化石油气、液氨等介质，也可用于装运与上述介质性质相似的丙烯、丙烷、液氯、液态二氧化硫等产品。这些介质大多是易燃、易爆、有毒的危险品。按结构可分为无底架罐车和有底架罐车两种。

2. 液化气体铁路罐车的安全附件

液化气体铁路罐车的安全附件是液化气体铁路罐车得以安全运行所必需的构成部分，包括安全阀、液位计、紧急切断阀、压力表、温度计等装置。除安全阀外，安全附件主要集中在人孔盖保护罩内的加排系统上。其示意图如图 5-3-27 所示。

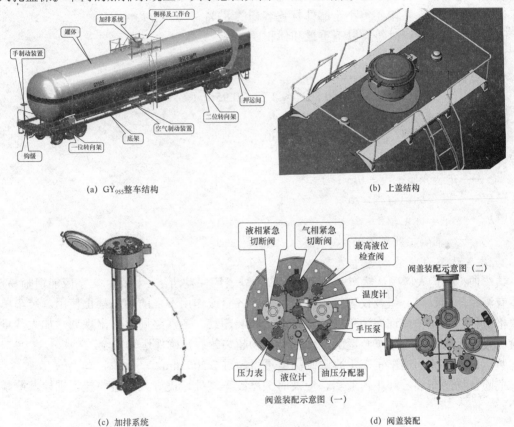

(a) GY$_{955}$整车结构　　(b) 上盖结构

(c) 加排系统　　(d) 阀盖装配

图 5-3-27　液化气体铁路罐车的安全附件

5.3.5　非气体类危险货物罐车运输

1. 非气体类危险货物承运

（1）托运人或收货人的罐车产权单位名称应与《自备铁路车辆经国家铁路过轨运输证》（简称《过轨运输证》）的单位名称相统一。

（2）货物品名、托运人、收货人、发到站、专用线等应与办理限制相统一。

（3）货物品名应与罐体标记品名相统一。

（4）罐车产权单位提供的移动式压力容器使用登记证。

（5）车辆检修时间过期、证件过期、车况不良、罐体密封不严、罐体标记文字不清等有碍安全运输的不予办理运输。

（6）非气体类液体危险货物运输时，不检查移动式压力容器使用登记证，应检查铁路罐车容积检定证书和铁路罐车罐体检测报告。

（7）自备货车返空时，车站不再查验《过轨运输证》，其返空到站按空车托运人要求办理。

（8）危险货物运输变更或重新托运应符合有关要求。

2. 非气体类危险货物罐车充装量的确定

充装非气体类液体危险货物时，应根据液体货物的密度、罐车标记载重量、标记容积确定充装量。充装量不得大于罐车标记载重量；同时要留有膨胀余量，充装量上限不得大于罐体标记容积的 95%，下限不得小于罐体标记容积的 83%。

即允许充装量应同时符合以下重量和体积要求：

1）允许充装体积

允许充装体积为

$$0.83V_{标} \leqslant V_{许装} \leqslant 0.95V_{标}$$

2）允许充装重量

$$W = \rho V_{许装} \leqslant P_{标}$$

式中：W——允许充装量，t；

ρ——充装介质密度，t/m³；

$V_{标}$——罐车标记容积，m³；

$P_{标}$——罐车标记载重，t；

$V_{许装}$——罐车允许充装体积，m³。

3. 非气体类危险货物罐车装卸车作业

装车前，托运人应确认罐车是否良好，罐体外表应保持清洁，标记、文字应能清晰易辨。罐体有漏裂，阀、盖、垫及仪表等附件、配件不齐全或作用不良的罐车禁止使用。装车单位要严格执行铁路罐车允许充装量的规定，防止超装超载。各铁路局要作出规划，加大计量安全检测设备投入，防止罐车装运的液体危险货物超装超载，确保运输安全。

装运危险货物的罐车重车重心限制高度不得超过 2 200 mm。

危险货物罐车装、卸车作业后，应及时关严罐车阀件，盖好人孔盖，拧紧螺栓，严禁混入杂质。

5.3.6　气体类危险货物罐车运输

1. 气体类危险货物承运

（1）托运人或收货人的罐车产权单位名称应与《过轨运输证》的单位名称相统一。

（2）货物品名、托运人、收货人、发到站、专用线等应与办理限制相统一。

（3）货物品名应与罐体标记品名相统一。

（4）托运人提供的《铁路液化气体罐车充装记录》（简称《充装记录》，见表 5-3-2）一式两份，一份由发站留存，一份随货物运单至到站交收货人。

（5）罐车产权单位提供的移动式压力容器使用登记证。

罐车安全使用证明

我厂自备罐车 _____ 号，罐内允许充装品名 _____，重车到站 _____。收货人 _____。

该车设计、制造、标志、使用、管理和检修均均符合《液化气铁路罐车安全管理规程》的各项要求，并符合铁路危险货物运输有关规定，特此证明。

×× 单位

（签章）

年　月　日

表 5-3-2　铁路液化气体罐车充装记录

充装单位：

过轨运输证编号：

车型车号		标记载重	t	标记容积	m³
罐车自重	t	空车检衡重量	t	检衡人	
装运品名		允许充装量	t	上次检修时间	中修　　大修
进厂检查	进厂日期		底架状况		
	罐体状况		检查人		
充装前检查	安全阀状况		其他表、阀类状况		
	罐体内余压	MPa	气密性试验压力	MPa	
	气密性试验时间		气密性试验时间、检查人		
充装状况	充装时间		充装重量	t	
			充装人		
封车状况	封车时间		封车压力	MPa	
	安全阀状况		其他表类状况		
	其他阀门状况		封车人		
出厂前复检	检衡结果	重罐车检衡重量　t 实际充装量　t 罐车压力　MPa	表、阀状况 检衡人 押运人		

注：液氢、液态二氧化碳需做气密性试验。

（6）车辆检修时间过期、证件过期、车况不良、罐体密封不严、罐体标记文字不清等有碍安全运输的不予办理运输。

气体类危险货物罐车运输不允许办理运输变更或重新托运，如遇特殊情况需要变更或重新托运时，需经铁路局批准。

2．气体类危险货物充装量的确定

气体类危险货物装车单位应具有轨道衡计量设备，装运气体类危险货物罐车标记容积在 80 m³ 以上的应安装 3 台面轨道衡。

气体类危险货物在充装前应对空车进行检衡。充装后，需用轨道衡再对重车进行计量，严禁超装。充装量应按计算公式计算，但不得大于标记载重量；计算的充装量大于标记载重量时，充装量以标记载重量为准。

1）允许充装量的确定方法

允许充装量的确定方法为

$$W_{计算} = \Phi V_{标}$$

当 $W_{计算} \geqslant P_{标}$ 时，$W_{许装} = P_{标}$

当 $W_{计算} < P_{标}$ 时，$W_{许装} = W_{计算}$

式中：$W_{计算}$——根据重量充装系数确定的计算充装量，t；

$\qquad W_{许装}$——允许充装量，t；

$\qquad \Phi$——重量充装系数，t/m³；

$\qquad V_{标}$——罐车标记容积，m³；

$\qquad P_{标}$——罐车标记载重，t。

常见介质的重量充装系数见表 5-3-3。

表 5-3-3　常见介质的重量充装系数表

充装介质种类	重量充装系数 Φ/（t/m³）
液　氨	0.52
液　氯	1.20
液态二氧化硫	1.20
丙　烯	0.43
丙　烷	0.42
混合液化石油气	0.42
正丁烷	0.51
异丁烷	0.49
丁烯、异丁烯	0.50
丁二烯	0.55

注：液化气体重量充装系数，按介质在 50 ℃时罐体内留有 6%～8%气相空间及该温度下的比重求得。

2）检衡复核充装量

检衡复核充装量公式为

$$W_{空检} \geqslant W_{自重}时，\ W_{实装} = W_{总重} - W_{自重}$$
$$W_{空检} < W_{自重}时，\ W_{实装} = W_{总重} - W_{空检}$$

要求 $W_{实装}$ 不得大于 $W_{许装}$，即 $W_{实装} \leqslant W_{许装}$。

式中：$W_{实装}$——实际充装量，t；

$W_{自重}$——罐车标记自重，t；

$W_{总重}$——重罐车检衡重量，t；

$W_{空检}$——罐车空车检衡重量，t。

3）允许充装液面高度

根据铁路罐车容积表（高度和体积的对应关系）得出对应的许装液面高度为 2 176 mm。

3. 气体类危险货物装卸车作业

气体类危险货物充装前应有专人检查罐车，按规定对罐体外表面、罐体密封性能、罐体余压等进行检查，不具备充装条件的罐车严禁充装。罐车充装完毕后，充装单位应会同押运员复检充装量，检查各密封件和封车压力状况，认真详细填记《充装记录》，符合规定时，方可申请办理托运手续。

危险货物罐车装、卸车作业后，应及时关严罐车阀件，盖好人孔盖，拧紧螺栓，严禁混入杂质。

气体类危险货物罐车卸后罐体内应留有不低于 0.05 MPa 的余压。

4. 液化气体铁路罐车押运

罐车装运气体类（含空车）危险货物实行全程押运。气体类危险货物押运员应对押运间进行日常维护保养，破损严重的要及时向所在车站报告，由车站通知所在地货车车辆段按规定予以扣修。对门窗玻璃损坏等能自行修复的，应及时修复。押运员应按《气体类罐车押运员携带工具备品及证件资料目录》（见表 5-3-4）携带相关工具备品及证件。

表 5-3-4　气体类罐车押运员携带工具备品及证件资料目录

分　类	名　称	数　量	备　注
一、证件和资料	1. 身份证		本人
	2. 培训合格证明		本人
	3. 全程押运签认登记表		
	4. 液化气罐车运行记录		
	5. 小修记录		
	6. 液化气罐车途中突发事件应急预案		本单位
	7. 押运员须知		
	8. 气体类罐车押运员应携带的工具备品及证件资料清单	每人 1 份	
二、防护用品	1. 按规定穿着黄色马甲	每人 1 套	
	2. 防护手套	每人 1 副	
	3. 防毒面具（带过滤罐）	每人 1 套	
	4. 护目镜	每人 1 套	
	5. 防护服	每人 1 套	

分　类	名　称	数　量	备　注
三、消防用品	1. 手提式干粉灭火器	1个	
四、通信工具	1. 手机（限在安全条件下使用）	1~2部	
五、检修工具	1. 防爆手电筒	每人1只	
	2. 防爆活扳手（规格：300×36）	每人1把	
	3. 防爆梅花扳手（规格：22−24、24−27）	每人1把	
	4. 防爆开口扳手（规格：22−24、24−27）	每人1把	
	5. 防爆管钳	每人1把	
	6. 防爆克丝钳	每人1把	
	7. 防爆螺丝刀	每人1把	
	8. 防爆剪刀	每人1把	
六、检修备品	1. 备用压力表	每人1只	
	2. 生料带	每人1卷	
	3. 角阀接头盲板及连接垫和堵头	各4~5个	
	4. 石棉绳填料、石棉片	5 m	液氯车用
	5. 气（液）相阀门盲板	各1个	
	6. 气（液）相阀四氟垫圈	各4~5个	
	7. 温度计堵头及连接垫	各1个	
	8. 嵌入式木楔	5~6个	

注：1. 罐车产权单位应根据罐车构造和介质性质确定防护服、防毒面具、压力表、角阀接头盲板、气（液）相阀门盲板等备品材料的材质或类型；

2. 每组气体类罐车押运人员至少应配备以上数量的工具备品；

3. 防护用品、检修工具、检修备品等应使用备品包妥善保管；

4. 罐车产权单位应制做工具备品及证件资料清单，并揭挂于押运间醒目处。

气体类6辆重（空）罐车（含带押运间车辆）以内编为1组，每组押运员不得少于2人。每列编挂不得超过3组。每组间的隔离车不得少于10辆（原则上需要用普通货物车辆隔离）。

【例5−3−1】装载汽油一车，车型为 G_{70K} 型铁路罐车，标记载重 $P_{标}$=62 t，标记容积 $V_{标}$=69.7 m³，密度 ρ 为 710 kg/m³，请计算该车的允许装载量范围。

【解】允许装载量需要同时符合重量和体积要求：

① 上限由标重和准装体积的小值确定，按体积确定 $V_{许上限}$=0.95×69.7×0.71=47.013（t），小于标重 62 t；

② 下限为 $V_{许下限}$=0.83×69.7×0.71=41.074（t）

该车的准装范围为 41.074~47.013 t。

【例5−3−2】用 GY_{95} 充装密度 ρ 为 500 kg/m³ 的液化石油气，重量充装系数 Φ 为 0.42，标记载重 $P_{标}$ 为 40 t，标记容积 $V_{标}$ 为 95 m³，标记自重为 35.0 t。空车检衡重量为 74.8 t。请确定该车是否超装。

【解】（1）确定允许充装重量

$$W_{计算}=\Phi V_{标}=0.42×95=39.9（t）$$

由于 $W_{计算}<P_{标}$，

则 $W_{许装}=W_{计算}=39.9$（t）。

（2）充装量的检衡复核

由于 $W_{空检}>W_{自重}$，$W_{实装}=W_{总重}-W_{自重}=74.8-35.0=39.8$（t），

则 $W_{实装}<W_{许装}$，因此该车未超装。

【例 5-3-3】 办理丙烯运输。

【解】（1）品名：丙烯。

（2）铁危编号：21018。

（3）包装标志：

（4）主要特性。无色气体，具有烃类特有臭味，气体相对密度 1.45，液体相对密度 0.58，沸点-47.4 ℃，溶于水。易燃烧爆炸，爆炸极限 2%～11%；麻醉性极强；易造成急性中毒；长期接触可引起头昏、乏力、全身不适、思维不集中；对环境有危害，对水体、土壤和大气可造成污染。

（5）包装类。Ⅱ，铁路罐车为二类压力容器，最大设计压强为 2.2 MPa。

（6）包装方法。限使用耐压液化气企业自备罐车装运，主要车型有 GY_{60}、GY_{70}、GY_{70S}、GY_{95}、GY_{95K}、GY_{95S}、GY_{95SK}、GY_{95A}、GY_{100S}、GY_{100SK}。

（7）运单填写要求。运单右上角用红色戳记标明"2.1 易燃气体""禁止溜放""成组连挂，不得拆解"及隔离标记"△"。在"托运人记事"栏填写《托运人资质证书》、经办人身份证和《培训合格证》号码，押运员姓名及身份证号码、《培训合格证》及《押运证》号码等有关内容信息，并注明"自备车"。

（8）编组隔离要求。丙烯编组隔离要求见表 5-3-5。

表 5-3-5　丙烯编组隔离要求

隔离标记	距牵引的内燃、电力机车，推进运行或后部补机及使用火炉的车辆	距乘坐旅客的车辆	距装载雷管及导爆索车辆 11001，11002，11007，11008 △	除雷管及导爆索以外的爆炸品 ⑧	距敞车、平车装载的易燃普通货物	距装载高出车帮易窜动的货物
△	4	4	4	4	2	2

注：运输气体类危险货物重、空罐车时，每列编挂不得超过 3 组。每组间的隔离车不得少于 10 辆。

（9）调车要求：禁止溜放。

（10）洗刷除污编号：1；洗刷除污剂：水。

（11）其他运输要求：

① 实行全程随车押运；

② 承运前应检查押运备品及罐车小修记录等；

③ 特殊规定第 15 条要求：生活用液化气钢瓶禁止运输。

灭火方法：雾状水（降温，打散聚集的气体）、泡沫、二氧化碳。

（12）运输费用计费规定：

① 运输品类大类代码"15"（化工品—压缩气体和液化气体），6 号运价率加成 50%计费；

② GY_{95s}，GY_{95}，GY_{40}，GY_{95} 的液化气罐车按 65 t 计费；

③ GY_{100s}，GY_{100}，$GY_{100-I(II)}$ 的液化气罐车按 70 t 计费；

④ 若使用自备货车，所装货物运价率减 20%计费。

任务训练

1. G_{60k} 型铁路罐车，装载汽油，标记载重 $P_标$=52 t，标记容积 $V_标$=60 m³，密度ρ为 710 kg/m³，要求计算允许装载量。

2. 用 GY_{100S} 充装密度ρ为 515 kg/m³ 的丙烯，重量充装系数Φ为 0.43，标记载重 $P_标$为 43 t，标记容积 $V_标$为 100 m³，求允许的充装重量和允许充装液面高度。

3. 某一专用线装 2 个丙烯罐车 GY_{100S} 允许充装量 43 t，自重 41 t，装车前空车检衡重量为 41.5 t，装车完毕重车检衡重量分别为 84 t 和 85 t，请判断这两辆车是否超载。

4. 某具备资质的专用线使用技术资料齐全有效的自备罐车 G_{60K}0885002 装丁醇（编号 32052，密度为 825 kg/m³）一车，该车货物装完后经轨道衡检测称重货物重量为 48.1 t，计量尺复测装载高度实际是 2 812 mm。该车运输途中因人孔盖密封不严货物发生溢漏。请指出发站存在的问题（G_{60K} 标重 52 t，标记容积 60 m³）。

5. 某港口专用线使用 G_{17} 型黏罐装运原油，原油密度 0.92 kg/m³，装前轨道衡空车过衡重量 19.5 t（未经洗罐），重车过衡重量 70 t，罐车自重 19 t，罐车标记容积 60 m³，标记载重 52 t。请判定罐车充装量是否符合规定。

6. 办理液氨的运输。

任务 5.4 铁路剧毒品运输组织

教学目标

1. 能力目标

能正确组织剧毒品的发送作业、途中作业和到达作业。

2. 知识目标

掌握剧毒品运输设备，掌握剧毒品票据填写要求，掌握剧毒品跟踪监控的相关规定。

工作任务

托运人某农药有限公司在桃浦站托运乐果一车，收货人为某农业生产资料有限公司，到站泸州站（未设条件自拟）。

请按《危规》等货运规章的相关规定办理该批剧毒品货物运输组织工作。

（1）审核托运人填写的货物运单是否正确；

（2）货物的包装方法及标志是否正确；

（3）作业过程是否进行签认；

（4）货物的跟踪监控是否做到；

（5）正确组织剧毒品的行车工作。

💠 相关知识

剧毒品是指《危险化学品目录》中注明的剧毒化学品。铁路危险货物品名表"特殊规定"栏有特殊规定的，均实行铁路剧毒品运输跟踪管理，运输时采用剧毒品黄色专用运单，并在运单上印有骷髅图案（如图 5-4-1 所示）。未列入剧毒品跟踪管理范围的剧毒品不采用剧毒品黄色专用运单，但仍按剧毒品分类管理。

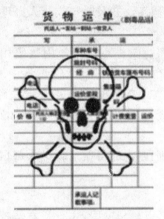

图 5-4-1　运单上骷髅图案

5.4.1　LD_{50} 和 LC_{50}

急性经口吞咽毒性 LD_{50} 是指在 14 天内能使刚成熟的天竺鼠半数死亡所使用的物质剂量，用 "mg/kg" 表示。

急性皮肤接触毒性 LD_{50} 是指在白兔赤裸皮肤上连续 24 h 接触，在 14 天内使受试动物半数死亡所使用的物质剂量，以 "mg/kg" 表示。

急性吸入毒性 LC_{50} 是指使刚成熟的天竺鼠连续吸入 1 h，在 14 天内使受试动物半数死亡所使用的蒸气、烟雾或粉尘的浓度，以 "mg/L" 表示。

5.4.2　剧毒品运输

毒性物质限使用毒品专用车，如毒品专用车不足时，经铁路局批准可使用铁底棚车装运（剧毒品除外）。铁路局应指定毒品专用车（如图 5-4-2 所示）保管（备用）站。

图 5-4-2 毒品专用车

1. 剧毒品的装卸车作业

各铁路局要根据专用线办理剧毒品运输的情况，配齐专用线货运员。装车作业时，货运员要会同托运人确认品名、清点件数（罐车除外），监督托运人进行施封，并检查施封是否有效。装有剧毒品的车辆应在车辆上门扣用加固锁加固并安装防盗报警装置。到站卸车时，应与押运人、收货人共同确认封印状态，并及时与收货人办理交接手续。

2. 剧毒品的货检作业

车站货检人员对剧毒品车辆应做重点检查，用数码相机或手持机两侧拍照（如车号、施封、门窗状况），并存档保管至少 3 个月；运输过程中发现装有剧毒品的车辆或集装箱无封、封印无效以及有异状时，应立即甩车，并报告铁路公安部门共同清点，按规定进行处理。如发生丢失被盗等问题，立即报告铁路局和总公司调度、货运部门及铁路公安部门。

各级货运、运输等部门，要把剧毒品日常运输纳入每日交班内容，严格掌握发运、途中和交付的情况。

3. 剧毒品的跟踪监控

剧毒品（《铁路危险货物品名表》"特殊规定"栏有特殊规定的）运输实行三级计算机跟踪管理。铁路剧毒品运输跟踪管理品名见表 5-4-1。

表 5-4-1　铁路剧毒品运输跟踪管理品名表

序 号	铁 危 编 号	铁 路 品 名
①	61001	氰 化 汞
		氰 化 钾
		氰 化 钠
②	61007	砒 霜
		三 氧 化 二 砷
		三 氧 化 砷
③	61010	五 氧 化 砷
④	61028	五 氧 化 二 钒
⑤	61079	氯 乙 醛
⑥	61088	丙 酮 氰 醇

续表

序 号	铁 危 编 号	铁 路 品 名
⑦	61111	甲苯－2，4－二异氰酸酯
⑧	61125	甲 基 1605
		甲 基 对 硫 磷
		保 棉 磷
		对 氧 磷
		多 灭 磷
		甲 胺 磷
		久 效 磷
		杀 扑 磷
		水 胺 硫 磷
⑨	61126	甲 拌 磷
		毒 虫 畏
		甲 硫 磷
		磷 胺
		速 灭 磷
		特 丁 磷
		乙 硫 磷
		治 螟 磷
		氧 化 乐 果
⑩	61129	西 力 生
⑪	61133	恶 虫 威
		呋 喃 丹
		克 百 威
		抗 虫 威
		灭 多 威
		灭 害 威
		涕 灭 威
⑫	61135	毒 鼠 磷
⑬	61137	灭 蚜 胺

（1）铁路剧毒品运输计算机跟踪管理应以办理站为基础，总公司、铁路局和车站，根据不同层次管理要求建立信息管理系统。

（2）计算机跟踪管理工作由总公司负责方案规划和监督指导，铁路局负责方案实施和日常管理，铁路信息技术部门负责软件维护、更新、完善等技术支持，保证系统正常运转。

（3）办理剧毒品运输的车站应与剧毒品计算机跟踪管理系统联网运行。需具备原始信息及时发送和接收能力，要求配备相应的传输、通信、打印等信息跟踪管理设备。

（4）装车站要将剧毒品货票所载信息，及时生成《剧毒品运输管理信息登记表》，实时报告剧毒品运输跟踪管理系统。内容包括剧毒品车的车号（集装箱类型、箱号及所装车号）、发到站、品名及编号、件数、重量和承运、装车日期等。

（5）挂有剧毒品车辆的列车，应在"运统一"记事栏中注明"D"字样，并将剧毒品车辆的车种车号、发到站、货物品名、挂运日期、挂运车次等信息及时报告给铁路局行车确报系统和剧毒品货物运输跟踪信息采集系统（如图5-4-3所示）。

图5-4-3 剧毒品货物运输跟踪信息采集系统

（6）中途站发现装有剧毒品的车辆或集装箱无封、封印无效以及有异状时，应立即甩车，报告所属铁路局和铁路公安部门，并共同清点。同时按规定及时以电报形式，向发到站及所属铁路局和总公司报告有关情况。

（7）剧毒品到站后和卸车交付完毕后，立即将车种车号（集装箱箱型、箱号及所装车号）、发到站、托运人、收货人、品名及编号、件数、重量、到达日期、到达车次、交付日期等信息上网报告剧毒品运输跟踪管理系统，并在2小时内通知发站。

4. 剧毒品的行车工作组织

剧毒品运输安全要作为重点纳入车站日班计划、阶段计划。车站编制日班计划、阶段计划时要重点掌握，优先安排改编和挂运。车站要根据作业情况建立剧毒品车辆登记、检查、报告和交接制度，值班站长要按技术作业过程对剧毒品车辆进行跟踪监控。

1）列车出发作业

车号员要认真编制列车编组顺序表（运统一），并在剧毒品车辆记事栏内标记"D"符号。发车前认真核对现车，确保出发列车编组、货运票据和列车编组顺序表内容一致。发车后，要及时发出列车确报。

车站调度员（车站值班员）于列车出发后，将剧毒品车辆的挂运车次、编挂位置等及时报告铁路局调度，并将信息登录到剧毒品运输信息跟踪系统。

2）列车改编作业

车站调度员（调车区长）要准确掌握剧毒品车辆信息，及时安排解编作业，正确编制调车作业计划，并在调车作业通知单上注明标记。严格执行剧毒品车辆禁止溜放和限速连挂规定。

调车指挥人员要按调车作业计划，将剧毒品车辆的作业方法、注意事项直接向司机和调车作业人员传达清楚，严格按要求进行调车作业。作业完毕，及时将剧毒品车辆有关信息向车站调度员（调车区长）报告。

3）列车到达作业

车号员严格执行核对现车制度，发现列车编组、货运票据和列车编组顺序表（运统一）内容不一致时，及时记录并向车站调度员（调车区长）汇报。对剧毒品车辆要进行标记。

货检人员对剧毒品车辆要重点进行检查。要认真检查剧毒品车辆等状态，没有押运员的应及时通知发站派人处理并采取监护措施，同时报告铁路公安部门。

完成上述工作后应将有关情况及时报告车站调度员（调车区长）。

铁路局调度应将剧毒品运输纳入日（班）计划并负责全程跟踪。跨局运输时，各局间调度要互相进行预报，预报内容包括挂运车次、车种、车号、品名、发站、到站。各级调度部门要及时组织挂运，重点组织放行，成组运输的不得拆解，无特殊情况不得保留；挂有剧毒品的列车遇特殊情况，必须停车或保留时，要通知车站采取监护措施，同时报告铁路公安部门。

各级调度部门要掌握每天 6 点和 18 点装车、接入、交出、到达的剧毒品运输情况。

5. 剧毒品运输作业实行签认

剧毒品危险货物运输作业实行签认制度。作业应按规定程序和作业标准进行并签认。要对作业过程内容的完整性、真实性负责，严禁漏签、代签和补签。签认单保存期半年。

运输签认制度的有关要求按《铁路剧毒品运输作业签认单》（包括发送作业、途中作业及到达作业签认单，分别见表 5-4-2、表 5-4-3、表 5-4-4）办理。

表 5-4-2　铁路剧毒品发送作业签认单

托运人名称							
品　名		铁危编号		重　量		件　数	
规定包装方法			实际包装方法				
到　站		车（箱）号					
作业项目	作　业　要　求				作　业　签　认		
受　理	1. 审查托运人单位名称、押运员姓名、身份证号（不需押运的除外）等。 2. 审查发到站、品名及编号是否符合办理限制，确认填写正确，不得写概括名称。 3. 审查填写的包装方法，不得使用旧包装。 4. 其他规定要求				受理货运员签认： 　　　年　月　日		

作业项目		作 业 要 求	作 业 签 认
装车前准备		1. 对照货物运单，核对剧毒品品名、包装、包装标志和储运标志、包装方法和状态、件数等。 2. 验货发现匿报品名应立即报告车站公安派出所处理。 3. 验货后，与货区货运现场交接签认。 4. 其他规定要求	外勤货运员签认： 年 月 日
站内装车	保管	1. 剧毒品进库后，最迟在次日组织装车，无法完成时，应及时报告。 2. 货物存放符合规定，出入库双人收发双人保管，库门外或货位前挂货到发信息和安全运输卡，库门完好并加锁。 3. 库内存放堆码整齐稳固，留有通道，不得倒置，货物有撒漏应妥善处理，发现丢失短少立即汇报。 4. 其他规定要求	货区货运员签认： 年 月 日
	装车	1. 确认车辆使用符合规定，技术状态良好。 2. 对货物品名、包装与货物运单记载不一致，使用旧包装，包装有破漏、损坏、变形，包装标志不清，不全等严禁装车。 3. 向装卸作业班组传达安全作业注意事项。 4. 装运剧毒品时，要通知公安等有关人员到场。 5. 妥善处理和保管残漏货件，编制有关记录和进行货票交接签收工作。 6. 及时将信息报告剧毒品运输跟踪管理系统。 7. 其他规定要求	装车货运员签认： 年 月 日 押运员签认（不需押运的除外）： 年 月 日
专用线（专用铁路）装车		1. 确认车辆使用符合规定，技术状态良好。 2. 对货物品名、包装与货物运单记载不一致，使用旧包装，包装有破漏、损坏、变形，包装标志不清，不全等严禁装车。 3. 专用线货运员全程监装。 4. 妥善处理和保管残漏货件，编制有关记录和进行货票交接签收工作。 5. 及时将信息报告剧毒品运输跟踪管理系统。 6. 其他规定要求	企业运输员签认： 年 月 日 专用线货运员签认： 年 月 日 押运员签认（不需押运的除外）： 年 月 日
货调		1. 车数和有关车号： 2. 挂运日期： 3. 挂运车次：	货运调度员（货运值班员）签认： 年 月 日
备注			

表 5-4-3　铁路剧毒品途中作业签认单

发站			到站		车（箱）号	
品名			铁危编号	重量		件数
作业项目		作 业 要 求		作 业 签 认		
到达及出发检查	到达	1. 货检员与押运员（不需押运的除外）对车辆及货物的状态进行认真检查并做好记录。 2. 发现破封、补封及施封无效，剧毒品短少、被盗等，除编制货运记录外，应立即报告公安共同处理并及时按有关规定报告。	到达日期与时间： 到达挂运车次：	货检员签认： 年 月 日 押运员签认（不需押运的除外）： 年 月 日		
	出发	3. 发现剧毒品包装破裂损坏、剧毒品泄漏，立即上报并采取措施处理。 4. 其他规定要求	出发日期与时间： 出发挂运车次：	货检员签认： 年 月 日 押运员签认（不需押运的除外）： 年 月 日		

续表

作 业 项 目	作 业 要 求	作 业 签 认
押 运 检 查 （不需押运的除外）	1. 确认押运员姓名、身份证号与货物运单记载一致。 2. 确认押运员有无培训合格证明。 3. 确认危险货物押运员人数符合规定。 4. 货检员与押运员现场办理签认。 5. 其他规定要求	货检员签认： 　　　　　　年 月 日 押运员签认： 　　　　　　年 月 日
备　　注		

表 5-4-4　铁路剧毒品到达作业签认单

发　　站		到　　站		车（箱）号	
品　　名		铁危编号		重　　量		件　　数	

作 业 项 目		作 业 要 求	作 业 签 认
到 达 检 查		1. 货检员与押运员（不需押运的除外）对车辆及货物的状态进行认真检查并做好记录。 2. 发现破封、补封及施封无效，剧毒品短少、被盗等，立即通知公安共同处理并应编制货运记录，及时按有关规定报告。 3. 发现剧毒品包装破裂损坏、剧毒品泄漏，立即上报并采取措施处理。 4. 货检员与押运员现场办理签认（不需押运的除外）。 5. 其他规定要求	货检员签认： 　　　　　　年 月 日 押运员签认（不需押运的除外）： 　　　　　　年 月 日
货　　调		1. 车　　号： 2. 到达日期： 3. 到达车次：	货运调度员（货运值班员）签认： 　　　　　　年 月 日
站 内 卸 车	卸　车	1. 卸车必须一次完成，不得分次作业。 2. 卸剧毒品时，要通知公安等有关人员到场，对照货物运单核对品名、清点件数。 3. 其他规定要求	卸车货运员签认： 　　　　　　年 月 日
	保　管	1. 核对到达货物和有关票据，票货相符。 2. 对货物短少、渗漏等情况，及时检查记录编制内容是否与现状相符。 3. 货物存放符合规定，出入库双人收发双人保管，库门外或货位前挂货到发信息和安全运输卡，库门完好并加锁。 4. 库内存放堆码整齐稳固，留有通道，不得倒置，货物有撒漏应妥善处理，发现丢失短少立即汇报。 5. 其他规定要求	外勤货运员签认： 　　　　　　年 月 日
	内交付	1. 及时向收货人发出催领通知。 2. 审查出货车辆危险货物运输证件。 3. 严格检查领货凭证、单位证明、身份证，防止误交付和冒领，交付手续符合规定。 4. 正确开具《货物搬出证》。 5. 其他规定要求	内交付货运员签认： 　　　　　　年 月 日
	外交付	1. 认真审核货物运单、《货物搬出证》等，确认票货相符合。 2. 向装卸作业班组传达安全作业注意事项。 3. 及时将信息报告剧毒品运输跟踪管理系统，发电报通知发站。 4. 其他规定要求	外勤货运员签认： 　　　　　　年 月 日

续表

作 业 项 目	作 业 要 求	作 业 签 认
专用线 （专用铁路） 卸　车	1. 确认车辆技术状态及货物状态良好、完整。 2. 核对到达货物和有关票据，票货相符。 3. 对货物短少、渗漏等情况，及时检查记录编制内容是否与现状相符。 4. 向装卸作业班组传达安全作业注意事项。 5. 及时将信息报告剧毒品运输跟踪管理系统，并拍发电报通知发站。 6. 由货运员、企业运输员、押运员（不需押运的除外）办理交接手续。 7. 其他规定要求	专用线货运员签认： 　　　　年　月　日 企业运输员（货运值班员）签认： 　　　　年　月　日 押运员签认（不需押运的除外）： 　　　　年　月　日
备　注		

5.4.3　易制毒化学品运输

1. 第一类易制毒化学品运输

托运人托运第一类易制毒化学品（品名见表5-4-5）时，应持有运出地设区的市级人民政府公安机关审批的、一次有效的易制毒化学品运输许可证。

受理和承运该货物时，应当查验托运人提供的运输许可证，并查验所运货物与运输许可证载明的易制毒化学品品种、数量、运入地、货主及收货人，以及许可证种类等情况是否相符，不相符的，承运人不得承运。

表5-4-5　第一类易制毒化学品品名表（《铁路危险货物品名表》未列载）

序号	品　名
①	1-苯基-2-丙酮
②	3，4-亚甲基二氧苯基-2-丙酮
③	胡椒醛
④	黄樟素
⑤	黄樟油
⑥	异黄樟素
⑦	N-乙酰邻氨基苯酸
⑧	邻氨基苯甲酸
⑨	麦角酸 *
⑩	麦角胺 *
⑪	麦角新碱*
⑫	麻黄素、伪麻黄素、消旋麻黄素、去甲麻黄素、甲基麻黄素、麻黄浸膏、麻黄浸膏粉等麻黄素类物质*

注：带有"*"标记的品种，包括原料药及其单方制剂。

2. 第二类易制毒化学品运输

托运人托运第二类易制毒化学品（品名见表 5-4-6）时，应持有运出地县级人民政府公安机关审批的、有效期为 3 个月的易制毒化学品运输许可证。

受理和承运该货物时，应查验托运人提供的运输许可证，并查验所运货物与运输许可证载明的易制毒化学品品种、数量、运入地、货主及收货人，以及许可证种类等情况是否相符，不相符的，不得承运。

表 5-4-6　第二类易制毒化学品品名表

序号	铁危编号	品　　名
①	31295	苯乙酸 [注 1]
②	81602	醋酸酐 [注 2]
③	61553	三氯甲烷
④	31026	乙醚 [注 3]
⑤	82038	哌啶

注：1. 国标名称：苯乙酸乙醇溶液；
　　2. 国标名称：乙酸酐；
　　3. 国标名称：二乙醚。

3. 第三类易制毒化学品运输

托运人托运第三类易制毒化学品（品名见表 5-4-7）时，应持有运出地县级人民政府公安机关发给的备案证明。

受理和承运该货物时，应查验托运人提供的备案证明，并查验所运货物与运输许可证载明的易制毒化学品品种、数量、运入地、货主及收货人，以及许可证种类等情况是否相符，不相符的不得承运。

表 5-4-7　第三类易制毒化学品品名表

序号	铁危编号	品　　名
①	31152	甲苯
②	31025	丙酮
③	31173	乙基甲基酮
④	51048	高锰酸钾
⑤	81007	硫酸
⑥	81013	盐酸

5.4.4　铁路危险货物试运管理

1. 危险货物新品名试运

铁路危险货物品名表中未列载的产品且货物性质不明确的，托运人办理运输时应委托国家安全生产监督管理部门认定的检测鉴定机构（简称鉴定机构）进行性质技术鉴定，出具鉴定报告；属于危险货物时，应办理危险货物新品名试运手续。鉴定机构对鉴定结果负责。

托运人提交技术鉴定前，需填写《铁路货物运输技术说明书》一式四份。托运人对填写内容和送检样品真实性负责。托运人办理新品名试运时，应向铁路局提交试运技术条件、事故应急预案和环保应急处理预案。

2. 危险货物新包装试运

托运人要求采用新包装（含改变包装）时，应委托包装检验机构进行包装性能试验，合格后方可办理危险货物新包装试运手续。托运人申请试运前，应填写《新运输包装申请表》一式四份。托运人办理新包装试运时，应向铁路局提交试运技术条件。

危险货物新品名、新包装试运应符合《铁路危险货物品名表》"特殊规定"栏的特殊规定，由铁路局批准，并报总公司运输局备案。经批准后，发站、铁路局、托运人各留存一份《技术说明书》和《新运输包装申请表》。试运应在指定的时间和区段内进行。跨铁路局试运时，由批准单位以电报形式通知有关铁路局。试运前办理站、托运人双方应签订试运安全运输协议。

新品名试运时，由托运人在货物运单"托运人记事"栏内注明"比照铁危编号×××新品名试运，批准号×××"字样。新包装试运时，由托运人在货物运单"托运人记载事项"栏内注明"新包装试运，批准号×××"字样。

试运时间2年。试运结束时，托运人应会同办理站将试运结果报主管铁路局。铁路局对试运结果进行研究后，提出试运报告、新品名铁路运输条件或新包装技术条件建议报总公司运输局。新品名铁路运输条件建议应包括事故应急预案和环保应急处理预案。总公司运输局组织专家进行技术审查，通过技术审查后公布新品名铁路运输条件或新包装技术条件，纳入正式运输。

【例 5-4-1】办理氧乐果的运输。

【解】氧乐果是根据乐果（乐果为中等毒杀虫剂）在生物体内经氧化代谢而形成的一种毒力和毒性都比乐果大的化合物的原理，由工厂合成的有机磷杀虫剂。其原药是一种橙色油状的液体，有较浓的葱蒜臭味。它可溶于水，但水溶液的稳定性比乐果差，较易分解失效。氧乐果在中性和偏酸性的溶液中较稳定，但在碱性的条件下就会很快分解失效。$LD_{50} \leqslant 50 \ mg/kg$。误食、吸入或接触皮肤会中毒。

（1）品名：氧乐果［含量＞3%］。别名：氧化乐果，华果。

（2）运输品名：氧乐果。

（3）铁危编号：61126（一级毒性物质）。

（4）包装标志：标志13。

（5）包装类：Ⅱ。

（6）包装方法：按包装号 2（小开口钢桶），23（外普通木箱，内螺纹口玻璃瓶或塑料瓶、复合塑料瓶或铝瓶）执行。包装须做包装性能试验。

（7）运单填写要求：采用剧毒品黄色专用运单，并在运单上印有骷髅图案。运单右上角用红色戳记标明"6.1 毒性物质""禁止溜放""成组连挂，不得拆解"字样及隔离标记"$\triangle$2"。在"托运人记事"栏填写《托运人资质证书》、经办人身份证和《培训合格证》号码、押运员姓名、身份证和《培训合格证》号码。

（8）编组隔离要求见表 5-4-8。

表 5-4-8　编组隔离要求

隔离标记	距牵引的内燃、电力机车，推进运行或后部补机及使用火炉的车辆	距乘坐旅客的车辆	距装载雷管及导爆索车辆（11001，11002，1007，11008）$\triangle$	除雷管及导爆索以外的爆炸品$\triangle$8	距敞车、平车装载的易燃普通货物
$\triangle$2	2	3	3	4	2

9. 调车限制：禁止溜放，可向空线溜放。

10. 灭火方法：水、砂土、干粉，禁用酸碱、泡沫灭火剂。

11. 洗刷除污编号：先用生石灰将撒漏液体吸干，用碱水洗刷污染处，再用热水和清水冲。

12. 急救措施：皮肤沾染立即用稀碱水或肥皂水洗。发现中毒时，立即移至新鲜空气处，急送医院，可肌肉注射阿托品。

13. 其他运输要求：

① 特殊规定按铁路剧毒品运输跟踪管理；

② 装入钢桶包装时限速连挂。

14. 运输费用计费规定：

① 运输品类大类代码"13"（化肥及农药—化学农药），运价号 3 号；

② "一级毒性物质"运价率加成 100%。

任务训练

1. 办理苯酚的运输。

2. 对剧毒品车辆及押运人进行检查交接签认。

复习思考题

1. 危险货物的定义是什么？

2. 危险货物如何分类？各类危险货物的性质有哪些？

3. 危险货物运输办理限制包括哪些内容？

4. 哪些危险货物需要押运，押运人数有哪些规定？

5. 哪些危险货物需要签认，签认单的种类有哪些？

6. 危险货物的包装有哪些要求?

7. 罐车的种类有哪些?

8. 如何确定罐车的充装量?

9. 剧毒品跟踪监控包括哪些内容?

附录 A 平车主要技术参数

序号	车型	自重/t	载重/t	面积/m²	车底架长×宽/mm	最大宽×高/mm	钩舌内侧距离/mm	轴数	车体材质	构造速度/(km/h)	通过最小曲线半径/m	转向架中心距/mm	地板面至轨面高/mm	空车重心高度/mm
1	N_{17AK}	I56Q: 19.7 H512: 20.8 I56a: 20.2 I56b: 20.6	60	38.7	13 000×2 980	3 180×1 937	13 938	4	木地板	120	145	9 000	1 211	723
2	N_{17AT}	I56Q: 19.7 H512: 20.8 I56a: 20.2 I56b: 20.6	60	38.7	13 000×2 980	3 180×1 937	13 938	4	木地板	120	145	9 000	1 211	723
3	N_{17GK}	I56Q: 19.7 H512: 20.8 I56a: 20.2 I56b: 20.6	60	38.7	13 000×2 980	3 176×1 937	13 938	4	木地板 铁地板	120	145	9 000	1 211	723
4	N_{17GT}	I56Q: 19.7 H512: 20.8 I56a: 20.2 I56b: 20.6	60	38.7	13 000×2 980	3 176×1 937	13 938	4	木地板 铁地板	120	145	9 000	1 211	723
5	N_{17K}	I56Q: 19.7 H512: 20.8 I56a: 20.2 I56b: 20.6	60	38.7	13 000×2 980	3 176×1 927	13 938	4	木地板	120	145	9 000	1 211	723
6	N_{17T}	I56Q: 19.5 H512: 20.7 I56a: 20.2 I56b: 20.6	60	38.7	13 000×2 980	3 176×1 927	13 938	4	木地板	120	145	9 000	1 209	723

续表

序号	车型	自重/t	载重/t	面积/m²	车底架长×宽/mm	最大宽×高/mm	钩舌内侧距离/mm	轴数	车体材质	构造速度/(km/h)	通过最小曲线半径/m	转向架中心距/mm	地板面至轨面高/mm	空车重心高度/mm
7	NX$_{17AK}$	22.5	60	38.7	13 000×2 980	3 176×1 937	13 938	4	木地板	120	145	9 000	1 211	768
8	NX$_{17AT}$	22.5	60	38.7	13 000×2 980	3 176×1 937	13 938	4	木地板	120	145	9 000	1 211	768
9	NX$_{17BK}$	22.9	61	45.1	15 400×2 960	3 165×1 416	16 338	4	木地板	120	145	10 920	1 214	740
10	NX$_{17BT}$	22.9	61	45.1	15 400×2 960	3 165×1 418	16 338	4	木地板	120	145	10 920	1 216	740
11	NX$_{17BH}$	22.8	61	45.1	15 400×2 960	3 165×1 409	16 338	4	木地板	120	145	10 920	1 207	740
12	NX$_{17K}$	22.4	60	38.7	13 000×2 980	3 170×1 486	13 938	4	木地板	120	145	9 000	1 212	730
13	NX$_{17T}$	22.5	60	38.7	13 000×2 980	3 170×1 490	13 938	4	木地板	120	145	9 000	1 216	777
14	NX$_{70}$	23.8	70	45.6	15 400×2 960	3 157×1 418	16 366	4	木地板	120	145	10 920	1 216	738
15	NX$_{70A}$	23.8	70	38.7	13 000×2 980	3 180×1 393	13 966	4	木地板	120	145	9 000	1 216	727
16	NX$_{70H}$	23.8	70	45.6	15 400×2 960	3 157×1 418	16 366	4	木地板	120	145	10 920	1 216	738

续表

序号	车型	车底架		转向架		车钩	缓冲器	地板面长（m）/集中载重（t）									特点
		中梁	侧梁	型号	轴距/mm												
1	N$_{17AK}$	I56Q H512 I56a I56b	I56Q H512 I56a I56b	转K2	1 750	13 号	MX—1 型橡胶缓冲器	1/25	2/30	3/40	4/45	5/50	6/53	7/55	8/57	9/60	有活动的端板，均为木地板，无网纹地板
2	N$_{17AT}$	I56Q H512 I56a I56b	I56Q H512 I56a I56b	转8AB	1 750	13 号	MX—1 型橡胶缓冲器	1/25	2/30	3/40	4/45	5/50	6/53	7/55	8/57	9/60	有活动的端板，均为木地板，无网纹地板
3	N$_{17GK}$	I56Q H512 I56a I56b	I56Q H512 I56a I56b	转K2	1 750	13 号	MX—1 型橡胶缓冲器	1/25	2/30	3/40	4/45	5/50	6/53	7/55	8/57	9/60	有活动的端板，均为木地板，无网纹地板
4	N$_{17GT}$	I56Q H512 I56a I56b	I56Q H512 I56a I56b	转8AB	1 750	13 号	MX—1 型橡胶缓冲器	1/25	2/30	3/40	4/45	5/50	6/53	7/55	8/57	9/60	有活动的端板，均为木地板，无网纹地板
5	N$_{17K}$	I56Q H512 I56a I56b	I56Q H512 I56a I56b	转K2	1 750	13 号	MX—1 型橡胶缓冲器	1/25	2/30	3/40	4/45	5/50	6/53	7/55	8/57	9/60	有活动的端板，均为木地板，无网纹地板
6	N$_{17T}$	I56Q H512 I56a I56b	I56Q H512 I56a I56b	转8AB	1 750	13 号	MX—1 型橡胶缓冲器	1/25	2/30	3/40	4/45	5/50	6/53	7/55	8/57	9/60	有活动的端板，均为木地板，无网纹地板
7	NX$_{17AK}$	H512 I56a I56b	H512 I56a I56b	转K2	1 750	13 号	ST	1/25	2/30	3/40	4/45	5/50	6/53	7/55	8/57	9/60	有活动的端板，均为木地板，有活动锁头，无网纹地板
8	NX$_{17AT}$	H512 I56a I56b	H512 I56a I56b	转8AB	1 750	13 号	ST 缓冲器	1/25	2/30	3/40	4/45	5/50	6/53	7/55	8/57	9/60	有活动的端板，均为木地板，有活动锁头，无网纹地板

续表

序号	车型	车底架 中梁	车底架 侧梁	转向架 型号	转向架 轴距/mm	车钩	缓冲器	地板面长（m）/集中载重（t）										特点
9	NX₁₇ʙᴋ	H600	H600	转K2	1 750	13号	MT—3	1/25	2/30	3/40	4/45	5/50	6/53	7/55	8/57	9/61		有活动的端板，均为木地板，有活动锁头，无网纹地板
10	NX₁₇ʙᴛ	H600	H600	转8B（转8AB）	1 750	13号	MT—3	1/25	2/30	3/40	4/45	5/50	6/53	7/55	8/57	9/61		有活动的端板，均为木地板，有活动锁头，无网纹地板
11	NX₁₇ʙʜ	H600	H600	转K4	1 750	13号	MT—3	1/25	2/30	3/40	4/45	5/50	6/53	7/55	8/57	9/61		有活动的端板，均为木地板，有活动锁头，无网纹地板
12	NX₁₇ᴋ	H512	H512	转K2	1 750	13号	ST缓冲器或MT—3	1/25	2/30	3/40	4/45	5/50	6/53	7/55	8/57	9/60		有活动的端板，均为木地板，有活动锁头，无网纹地板
13	NX₁₇ᴛ	H512或I56b	H512或I56b	转8B（转8AB）	1 750	13号	ST	1/25	2/30	3/40	4/45	5/50	6/53	7/55	8/57	9/60		有活动的端板，有活动锁头，两侧无网纹地板
14	NX₇₀	H630	H600	转K6	1 830	17型	MT—2	1/30	2/35	3/45	4/50	5/55	6/57	7/60	8/63	9/65	10/70	有活动的端板，均为木地板，有活动锁头，无网纹地板
15	NX₇₀ᴀ	H630	H600	转K6	1 830	17型	MT—2或HM—1	1/40	2/50	3/62	4/66	5/70						有活动的端板，均为木地板，有活动锁头，纹地板
16	NX₇₀ʜ	H630	H600	转K5	1 800	17型	MT—2	1/30	2/35	3/45	4/50	5/55	6/57	7/60	8/63	9/65	10/70	有活动的端板，均为木地板，有活动锁头，无网纹地板

附录 B 长大货物车主要技术参数

序号	车型	自重/t	载重/t	面积/m²	车体长×宽/mm	最大宽×高/mm	车辆长度/mm	轴数	车体材质	承载面钢号	构造速度/(km/h)	通过最小曲线半径/m	转向架中心距/mm	底架心盘中心距/mm	地板面至轨面高度/mm	空车重心高度/mm	车底架 中梁	车底架 侧梁
1	D₂	166.8	160		23 300×2 780	2 780×2 187	35 429	16	全钢	Q345A	80	180	5 800	22 200	承载面 950	1 032	钢板焊接	钢板焊接
2	D₂ₐ	136	210		24 150×2 760	2 760×2 533	36 880	16	全钢	Q345Q	80	180	6 300	23 050	承载面 930	1 072	钢板焊接	钢板焊接
3	D₂ɢ	148.5	210		23 800×2 780	2 780×2 359	36 330	16	全钢	Q345Q	80	180	6 200	22 700	承载面 950	1 047	钢板焊接	钢板焊接
4	D₉ₐ	35.8	90		16 100×3 100	3 100×1 659	21 130	6	全钢		120	145	15 500	15 500	承载面 730	641	钢板焊接	钢板焊接
5	D₁₀	36	90		19 400×3 000	3 140×2 196	20 338	6	全钢	Q345A	80	145	14 800	14 800	承载面 777	652	钢板焊接	钢板焊接
6	D₁₀ₐ	36	90		20 020×3 000	3 000×1 450	20 958	6	全钢		120	145	15 420	15 420	690	610	钢板焊接	钢板焊接
7	D₁₂ₖ	47.8	120		17 020×3 000	3 000×1 852	24 230	8	全钢	Q345A	100	145	3 100	16 200	承载面 850	700.5	钢板焊接	钢板焊接
8	D₁₅	48.9	150		17 480×2 700	2 773×2 031	24 830	8	全钢	Q345Q	90	150	3 250	16 700	承载面 900	748	钢板焊接	钢板焊接
9	D₁₅ₐ	49.6	150		18 050×2 846	2 846×1 935	26 330	8	全钢		120	145	3 350	17 350	850	680	钢板焊接	钢板焊接
10	D₁₅ʙ	50	150		17 450×2 900	2 900×2 150	25 606	8	全钢		120	145	3 300	16 750	2 150 中部 800	680		
11	D₁₇ₐ	44.5	155		19 500×2 950	2 950×2 000	27 780	8	全钢		80	145	3 350	18 800	2 000	920	钢板焊接	钢板焊接
12	D₁₈ₐ	135.4	180		23 540×2 800	2 800×2 259	35 470	16	全钢	Q345A	80	180	5 700	22 440	承载面 930	970	焊接结构	焊接结构

续表

序号	车型	自重/t	载重/t	面积/m²	车体长×宽/mm	最大宽×高/mm	车辆长度/mm	轴数	车体材质	承载面钢号	构造速度/(km/h)	通过最小曲线半径/m	转向架中心距/mm	底架心盘中心距/mm	地板面至机面高/mm	空车重心高度/mm	车底架 中梁	车底架 侧梁
13	D$_{22A}$	44	120	75	25 000×3 000	3 180×1 080	25 930	8	全钢		120	180	17 800	17 800	1 080	552	钢板焊接	钢板焊接
14	D$_{22B}$	48	120	75	25 000×3 000	3 180×1 350	25 966	8	木地板		100	180	17 800	17 800	1 350	745	钢板焊接	钢板焊接
15	D$_{23G}$	70.7	265		19 170×3 128	3 128×2 050	30 950	16	全钢	Q 345Q	80	180	5 700	18 000	1 500	794	鱼腹	鱼腹
16	D$_{25}$	86	250		18 900×2 940	2 940×3 860	34 146	16			90	145	3 000	18 000	1 650	950	钢板焊接	钢板焊接
17	D$_{25A}$	142	250		26 670×2 630	2 630×2 563	40 910	16	全钢	Q 345Q	80	180	7 810	25 570	承载面 1 080	1 115	钢板焊接	钢板焊接
18	D$_{26}$	140	260		26 000×2 680	2 680×2 850	41 396	16	全钢		空 80 重 70	145	3 000	25 200	1 150		钢板焊接	钢板焊接
19	D$_{26A}$	73.6	260		17 500×3 170	3 170×2 000	32 138	16	全钢		空 90 重 60	145	3 000	小底架 6 900 大底架 16 500	1 600	720	焊接	焊接
20	D$_{26AK}$	75.6	260		17 500×3 280	3 280×2 000	32 130	16	全钢		空 100 重 50	145	3 000	小底架 6 900 大底架 16 500	1 620	720	焊接	焊接
21	D$_{26B}$	107	290		26 800×4 100（重） 28 000×2 900（空）	4 100×3 400（重） 2 900×3 400（空）	40 096	16	全钢		空 90 重 50	145	3 000	23 900	3 400	1 377		钢板焊接
22	D$_{28}$	120	280		26 300×2 680	2 714×2 730	41 696	16	全钢		空 100 重 50	145	3 000	25 500	2 730 中部 1 160	1 000	焊接	
23	D$_{30G}$	101	370		11 800×3 380	3 380×4 735	42 668	20	全钢		空 80 重 50	180	11 000	22 380	1 735	700	钢板焊接	钢板焊接

续表

序号	车型	自重/t	载重/t	面积/m²	车体长×宽/mm	最大宽×高/mm	车辆长度/mm	轴数	车体材质	承载面钢号	构造速度/(km/h)	通过最小曲线半径/m	转向架中心距/mm	底架心盘中心距/mm	地板面至轨面高/mm	空车重心高度/mm	车底架中梁	车底架侧梁
24	D$_{32}$	226	320		34 700×2 900	2 920×4 366	58 860	24	全钢		空 100 重 50	180	3 250	大底架 12 050 中底架 6 600 回底架 33 800	中部 1 150	1 570		
25	D$_{32}$	175	350		35 100×2 900	3 000×4 191	59 560	24	全钢		空 80 重 50	180	3 250	大底架 12 050 中底架 6 600 侧承梁 34 500	3 790	1 650		
26	D$_{32A}$	240	320		37 700×2 760	3 000×4 280	61 910	24	全钢		100（空）重 50	外导向 150 中导向 180 内导向 260	5 800	36 900	承载面 1 225	1 430		
27	D$_{38}$	227	380		26 950×3 000	3 000×5 075	52 718（空）	32	全钢		空 90 重 50	空车：中导向 150 重车：外导向 150 中导向 180 内导向 250	5 800	大底架 12 900 钳形梁（空） 26 150		1 750	钢板焊接	钢板焊接
28	D$_{45}$	202	450		41 600×2 110	3 000×4 390	69 580	28	全钢		空 100 重 50	180	3 250	大底架 14 250 中部中底架 6 600 端部底架 4 825 侧承梁 40 900	承载面 4 130	1 810	钢板焊接	钢板焊接

续表

序号	车型	自重/t	载重/t	面积/m²	车体长×宽/mm	最大宽×高/mm	车辆长度/mm	轴数	车体材质	承载面钢号	构造速度/(km/h)	通过最小曲线半径/m	转向架中心距/mm	底架心盘中心距/mm	地板面至机面/mm	空车重心高度/mm	车底架中梁	车底架侧梁
29	D₇₀	26.6	70		19 462×2 950	3 142×1 975	20 400	4	全钢	Q345Q	90	180	15 500	15 500	1 169	798	鱼腹	鱼腹
30	DA₂₁	122.8	210		25 030×2 700	2 700×2 965	37 996	16	全钢	Q345E	120	180	6 500	24 130	承载面 940	1 035	钢板焊接	钢板焊接
31	DA₂₅	127.4	250		26 160×2 700	2 700×3 050	40 026	16	全钢	Q345E	120	180	7 400	25 260	承载面 1 050	1 087	钢板焊接	钢板焊接
32	DA₃₇	200	370		38 100×3 000	3 000×4 340	61 416	24	全钢		100（空）60（重）	外导向 145 中导向 180 内导向 300	4 750	大底架 13 200 凹底架 37 300	承载面（圆弧底部）1 380（空）1 100（重）	1 380	钢板焊接	钢板焊接
33	DK₁₇ₐ	45	155		19 500×2 950	2 950×2 000	27 780（13B 钩）27 816（17 型钩）	8	全钢		120	145	3 350	18 800	2 000	920	钢板焊接	钢板焊接
34	DK₂₃	70（心盘采用一字形梁）73（心盘采用十字形梁）	230（一字形梁）227（十字形梁）		25 340×2 880（一字梁空车位）27 440×2 880（十字梁短臂空车位）26 320×4 000（十字梁长臂重车位）	2 880×3 060（一字梁或十字梁短车位）4 000×3 060（十字梁长车位）	35 290	12	全钢		120（空）80（重）	145	5 800	23 440	承载面 3 060	1 220	钢板焊接	钢板焊接
35	DK₂₉	110	290		30 700×2 700（空）29 300×4 100（重）	2 700×3 400（空）4 100×3 400（重）	42 796	16	全钢		100（空）60（重）	145	3 000	26 600	承载面 3 400	1 381		

续表

序号	车型	自重/t	载重/t	面积/m²	车体长×宽/mm	最大宽×高/mm	车辆长度/mm	轴数	车体材质	承载面钢号	构造速度/(km/h)	通过最小曲线半径/m	转向架中心距/mm	底架心盘中心距/mm	地板面至机面高/mm	空车重心高度/mm	车底架中梁	车底架侧梁
36	DK$_{36}$	200	360		38 040×3 000（空）38 040×4 000（重）	3 000×4 340（空）4 000×4 340（重）	61 010	24	全钢		100（空）60（重）	150（外导向）180（中导向）260（内导向）	5 800	36 000	承载面 3 720	1 974	钢板焊接	钢板焊接
37	DK$_{36A}$	182	360		56 980×3 000（空）56 980×4 030（重）	3 000×4 225（空）4 030×4 225（重）	56 980（13B型车钩）/57 016（17型车钩）	24	全钢		100（空）60（重）	外导向145 中导向180 内导向250	4 500	大底架 12 450 侧承梁 34 000	承载面 3 760	1 750	钢板焊接	钢板焊接
38	DL$_1$	26	74		13 000×2 980	3 146×1 645	13 966	4	全钢		120（空）	145	9 000	9 000	桥梁承载面 1 500	772	H 630 型钢	H 630 型钢
39	DQ$_{35}$	185	350		23 590×3 000	3 000×4 662	45 520（短连挂）56 660（重车）	24	全钢		100（空）60（重）	空车：145 重车：外导向145 内导向180	4 500	大底架 12 050 钳形梁（空）22 890		1 780	钢板焊接	钢板焊接
40	DQ$_{45}$	208	450		27 360×3 000	3 000×4 703	53 456（空）65 186（重）	28	全钢		100（空）60（重）	空车：145 重车：外导向145 中导向180 内导向250	5 500	大底架 14 500 钳形梁（空）26 640		1 700	钢板焊接	钢板焊接
41	DNX$_{17K}$	20.8/22	60	38.7	13 000×2 980	3 176×1 486	13 930	4	木地板		120	145	9 000	9 000	1 212	740	H 512 型钢	H 512 型钢

续表

序号	车型	转向架型号	车钩 轴距/mm	缓冲器	地板面长(m)/集中载重(t)	特点	备注
1	D_2	Z10型四轴	1 400—1 500—1 400	2号	1/160	地板面距轨面低	
2	D_{2A}	Z21型导框式	1 450—1 500—1 450	13号 2号	1.5/172 3/178 4.5/183 6/189 7.5/197 9/210	中部凹底长 9 000 mm	
3	D_{2G}	Z10型四轴	1 400—1 500—1 400	13号 2号	1.5/172 3/178 4.5/183 6/189 7.5/197 9/210	中部凹底长 9 000 mm	
4	D_{9A}	3D轴	1 200—1 200	17型下作用 MT—2	3/76 4.5/80 6/84 7.5/87 9/90	中部凹底长 10 500 mm	
5	D_{10}	三轴H形构架	1 200—1 200	13号 2号	1.5/71 3/72 4.5/74 6/77 7.5/81 9/87 10/90	中部凹底长 10 000 mm	
6	D_{10A}	3D焊接构架式	1 320	13A下号 MT—3	1.5/72 3/76 4.5/80 6/83 7.5/86 8/88 10/90	中部凹底长 10 000 mm	
7	D_{12K}	转K2	1 750	13B MT—3	1.5/95 3/100 4.5/105 6/109 7.5/113 9/120	中部凹底长 9 000 mm	
8	D_{15}	2E轴	1 650	13号 MT—3	1.5/129 3/131 4.5/134 6/137 7.5/142 9/150	中部凹底长 9 000 mm	
9	D_{15A}	K6	1 830	13B MT—2	1.5/130 3/132 4.5/135 6/138 7.5/142 9/150	中部凹底长 9 500 mm	
10	D_{15B}	2E轴焊接构架式	1 650	13A号 MT—3	1.5/130 3/132 4.5/140 6/145 7.5/145 9/150	中部凹底长 9 000 mm	企业自备车
11	D_{17A}	2E轴中交叉低动力作用转向架	1 830	13A号 MT—2	4.5/155	落下孔 12 500 mm×2 350	
12	D_{18A}	Z20型导框式	1 350—1 500—1 350	13号 2号	1.5/165 3/166 4.5/168 6/171 7.5/175 9/180	中部凹底长 9 000 mm	
13	D_{22A}	4D轴焊接构架	1 300—2 100—1 300	13A下作用 MT—2	2/62 4/64 6/68 8/74 10/77 12/81 14/86 16/98 18/120	承载面尺寸 25 000 mm×3 000 mm	

续表

序号	车型	转向架型号	轴距/mm	车钩	缓冲器	地板面长(m)/集中载重(t)													特点	备注
14	D22B	4D轴构架式	1300—2100—1300	17型	MT—2	2/55	4/58	6/62	8/66	10/71	12/76	14/82	16/88	17.8/100	20/108	22/116	24/120	25/120	承载面尺寸25000 mm×3000 mm	
15	D23G	四轴一体式	1350—1500—1350	13A号	MT—3														平板式、双支承载	
16	D25	2D轴铸钢式	1750	2号	2号														平板式、双支承载	企业自备车
17	D25A	Z21型导框式	1400—1500—1400	13号	2号	3/215	4.5/216	6/224	7/229	8/236	9/243	9.8/250							中部凹底长9800 mm	
18	D26	2E轴焊接构架式	1650	13号	2号	1/220	2/225	3/230	4/235	5/240	6/245	7/250	8/255	9/260					中部凹底长9800 mm	企业自备车
19	D26A	转8G	1750	13号	MT—3								8/260	16.5/260					双联式	
20	D26AK	K2	1750	13A型	MT—2								8/260	16.5/260					双联式	
21	D26B	2E轴焊接构架式	1650	13号	ST型	3/255	4/270	5/280	6/290										落下孔 10800 mm×(2440~3640)	企业自备车
22	D28	2E轴焊接构架式	1650	13A号	MT—3	3/250	4.5/260	6/270	7.5/275	8/280									中部凹底长10000 mm	企业自备车
23	D30G	五轴包板式	1400—1400—1400—1400	13A号	MT—2														双联式	
24	D32	焊接构架式	1750	13A号	MT—3	7/300	9/315	10/320											中部凹底长10500 mm	只允许在车辆两端顶座处施焊
25	D32	焊接构架式	1750	13A号	MT—3														落下孔 14000 mm×(2300~3400) mm	

续表

序号	车型	转向架型号	轴距/mm	缓冲器	车钩	地板面长（m）/集中载重（t）	特点	备注
26	D_{32A}	3E 轴焊接构架	1 400－1 400	17 型	MT－2	7/300　8/310　9/315　10/320	中部凹底长 10 500 mm	
27	D_{38}	四轴包板式	1 400－1 400－1 400	13 号	MT－2		钳夹式	
28	D_{45}	2E 轴焊接构架	1 750	13A 下作用	MT－2	7/445　8/450	落下孔尺寸 16 100 mm×（1 450~2 350）mm（宽可调）	
29	D_{70}	2E 轴	1 650	13 号	MT－3	2/32　4/36　6/40　8/44　10/46　12/48　14/50　16/70	平板式	
30	DA_{21}	4E 轴焊接构架	1 400－1 400－1 400	17 型	MT－2	3/180　4.5/185　6/190　7.5/200　9/210	承载面尺寸 9 800 mm×2 700 mm	
31	DA_{25}	4E 轴焊接构架	1 400－1 400－1 400	17 型	MT－2	3/220　4.5/225　6/230　7.5/240　9/250	承载面尺寸 10 000 mm×2 700 mm	
32	DA_{37}	3E 轴焊接构架	1 400－1 400	17 型	HM－1		承载面底部长度 11 250 mm	
33	DK_{17A}	转 K6	1 830	13B/17	MT－2/HM－1	4.5/155	落下孔 12 500 mm×2 350 mm	
34	DK_{23}	3E 轴焊接构架	1 400－1 400	17 型	MT－2	4/210　4.5/215（207 十字梁）　5/220（212 十字梁）　5.5/225（217 十字梁）　6/230（223 十字梁/227 十字梁）	落下孔尺寸 13 500 mm×（2 200~2 360）mm（一字梁或十字梁短臂位）13 500 mm×（2 500~3 480）mm（十字梁长臂位）（宽可调）	

续表

序号	车型	转向架 型号	车钩 轴距/mm	缓冲器		地板面长 (m)/集中载重 (t)				特点	备注
35	DK$_{29}$	2E 轴焊接构架	1 650	17 型	MT—2			5/275	6/290	落下孔尺寸 13 200 mm× 2 240 mm（空）、13 200 mm×（3 140~3 640）mm（重）	
36	DK$_{36}$	3E 轴焊接构架	1 400—1 400	17 型	MT—2	4/300	5/320	6/340	7/360	落下孔尺寸 13 200 mm× 2 420 mm（空）、13 200 mm×（3 000~3 540）mm（重）	
37	DK$_{36A}$	3E 轴焊接构架	1 400—1 400	13B 型/ 17 型	MT—2					落下孔尺寸 13 000 mm×（2 460~3 550）mm	
38	DL$_1$	K6	1 830	17 型	MT—2					运梁专用车	
39	DQ$_{35}$	3E 轴焊接构架	1 400—1 400	13A 下作用	MT—2					钳夹式	
40	DQ$_{45}$	3E、4E 轴焊接构架	1 400—1 400（三轴） 1 400—1 400—1 400（四轴）	17 型	MT—2					钳夹式	
41	DNX$_{17K}$	K2	1 750	13A 下作用	MT—3					运梁专用车 组游车	

注：1. 在车辆技术参数表中，转 K$_2$、转 K$_4$、转 K$_5$、转 K$_6$ 型转向架及转 8AG、转 8G 型转向架的旁承均为弹性旁承。
2. 在长大货物车表中，落下孔地板面长均指两支点中心距。

附录 C　机车车辆限界基本轮廓、各级超限限界与建筑限界距离线路中心线所在垂直平面尺寸表

自轨面起算的高度/mm	限界距线路中心线所在垂直平面的距离/mm			
	机车车辆限界基本轮廓	一级超限限界	二级超限限界	建筑限界*
150	1 320		1 400	1 471
160	1 330		1 400	1 477
170	1 340		1 400	1 482
180	1 350		1 400	1 488
190	1 360		1 400	1 494
200	1 370		1 400	1 500
210	1 380		1 400	1 725
220	1 390		1 400	1 725
230	1 400			1 725
240	1 410			1 725
250	1 420			1 725
260	1 430			1 725
270	1 440			1 725
280	1 450			1 725
290	1 460			1 725
300	1 470			1 725
310	1 480			1 725
320	1 490			1 725
330	1 500			1 725
340	1 510			1 725
350（不含）	1 520			1 725
350~1 100（含）	1 675			1 875
1 110	1 675			2 376
1 120	1 675			2 382
1 130	1 675			2 389
1 140	1 675			2 395
1 150	1 675			2 401
1 160	1 675			2 408
1 170	1 675			2 414
1 180	1 675			2 420

续表

自轨面起算的高度/mm	限界距线路中心线所在垂直平面的距离/mm			
	机车车辆限界基本轮廓	一级超限限界	二级超限限界	建筑限界*
1 190	1 675			2 427
1 200	1 675			2 433
1 210～1 250（含）	1 675			2 440
1 250～3 000	1 700	1 900	1 940	2 440
3 010	1 700	1 900	1 940	2 437
3 020	1 700	1 900	1 940	2 434
3 030	1 700	1 900	1 940	2 431
3 040	1 700	1 900	1 940	2 428
3 050	1 700	1 900	1 940	2 425
3 060	1 700	1 900	1 940	2 422
3 070	1 700	1 900	1 940	2 419
3 080	1 700	1 900	1 940	2 416
3 090	1 700	1 900	1 940	2 413
3 100	1 700	1 900	1 940	2 410
3 110	1 700	1 898	1 938	2 407
3 120	1 700	1 896	1 936	2 404
3 130	1 700	1 894	1 935	2 401
3 140	1 700	1 892	1 933	2 398
3 150	1 700	1 890	1 931	2 396
3 160	1 700	1 888	1 929	2 393
3 170	1 700	1 886	1 927	2 390
3 180	1 700	1 884	1 926	2 387
3 190	1 700	1 882	1 924	2 384
3 200	1 700	1 880	1 922	2 381
3 210	1 700	1 878	1 920	2 378
3 220	1 700	1 876	1 918	2 375
3 230	1 700	1 874	1 917	2 372
3 240	1 700	1 872	1 915	2 369
3 250	1 700	1 870	1 913	2 366
3 260	1 700	1 868	1 911	2 363
3 270	1 700	1 866	1 909	2 360
3 280	1 700	1 864	1 908	2 357
3 290	1 700	1 862	1 906	2 354
3 300	1 700	1 860	1 904	2 352
3 310	1 700	1 858	1 902	2 349
3 320	1 700	1 856	1 900	2 346

续表

自轨面起算的高度/mm	限界距线路中心线所在垂直平面的距离/mm			
	机车车辆限界基本轮廓	一级超限限界	二级超限限界	建筑限界*
3 330	1 700	1 854	1 899	2 343
3 340	1 700	1 852	1 897	2 340
3 350	1 700	1 850	1 895	2 337
3 360	1 700	1 848	1 893	2 334
3 370	1 700	1 846	1 891	2 331
3 380	1 700	1 844	1 890	2 328
3 390	1 700	1 842	1 888	2 325
3 400	1 700	1 840	1 886	2 322
3 410	1 700	1 838	1 884	2 319
3 420	1 700	1 836	1 882	2 316
3 430	1 700	1 834	1 881	2 313
3 440	1 700	1 832	1 879	2 310
3 450	1 700	1 830	1 877	2 308
3 460	1 700	1 828	1 875	2 305
3 470	1 700	1 826	1 873	2 302
3 480	1 700	1 824	1 872	2 299
3 490	1 700	1 822	1 870	2 296
3 500	1 700	1 820	1 868	2 293
3 510	1 700	1 818	1 866	2 290
3 520	1 700	1 816	1 864	2 287
3 530	1 700	1 814	1 863	2 284
3 540	1 700	1 812	1 861	2 281
3 550	1 700	1 810	1 859	2 278
3 560	1 700	1 808	1 857	2 275
3 570	1 700	1 806	1 855	2 272
3 580	1 700	1 804	1 854	2 269
3 590	1 700	1 802	1 852	2 266
3 600	1 700	1 800	1 850	2 264
3 610	1 695	1 796	1 846	2 261
3 620	1 690	1 792	1 842	2 258
3 630	1 685	1 789	1 839	2 255
3 640	1 680	1 785	1 835	2 252
3 650	1 675	1 781	1 831	2 249
3 660	1 670	1 778	1 828	2 246
3 670	1 665	1 774	1 824	2 243
3 680	1 660	1 770	1 820	2 240

续表

自轨面起算的高度/mm	限界距线路中心线所在垂直平面的距离/mm			
	机车车辆限界基本轮廓	一级超限限界	二级超限限界	建筑限界*
3 690	1 655	1 766	1 816	2 237
3 700	1 650	1 762	1 812	2 234
3 710	1 645	1 759	1 809	2 231
3 720	1 640	1 755	1 805	2 228
3 730	1 635	1 751	1 801	2 225
3 740	1 630	1 748	1 798	2 222
3 750	1 625	1 744	1 794	2 220
3 760	1 620	1 740	1 790	2 217
3 770	1 615	1 736	1 786	2 214
3 780	1 610	1 732	1 782	2 211
3 790	1 605	1 729	1 779	2 208
3 800	1 600	1 725	1 775	2 205
3 810	1 595	1 721	1 771	2 202
3 820	1 590	1 718	1 768	2 199
3 830	1 585	1 714	1 764	2 196
3 840	1 580	1 710	1 760	2 193
3 850	1 575	1 706	1 756	2 190
3 860	1 570	1 702	1 752	2 187
3 870	1 565	1 699	1 749	2 184
3 880	1 560	1 695	1 745	2 181
3 890	1 555	1 691	1 741	2 178
3 900	1 550	1 688	1 738	2 176
3 910	1 545	1 684	1 734	2 173
3 920	1 540	1 680	1 730	2 170
3 930	1 535	1 676	1 726	2 167
3 940	1 530	1 672	1 722	2 164
3 950	1 525	1 669	1 719	2 161
3 960	1 520	1 665	1 715	2 158
3 970	1 515	1 661	1 711	2 155
3 980	1 510	1 658	1 708	2 152
3 990	1 505	1 654	1 704	2 149
4 000	1 500	1 650	1 700	2 146
4 010	1 495	1 643	1 693	2 143
4 020	1 490	1 637	1 687	2 140
4 030	1 485	1 630	1 680	2 137
4 040	1 480	1 623	1 673	2 134

续表

自轨面起算的高度/mm	限界距线路中心线所在垂直平面的距离/mm			
	机车车辆限界基本轮廓	一级超限限界	二级超限限界	建筑限界*
4 050	1 475	1 617	1 667	2 132
4 060	1 470	1 610	1 660	2 129
4 070	1 465	1 603	1 653	2 126
4 080	1 460	1 597	1 647	2 123
4 090	1 455	1 590	1 640	2 120
4 100	1 450	1 583	1 633	2 117
4 110	1 445	1 577	1 627	2 114
4 120	1 440	1 570	1 620	2 111
4 130	1 435	1 563	1 613	2 108
4 140	1 430	1 557	1 607	2 105
4 150	1 425	1 550	1 600	2 102
4 160	1 420	1 543	1 593	2 099
4 170	1 415	1 537	1 587	2 096
4 180	1 410	1 530	1 580	2 093
4 190	1 405	1 523	1 573	2 090
4 200	1 400	1 517	1 568	2 088
4 210	1 395	1 510	1 560	2 085
4 220	1 390	1 503	1 553	2 082
4 230	1 385	1 497	1 547	2 079
4 240	1 380	1 490	1 540	2 076
4 250	1 375	1 483	1 533	2 073
4 260	1 370	1 477	1 527	2 070
4 270	1 365	1 470	1 520	2 067
4 280	1 360	1 463	1 513	2 064
4 290	1 355	1 457	1 507	2 061
4 300	1 350	1 450	1 500	2 058
4 310	1 332	1 438	1 490	2 055
4 320	1 314	1 427	1 480	2 052
4 330	1 296	1 415	1 470	2 049
4 340	1 278	1 403	1 460	2 046
4 350	1 260	1 392	1 450	2 044
4 360	1 242	1 380	1 440	2 041
4 370	1 224	1 368	1 430	2 038
4 380	1 206	1 357	1 420	2 035
4 390	1 188	1 345	1 410	2 032
4 400	1 170	1 333	1 400	2 029

续表

自轨面起算的高度/mm	限界距线路中心线所在垂直平面的距离/mm			
	机车车辆限界基本轮廓	一级超限限界	二级超限限界	建筑限界*
4 410	1 152	1 322	1 390	2 026
4 420	1 134	1 310	1 380	2 023
4 430	1 116	1 298	1 370	2 020
4 440	1 098	1 287	1 360	2 017
4 450	1 080	1 275	1 350	2 014
4 460	1 062	1 263	1 340	2 011
4 470	1 044	1 252	1 330	2 008
4 480	1 026	1 240	1 320	2 005
4 490	1 008	1 228	1 310	2 002
4 500	990	1 217	1 300	2 000
4 510	972	1 205	1 290	1 994
4 520	954	1 193	1 280	1 988
4 530	936	1 182	1 270	1 982
4 540	918	1 170	1 260	1 976
4 550	900	1 158	1 250	1 970
4 560	882	1 147	1 240	1 964
4 570	864	1 135	1 230	1 958
4 580	846	1 123	1 220	1 952
4 590	828	1 112	1 210	1 946
4 600	810	1 100	1 200	1 940
4 610	792	1 085	1 188	1 934
4 620	774	1 070	1 175	1 928
4 630	756	1 055	1 162	1 922
4 640	738	1 040	1 150	1 916
4 650	720	1 025	1 138	1 910
4 660	702	1 010	1 125	1 904
4 670	684	995	1 112	1 898
4 680	666	980	1 100	1 892
4 690	648	965	1 088	1 886
4 700	630	950	1 075	1 880
4 710	612	935	1 062	1 874
4 720	594	920	1 050	1 868
4 730	576	905	1 038	1 862
4 740	558	890	1 025	1 856
4 750	540	875	1 012	1 850
4 760	522	860	1 000	1 844

续表

自轨面起算的高度/mm	限界距线路中心线所在垂直平面的距离/mm			
	机车车辆限界基本轮廓	一级超限限界	二级超限限界	建筑限界*
4 770	504	845	988	1 838
4 780	486	830	975	1 832
4 790	468	815	962	1 826
4 800	450	800	950	1 820
4 810		777	925	1 814
4 820		753	900	1 808
4 830		730	875	1 802
4 840		707	850	1 796
4 850		683	825	1 790
4 860		660	800	1 784
4 870		637	775	1 778
4 880		614	750	1 772
4 890		590	725	1 766
4 900		567	700	1 760
4 910		543	675	1 754
4 920		520	650	1 748
4 930		497	625	1 742
4 940		473	600	1 736
4 950		450	575	1 730
4 960			550	1 724
4 970			525	1 718
4 980			500	1 712
4 990			475	1 706
5 000			450	1 700
5 010				1 694
5 020				1 688
5 030				1 682
5 040				1 676
5 050				1 670
5 060				1 664
5 070				1 658
5 080				1 652
5 090				1 646
5 100				1 640
5 110				1 634
5 120				1 628

续表

自轨面起算的高度/mm	限界距线路中心线所在垂直平面的距离/mm			
	机车车辆限界基本轮廓	一级超限限界	二级超限限界	建筑限界*
5 130				1 622
5 140				1 616
5 150				1 610
5 160				1 604
5 170				1 598
5 180				1 592
5 190				1 586
5 200				1 580
5 210				1 574
5 220				1 568
5 230				1 562
5 240				1 556
5 250				1 550
5 260				1 544
5 270				1 538
5 280				1 532
5 290				1 526
5 300				1 520
5 310				1 514
5 320				1 508
5 330				1 502
5 340				1 496
5 350				1 490
5 360				1 484
5 370				1 478
5 380				1 472
5 390				1 466
5 400				1 460
5 410				1 454
5 420				1 448
5 430				1 442
5 440				1 436
5 450				1 430
5 460				1 424

自轨面起算的高度/mm	限界距线路中心线所在垂直平面的距离/mm			
	机车车辆限界基本轮廓	一级超限限界	二级超限限界	建筑限界*
5 470				1 418
5 480				1 412
5 490				1 406
5 500				1 400

注：建筑限界系引用《标准轨距铁路建筑限界》（GB 146.2—1983）的基本建筑限界。

参 考 文 献

[1] 中国铁路总公司. 铁路货物装卸安全技术规则. 北京: 中国铁道出版社, 2015.

[2] 中国铁路总公司. 铁路货物装载加固规则. 北京: 中国铁道出版社, 2015.

[3] 中国铁路总公司. 常用装载加固材料及装置. 北京: 中国铁道出版社, 2015.

[4] 中国铁路总公司. 铁路货物装载加固定型方案. 北京: 中国铁道出版社, 2015.

[5] 中国铁路总公司. 铁路货运检查管理规则. 北京: 中国铁道出版社, 2016.

[6] 中国铁路总公司. 铁路超限超重货物运输规则. 北京: 中国铁道出版社, 2016.

[7] 中国铁路总公司. 铁路危险货物运输管理规则. 北京: 中国铁道出版社, 2017.

[8] 周磊, 陈雷. 铁路货车主要结构与使用. 北京: 中国铁道出版社, 2011.

[9] 项书峰. 铁路货运实作问答. 2版. 北京: 中国铁道出版社, 2015.

[10] 戴实. 铁路货运组织. 3版. 北京: 中国铁道出版社, 2015.

参考文献

[1] （内容无法辨识）
[2] （内容无法辨识）
[3] （内容无法辨识）
[4] （内容无法辨识）
[5] （内容无法辨识）
[6] （内容无法辨识）
[7] （内容无法辨识）
[8] （内容无法辨识）
[9] （内容无法辨识）
[10] （内容无法辨识）